社長の帝王学

井原隆一 著

日本経営合理化協会

Educating the Successor to Succeed
社長の帝王学シリーズ

序

すでに私は、経済の実社会に在ること六十余年になります。その間、多種多様の経営者の方々から限りない教訓をうけました。

私が二十余年の経営者としての任務をなんとか果たせたのも、それらの教えによるところがきわめて大であったといえます。

いまにして、すべての教えを集約しますと、

仁（忠・恕《じょ》・人格）

智（創造・知識）

勇（果断の勇）の三つになります。

仁・智・勇は、古今東西、優れた指導者に共通するもので、この三条件をそなえた指導者が将の将としての器といえましょう。

しかし、そうした人は稀《まれ》で、一、二に欠ける人も少なくないものです。それでいながら将の将たるの任務を果たしているのは、それを補うに足るスタッフを用いています。

また欠けている条件を、生来のものとしてあきらめてしまっている人も少なくありません。しかし、これは誤りであることも、成功した経営者や歴史の教訓から学ぶことができます。

かつて関係した会社で組織を小規模化して分社したとき、大企業と小企業の格差がどうしてできたのか、と考えたことがあります。その理由の最たるものは、指導者の「志《こころざし》」の違いにある、ということでした。「大器は人を求め、小器は物を求む」という言葉からも、おおよそのことは理解されましょう。

また現職時代に、組織の活性化は「恕」にある、とよく言ったものですが、歴史から学んだ古い言葉が、現代にも生きていることは、会社を再建した私の体験が証明してくれました。

この本は、これまで私が書いた十余冊の集大成とすべく七章九十四項におよんでおり、その各所に中国歴史からの教訓ができます。それらは私の現職中、なにかの機会に実際に用いたものばかりで、いわば私の経営哲学といえるものです。その幾らかでも、経営に役立てていただくなら幸甚です。

本書出版に際し、日本経営合理化協会の本間編集長はじめ皆様のご高配をいただきました。ここに厚くお礼申しあげます。

平成元年二月十日

井原隆一

※本書は一九八九年に出版した「社長の帝王学」の新装版である。

社長の帝王学　目次

第二章　社長の姿勢

第三章　社長の任務

第四章　果断の勇

第五章　時勢洞察

第六章　社長の統率力

第七章　社長の財務

第一章　社長の条件

一　徳は鉄牢《てつろう》よりも強し

徳のない者は経営者としての資格がない。

経済社会のつながりの凡《すべ》ては「信」によって結ばれ、組織内の人々は「敬」（己を慎み人を敬う）によって結ばれているからである。

いかに能力・財力があり、権力があっても、人格に劣る徳のない人間に心から従うものはない。一時は権力・財力につられて従うにしても、いずれは去り行くものである。長期にわたって従ったとしても、本心は「心ならずも」ということであって心服してのそれではない。

古今東西、徳に反する者が、国、事業を長らえたものはない。個人にして有終の美を飾るものもない。

標題の「徳は鉄牢《てつろう》よりも強し」は王遵《おうじゅん》の詩を引用したものである。

「秦、長城を築いて鉄牢に比す、蕃戎《ばんじゅう》敢《あえ》て臨洮《りんとう》を過ぎず、焉《いずく》んぞ知らん万里連雲《れんうん》の勢《いきおい》、及ばず堯階《ぎょうかい》三尺の高きに」（秦は万里の長城を築いて、鉄の牢屋のように匈奴《きょうど》を閉じこめてしまったので、臨洮からこちらに入ってこなくなった。このように延々雲に連なるような長城も、理想の帝王といわれた堯帝《ぎょうてい》が土階三段の低い宮殿によって立派に太平の世を築いたことにくらべると、まったく比較にもならない愚かなことであった)。

中国古代の名君、堯帝は治世よろしきをえたため、武力に頼ることなく五十年間も治めたが背《そむ》く者もなかった。

秦は長城を築いて外敵を防ぐことはできたが、二世胡亥《こがい》の代になって悪政を重ねたため三代十五年で滅亡している。

これに類した例が、後世の隋《ずい》である。

隋の二世煬帝《ようだい》は父の始祖文帝《ぶんてい》時代に蓄えた国力で大土木工事を起した。通済渠《つうさいきょ》、永済渠《えいさいきょ》などの大運河を造って水上輸送の大動脈としている。「河南熟《みつ》れば天下足る」といわれたとおり中国南部の物資がぞくぞく北に運ばれ政治経済にも大きく貢献したものである。

それだけに止めておいたとすれば、万里の長城を築いた秦の始皇帝にも劣らないほど大事業をなしとげた偉大な人物として後世にもその名を残したに違いない。

しかし、煬帝《ようだい》は運河にそって四十余カ所の豪華な離宮を築いて贅《ぜい》の限りをつくした。

さらに中国統一の勢いに乗って高麗《こうらい》を攻めたが完全に目的を果たすことはできなかった。

これらによって国力を使い果たし、各地の内乱に抗すべくもなく三世、三十七年で隋は亡びている。内乱が各地に起きても都にも帰らず江都の離宮で日夜酒宴にふけっていたというから自分まで忘れていたといえよう。

現代でもトップが徳を失なうようになれば、表面威権《いけん》は行なわれているようにみえるが、部門内の人々の心は乱れ、ついには反抗心が士気の低下となって会社を窮地に追いこむ。かりに、利につられて部下が協力しているとしても、外部の信用を失なって四面楚歌《しめんそか》の苦境に立たされる。

金のサギ商法といわれたＴ商事の社長は「商売に道徳は不必要」とうそぶいていたが、その幾日か後には刺し殺されている。

企業マンとして利を追うのは当然であるが、人間として踏むべき道を踏み外してもよいということではない。孔子も「利を追うときには義を思え」と教えている。

先ごろ故人になったＯ氏はほとんど無一物から日本一といわれるほどの大金持ちになった。

ためにする人を除いては、容易にまねることのできない人だ、立派なものだ、と賞讃され羨望されていたが、ロッキード事件にかかわりがあったということだけで著しいイメージダウンになっている。徳に背いているからである。

よく、組織内でも上に立つ者は人格に優れていなければならないというが、上下にかかわらず人格に優れていなければ、一時の繁栄はあっても上昇気流に乗りつづけることはできないものである。

「徳は孤《こ》ならず」というが人格に優れた者は孤独にみえるが限りない味方がある。不徳の者は、一時的には華やかにみえるがいずれは孤独になっていくものである。

明《みん》の洪自誠《こうじせい》が著した菜根譚《さいこんたん》という本に「道徳を棲守《せいしゅ》する者は、一時《いちじ》の寂寞《せきばく》たり。権勢に依《い》阿《あ》する者は万古《ばんこ》に凄涼《せいりょう》たり。達人は物外《ぶつがい》の物《もの》を観《かん》じ、身後の身《しん》を思う。むしろ一時の寂寞を受くるも、万古の凄涼を取ることなかれ」（人間としての道を守り通そうとする者は、一時的には不遇で苦境に立たされることもある。権力におもねり、へつらう人間は一時的には栄進もするし、虎の威を借りて居心地もよいが、やがては永遠の孤独に苦しむことになる……）とある。

昔、魏《ぎ》の武侯《ぶこう》が舟を浮べて黄河を下って中流にきたとき兵法家でもある呉起《ごき》に向かって「山河の見事な堅固さよ。自然の要塞になっている。魏の国の宝である」と話したところ呉起はこう答えた。

「一国の安泰は山河の堅固に依るものではなく、君の徳によるものです。昔、三苗《さんびょう》という種族は山河沼湖《しょうこ》の要塞を占めていましたが有徳の夏《か》の禹王《うおう》に亡ぼされ、殷《いん》の国は大山大河の堅固の要塞に囲まれていましたが紂王《ちゅうおう》が暴虐であったため周の武王《ぶおう》に亡ぼされています。もし君が徳を治めないときは、この舟の中もすべて敵国になりましょう」

武侯も感じいったという。「舟中の人皆敵国なり」の故事である。

これを会社におきかえると「社長が徳を治めなければ会社中の人は皆敵になります」ということになる。

「木に縁《よ》りて魚《うお》を求む」のいわれはこうである。

いまから二千三百年ほど前、孟子《もうし》が斉《せい》の国へ行った。斉の王は、宣王《せんおう》といって立派な器量人であった。

宣王は大志を抱いており、中国統一が夢でもあった。富国強兵を国策としていただけに孟子に対しても、斉の桓公《かんこう》、晋《しん》の文公《ぶんこう》がどのようにして天下を統一したかをきこうとしていた。こうした考えは、孟子の説く王道政治とは手段が違うことになる。

「王は戦争を起されて、部下、人民の生命を危うくし、諸国の怨《うら》みを受けることが好きなのですか」と孟子がきいた。王は「いや、好きではないが、あえて自分がするのは私には大望があるからだ」。孟子は再びきいた。「戦いの目的は衣食でしょうか、人生の娯楽でしょうか」「いや、私の欲望はそんなものではない」。

そこで孟子は「王の欲望とは、領土を拡張し、秦、楚などの大国王をひざまずかせ、四方の匈奴《きょうど》などを従えよう、ということでしょう。しかし、いままでのやり方、つまり、武力だけで、そうなさろうとするのは、ちょうど〝木に縁りて魚を求む〟木に登って魚をとろうとするのと同じです」と。

宣王もことの意外さに驚いて「それほど無理か」「木に登って魚が得られなくとも、それまでのことです。後々の災難はありません。しかし、武力を用いるだけでは、民を損ない、国を失なう、大災難があればとて、決して好ましい結果は得られません」と説いた。

やはり、人徳をもって民を治める政治でなければならない、ということである。

現代でも、強引な商法、誇大な広告など、およそ消費者からかねを強奪するかのようなものも少なくない。なるほど一時は繁昌しているようだが、いつのまにか会社ぐるみ消えている。法にはかなっていても、徳に欠けるようでは長続きすることはないものである。

二　将の将たるものは

いまから二千年以上も前、西漢の高祖劉邦《りゅうほう》が天下を統一した後の話である。覇業《はぎょう》に協力した韓信《かんしん》が、敵方項羽《こうう》の臣であった鍾離味《しょうりばつ》をかくまったという理由で捕えられ、楚王《そおう》から淮陰侯《わいいんこう》に降格された。そのとき高祖が韓信にきいた。

「自分は何人の将になることができるか」

「陛下はせいぜい十万の将になれるに過ぎないでしょう」

「では貴公は何人の将になることができるか」

「臣は多々益々弁《たたますますべん》ず」、つまり多ければ多いなりの将になることができる、と韓信は答えた。

「多々益々弁ずる者が、なぜ、十万の将でしかない自分に捕われたのか」と高祖がきくと

「陛下は、兵の将になることはできないが、よく将の将たることができます。これが私の捕えられた理由です。そうした陛下の力は天から授かったもので人間の力の及ぶことではありません」と。

「多々益々弁ず」は今も用いられているが、〝兵の将〟と〝将の将〟の区分もまた、現代

の企業組織にそのままあてはまるのではないか。

会社の各部門を統轄している部長を〝兵の将〟とすれば、全部長を率いる社長は〝将の将〟といえる。〝兵の将たるもの〟は、いずれかといえば能力が重視されるが、〝将の将たるもの〟の条件は、能力よりも人格が重視される。能力だけでは、諸将の心をとらえることは困難だが、人格はその心をとらえて協力させることができるからである。

劉邦《りゆうほう》については、こんな記録もある。

劉邦が項羽を破って天下統一を果したとき、忠臣たちと宴を開いた。劉邦は集まった諸将にたずねた、「自分が天下を得た理由、項羽が破れたわけは何か」と。王陵《おうりよう》という臣が答えた。

「陛下は、城を攻めおとせば功者に与え、地を得れば民に与えるなど、天下と利を同じくしたのに対し、項羽は功ある者は害し、賢者を疑い、功あっても地を得ても人に与えず、すべて私したからである」

これを聞いた劉邦は、それは一を知って二を知らないものであるとして、

「夫《そ》れ〝籌《はかりごと》〟を帷幄《いあく》の中《うち》に運《めぐ》らし、勝ちを千里の外《ほか》に決するは、吾《われ》、子房《しぼう》に如《し》かず。国家を塡《しず》め、百姓を撫《ぶ》し、餽餉《きしよう》を給《きゆう》し、糧道《りようどう》を絶たざるは、吾蕭何《しようか》に如かず。百万の衆を連《つら》ね、戦

えば必ず勝ち、攻むれば必ず取るは、吾、韓信《かんしん》に如かず。項羽は一《いつ》の范増《はんぞう》有れども、用うること能《あた》わず」（陣幕の中で計略を考え、これを千里も離れた遠い場所で実際に用いて勝利を決定づけてしまう能力は、張子房《ちょうしぼう》＝張良《ちょうりょう》にかなわない。国家を安定させ、人民を養い兵糧を送り、輸送路を絶やさないことでは自分は蕭何に及ばない。百万の大軍を率いて連戦連勝の手腕は韓信に及ばない。私は、これら優れた三人を使いこなして天下を得たが、項羽は、たった一人の范増《はんぞう》も使いこなせなかった）と。

平たくいえば、劉邦は自分より優れた能力をもつ三人を用いたから天下をとれたということになる。また、能力者の協力を得るだけの徳があったということである。

昔の国王は人民あってのもので、国王に徳がなければ、徳のある国王を求めて移り去っていく。現代の会社でもトップが人の道に外れているようであれば、心ある者から去っていく。立派なトップであれば求めずして集まる。時代は変わってもこれに変わることはない。

聖人孔子が何人かの弟子と旅したときである。

山を近くにした静かな所へさしかかったとき、婦人のすすり泣く声がきこえてきた。近づくと婦人は三つの粗末な墓の前で泣いている。わけをきくと「この辺は恐ろしいところで、先年私の舅《しゅうと》に当る人が虎に食われて死に、続いて私の夫が殺され、今度は私の子供が食い殺されてしまいました」。

「それほど恐ろしいところと知りながら、なぜ、ここから離れないのですか」

「いいえ、ここから離れることはできません。ここに住んでいる限り、厳しい税金の取り立てもありませんから」

これを聞いた孔子は弟子たちにこう戒《いまし》めた。

「苛政《かせい》は虎《とら》よりも猛《たけ》し」（むごい政治は虎よりも恐ろしい）。

現代でも、いかに権力、財力、学力があったとしても万人の心を包むことはできない。しかし、人徳はなにがなくとも万人の心の隅々までしみ透っていく。前例のように、指導者の徳は虎の住むほどのところにいる無辜《むこ》の老婦にまで及んでいるのである。

菜根譚に「徳は才の主にして、才は徳の奴《ど》なり。才ありて徳なきは、家に主なくして奴の事を用うるが如し。いかんぞ魍魎《もうりょう》にして猖狂《しょうきょう》せざらん」（人格は主人公、才能は召使である。才能がいかにあっても人格の裏づけのないのは、家に主人がいないで、召使が勝手気ままにとりしきっているようなもので、せっかくの家庭も妖怪《ようかい》のすみかとなってしまう）とある。

現代の組織内にも、若いころ、なかなか、できる男ということで、いつも第一選抜で出世街道をばく進している人がある。地位が上がるにつれて、一人落ち、一人遅れて先頭グループは二、三人にしぼられる。落ちた者も、トップグループを走る者も能力に大差はないものである。地位が上がるに従って、人格というフルイの目が粗くなり、高い人格順に残る。この差は人格の差、徳の差といえるだろう。

三　信義は徳の基本

信義は、約束を守る、義務を果たすことで、指導者の条件として格別にとりあげるほどのことではない、と考えがちである。

なるほど日常の商取引きにしても互いの信用から成り立っているもので、至極当然なことと考えているからである。

しかし、文書が取り交わされていたり、法律で定められている約束ごとについての信義であって、それ以外のことについては無視される場合も少なくない。

経済社会で恐ろしいのは、確約されたことに背くよりも、別に確約したわけではないといって信義に背くほうが恐ろしいものである。確約に背く場合はそれなりの代償がある。たとえば手形期日に支払いができなければ、その代償として不渡り、倒産ということになる。しかし、確約のないものに背いても代償を払うことはないが、不信、不徳のそしりを受けることになる。これが恐ろしいのである。

その昔、ある大手電機メーカーは、資金調達のため都市銀行はもちろん地方銀行の大部分にまで取引きを拡大して借入れた。しばらくすると金融が緩和し、自己資本も増加したため取引き銀行の借金を返済し一方的に取引きを中止してしまった。中止された銀行としては、長く取引きしてくれるものと考えて、金融逼迫《ひっぱく》の際でも貸出したはずである。

それから間もなく、その会社が社債を発行した。当時、社債の大部分は銀行が引き受けていた。したがって、銀行が買わなければ売れ残りになって信用をおとすのみか次の発行も困難になる。

しかし、取引きを中止された銀行が買うわけがない。市場には一ヵ月に何社からも債券が発行されるから、早く売り切るほど信用が高いことになる。その会社の社債は最後まで売れ残り、僅かなことで大恥をかいたことになった。

そのころ、前記会社のライバル会社が、株式を時価発行した。売出価額は六百何十円かであったと思う。ところが、売出価額が発表され、払込期日前に悪材料が出て株価が全体的に大幅値下りしたため、時価発行価額を下回るようになってしまった。払い込めば損になることは明らか。相当部分が売れ残るだろうと思われた。

ところが結果は応募超過になっている。多くの取引き銀行が競って応募したからであった。

その会社は、借金返済後も、関係銀行との預金取引きだけは続けていたからである。関係した会社が膨大な借金を完済した後で管理職全員に次のように話した。「当社は長い間の借金経営からようやく完全無借金会社になった。そこで、これまで助けられた恩を忘れないためにも、銀行との関係をいっそう密にしたい。ついては余裕資金ができたら、従来貸してくれた銀行へ預金をしつづけようと思う。当社は創立以来それは膨大な借金利息を払ってきたが、これからは預金利息として取り戻すぐらい預金を増やそう」と。

銀行もビジネスであり、借金利息を払ってきたのだから、その上に恩返しの必要がどこにあるのか、といわれるかもしれない。また、私が銀行の飯を食っていたから贔屓《ひいき》したと、思われるかもしれない。

何ごとによらず、恩を授《さず》けたことなど忘れ去っているであろう人に恩を返すのが真の謝恩であり信義ではないだろうか。一時の打算で銀行をかえているような会社には、銀行としても義理がない。人情もない。ただ商売のみでつながっているだけで、銀行もまた節操のない会社とみている。人間、思えば思われるということがある。

関係した会社の子会社が成長し、株式上場を目指すほどになったときの話である。その子会社の主力金融機関は、創業以来、地元（群馬県富岡市）の甘楽郡《かんらぐん》信用金庫であった。しかし、会社の規模も大きくなり手形の支払い場所が信用金庫では、体面にかかわるということで、主力銀行をかえて都市銀行、有力地方銀行にしたいという要望が再三出されていた。そんなあるとき、社長から、「井原さんは、株式に明るいから、上場の節は是非ご協力を」と頼まれた。

そこで、こう話した。「この会社は創立以来、甘楽郡信用金庫を主力として取引きして、今日にまで大きくなった。上場しても、この信用金庫を主力銀行とするならお手伝いしましょう」。

「上場会社が信用金庫をメインバンクとして法律的によいのだろうか」

「法律はどうでもよい。恩義を忘れて経営はできぬ」と乱暴なことをいった。

「生みの親より育ての親というが、信用金庫は生み、育ててくれた恩人ともいえる。自分が出世したから親の名を口にするのも恥かしい、生みの親を取り替えたいという人間はないだろう。たとえ上場会社になっても、当社の主力銀行は信用金庫であると、堂々と発表してもらいたい」と。損得だけで判断すると、ことを誤る。信義という人の踏む道を考慮に入れると誤ることはない。

約束といえば韓非子《かんぴし》という本にこんな記事がある。

晋《しん》の文公が原《げん》という町を攻撃したとき、作戦期間は十日であると部将たちに約束した。ところが十日を経たが攻略できない。城内に潜入させておいた部下から、あと三日もすれば降服する、という報告があり、参謀たちも降服までの包囲を主張したが、「いや、十日と話してある。原を攻略しても約束を破ってはなんにもならん」といって引き揚げ命令を出してしまった。

これを伝えきいた原は、それほど約束を重んずる人なら安心してついていける、と進んで降服してきた。

そればかりか、原の隣国の衛《えい》も降服を申し出てきた、とある。

三国志に登場する諸葛孔明《しょかつこうめい》は遠征して兵が長期に家を留守にする場合は二ヵ月間帰省を許した。

あるとき、敵と対陣して、一時でも兵を減らすことはできない。しかし孔明は帰省を指示し、将兵たちは戦場にふみとどまることを熱望したという。信義という徳に応えたからである。

マキタ電機製作所の創業者、後藤十次郎氏が、「その年一年間にやることを正月に発表する。しかも一番難しいことから真っ先に手がけるようにしている」と話してくれたことがある。実際、岡崎に省力工場を建てたときは、一月四日に発表し、五日には設計に入ったという。社員を前に年内に建てると約束した以上、たとえ一日延びても経営者不信になるからというのである。

四　鴻鵠《こうこく》の志《こころざし》

古今の大成功者をみると、そもそもの出発から大きな志を抱いて、大志を果たすべく努める人と、限りない階段を登るように、一段ごとに志を大きくしていく人とがある。

「王侯将相《おうこうしょうしょう》寧《いづく》んぞ種《しゅ》あらんや」と史記にある。「帝王も諸侯も大将も宰相大臣も違った人間ではない。われわれと同じ人間ではないか。男子たるもの努力すれば誰でも偉い人になれるのだ」といって、同僚とともに当時の大国秦《しん》に反旗をひるがえしたのは陳勝《ちんしょう》という男。陳勝は人に雇われて田を耕していたほどの貧しい百姓にすぎなかった。ある日、耕すのをやめて畔《あぜ》にのぼり、長い間、秦の虐政を怨み、自分の不甲斐なさを嘆いていたが、雇い主に向かって「もし私が出世しても、あなたのことは忘れずにいますよ」といった。雇い主が笑って「おまえは人に雇われて田を耕している身分ではないか、なんで富貴の身分なんかになれるものか」。

それをきいた陳勝は大息《たいそく》して「嗟乎《ああ》、燕雀《えんじゃく》安《いず》くんぞ鴻鵠《こうこく》の志《こころざし》を知らんや」（燕《つばめ》や雀《すずめ》のような小さな鳥にコウノトリや大白鳥の志がわかるものか）と言った。

この陳勝は、千人足らずの農民兵で秦を攻め、ついに張楚王《ちょうそおう》と称するまでになっている。いまでも農民蜂起《ほうき》の第一号とされているが、これに呼応して起ったのが劉邦、項羽である。極論すれば一農夫が秦を滅亡に追いこんだといえる。

それにしても、同じ人間であっても上下の差が著しかった時代に「王侯将相寧んぞ種あらんや」と喝破した度胸には驚かされる。それが口先だけではない。現実化しているのである。

現代でも、零細から出発して強敵を食って今日の大をなしているものも少なくない。よく、「それは時代が違う」という声を聞くが、時代が違うのではなく、自分の志が小さいからである。

陳勝と同じ水のみ百姓であった木下藤吉郎は草履《ぞうり》とりから天下を得たことは誰でも知っているとおりである。草履とりを精一杯務め、足軽になれば足軽としての最高の務めを果たし、薪炭《しんたん》奉行に出世すればそれに全力を尽くし、小さな志を遂げれば中志、大志と挑みつづけ、段をあがるごとに自らの志を大きくふくらませて天上を極めている。現代でも、なんとしても強敵を食って大を成そうと志している者は、常に前進して彼岸《ひがん》に達する。

小さな志を抱いて、その達成に満足している者はその小さな成功自体もいつかは消え去る。満足しては進歩が止まるからである。

これは私事になるが、第二の会社に関係して間もないころ、社員も幹部も誰彼の区別なく小成に満足している空気であった。幹部何人かと雑談していて、「入社にあたって何か抱負でもあるのか」ときかれて、「別に抱負といえるものはないが、当面二桁の法人税を納められるようになったら、私の任務は終りだ」と答えた。「いま当社は借金で首が回らない状態だ。その赤字会社が二桁の税金といえば、単位は百万か千万円か。十万円でも二桁だが」。

「億だ」「十億円ということか」。

あきれ顔してきき流しているようであった。後日、「今度きた井原という人は、どう考えても頭が狂っている」といっていたという。また幾日か後、こんな批判も耳に入ってきた。「とんでもない人間に舞いこまれた。税金をできるだけ多く納めようと考えている男だ」と。それに対し「税金を恐れて会社を大きくすることはできない。二桁どころか、三桁、四桁納めるぐらいの気概をもて」と話した記憶がある。

よく私は「当り前を守り、破れ」と後輩に話してきた。〝当り前〟には二通りあって、法や人間としての道を守るのは当り前。一方に、大志をもつ障害となる〝当り前〟がある。破るべき〝当り前〟である。

小さいから大きいものに負けるのは当り前、有名校卒業でないから出世できないのは当り前、赤字のときに税金の支払いに考えがおよばないのは当り前。こうした〝当り前〟は破れ、と。大志は、当り前のうちからは決して生まれないのである。

さて、「王侯将相寧んぞ種あらんや」といっても、学びもせず、汗も流さずに大志を達成できるというものではない。「人の何倍、何十倍の努力をすれば」という条件つきであることを忘れてはならない。

それに、短い人生で王侯将相の位を得るには、最短距離を歩む必要もある。彼岸に着いて日が暮れたのでは、悔いを残そう。

そのためには「温故知新」である。

「子曰《いわ》く、我生まれながらにして之《これ》を知る者に非《あら》ず。古《いにしえ》を好み、敏《びん》にして以《もっ》て之を求めたる者なり」（孔子が言うには、自分とても生まれながらにして〝道〟を知っていたのではない。昔のことを好んで、懸命に求めたのである）。

人間誰にもある知識は生まれながらにして備わっていたものではない。学び行ないながら身につけたものである。

〝昔のことを好んで、懸命に求めた〟から得られたもので、昔のことなどは現代に通用しない、役に立つことはない、と決めてかかったのでは得ることはできない。

さらに「子曰く、述べて作らず。信じて古《いにしえ》を好む」（孔子が言うには、自分は在ったことをのべているのであって、新たに創り出しているのではない。古を信じ、古を好んでいるからだ）。

いかにも先賢の言葉を好み、信じるだけで、自説を作らない。言い換えれば、古い説にとらわれて、保守的に凝り固まっているように思えるが、実に、こうして孔子は、自分自身の学問の基本を作りあげたのである。次の言葉を知れば理解されると思う。

「子曰く、故《ふる》きを温《たず》ねて新しきを知る。以《もっ》て師とすべし」(孔子がいうには、古を学んで、そこから新しい価値を見いだすような人なら、師と仰いでもよい)＝温故知新。

とかく、昔の話を聞け、歴史を学べなどというと、時代のへだたりだけが先にきて、陳腐な学問としてかえりみようとしない。

また、史書を読んでも、講談本でも読むかのように、面白かった、つまらなかった、だけに終ってしまう。こうした人は、故《ふる》きは温《たず》ねるが、新しいことを、その中から知るとか、新しいことに役立たせることのできない人であって、どうにも救いようがない。屁理屈《へりくつ》は並べるが、故《ふる》いことが、現在にどういうことを教えているかを知ろうとしないのである。

たとえば「蛍《ほたる》の光、窓の雪」の主人公は、東晋の車胤《しゃいん》と孫康《そんこう》で苦学力行の士である。

孫康は家が貧しく燈油を買うかねがなかったため、つねに、雪を窓外に積み、その明りで本を読んだ。彼は清廉潔白で、後に官へ出て、百官の不正をただす長官に出世した。

また、車胤は、やはり貧しく油が買えなかったので絹の袋に、たくさんの蛍をいれ、その明りで読書に励み、後には、いまでいう人事院の総裁になったと話したとする。

「雪の降らない地方の人はどうして勉強するのだ。いまどき蛍など、どこを探してもいない。どうするのだ」などと理屈を並べる。

「それなら雪も蛍もいらない昼間本を読め」といえば「遊ぶ時間がなくなる」とくる。「蛍雪《けいせつ》とは、そうした苦労をしても勉強した手本としての話だ」というと「いまは電燈があるから」。

これでは、どこまで行っても平行線になる。

故きを温ねて、新しきに生かすためには、まず、故事は新しきを知る貯蔵庫であることを自覚すること。第二は、自己の経営、あるいは処世に、なにを教えているかをさぐること。第三に、その教えから、経営・処世にどうすれば役立つかを考えることである。

たとえ、素晴しい大志を抱いたにしても、彼岸に達せられる努力がなければ、人はそれを〝大言壮語〟〝虚言癖〟というだけである。

五　企業の格差はどこでつくのか

人は、生まれながらにして成功者・勇者であったわけではない。孔子ですら生まれながらにして聖人であったわけではない。

世界に誇る現代の大企業も、創業からすでに大を成していたわけではない。いずれも、小や弱から出発しているわけで、スタートの時は違っても、生まれながらにして大という企業はない。もっとも小売業などは小規模から出発できるが、製鉄・製油・電気や鉄道のように零細では力不足ということもある。こうした条件を別にすれば、出発の時は違ってもスタート時の条件に変わることはない。

にもかかわらず、次第に大小・強弱の差が大きくついてくる。さらに大には大なりに、小にも小なりにそれぞれに優劣・強弱の差がついていく。では、どこで差がつくのかということである。

これらについて私なりに考えたことがある。

企業に格差が生ずる原因は、つきるところは、人と志《こころざし》の差ということになるのではないかと。

その最大のものは、経営する人の「志」の差である。「志あれば道あり」とか。小さな目的しかもたない人に大きな道が開かれることはない。大志あってこそ大道は開かれるものである。一家の生活が支えられれば満足という人に、大事業を計画する考えは出ない。高い理想を掲げて努めれば、及ばずとも、水準を高めることができる。

小で満足してしまう者は、満足すれば現状を守ることを重点に考える。進歩に自らブレーキをかけるのに対し、大を志す人は、常に守り三分、攻撃七分の姿勢をとる。ここからも小志に差をつけることになる。また、小さく守ろうとする者は、城を守るにしても、まず、肉親、親戚などを味方にするため、それ以外の者には、経営に介入することを許さない。これでは、将来ある人材の協力を求めることはできない。

大志ある者は、むしろ一家一族を退けても優れた人材を強く求める。ここに人的格差が生じてくる。これは、私情を先にするか、会社の発展という公事を優先するか、経営する者の意識の差とも考えられよう。

次に経営者の素質の問題がある。

大、中小企業の経営者に人格、能力、指導力、先見力など生まれながらの素質に後でみるほどの大きな格差があるとは考えられない。問題は、その補給にあるといえる。

たとえば、大企業の場合、役員の交替は、二期四年、三期六年が限度で、短ければ一期二年の短期である。ということは、技術革新時代、国際化時代といえば、それに対応できる人材を登用している。トップの任期も短い。いずれも「後進に道をゆずる」としているが、端的にいえば「時代に合った人」に、「時代に対応できる知恵と勇気のだせる人」に席をゆずるということである。口は悪いが、疲れたエンジンを最新エンジンに取り替えるということである。

これに対して、中小の場合は、経営者の任期が長い。いかに優れた人であっても、知力体力にも限界がある。進歩の激しい時代には気力だけでは用は足らなくなる。

大企業が、近代的な感覚をもつ、新進気鋭のリレー選手をくり出してくる。それに対して、長い間走りつづけてきた人間が競走をするのである。

長い間走る人間が、新時代に即応するだけの才知を次々に補給しつづけるなら、ついていくだけはできようが、それまで怠っているとしたらその勝敗は明らかといえるだろう。ここで大と小の差はますますついてくることになる。

さらに、中小の大に遅れる理由の一つに、社内における、自己研鑽の差がある。

たとえば、中小の場合、多くは、中間管理職、役員登用についても、社長のおめがねにかなえばよい。長く、まじめに勤めれば役にありつけるぐらいに社員が考えている。社長にしても、良い物を多く生産し、より多く売り、利益を出せばよい、という具合で人の研鑽に不熱心である。昔の徒弟制度そのまま、長幼の差が大きい。これでは、いわゆる職人の親方としては十分といえようが、経営者としては不足である。

しかも、中小の場合は経営者の席は与えられるものであって、かち取るものとはしていない。したがって、社員においても、同僚、先後輩と競争することも少なくてすむ。

ところが大企業ともなると、そう単純なものではない。

昔は大卒で課長職にありつける者が七、八十%とかいわれていたが近年では二、三十%に低下しているだろう。課長を卒業して部長になれる者にかけられる、フルイの目はさらに大きくなる。その目にとまった者が取締役候補者ということになる。それらは、長年切磋《せっさ》琢磨《たくま》された一騎当千のつわものだけとなる。大企業ともなれば、一騎当千どころか、一騎万にあたる者が役員に選ばれる。自然に椅子が回ってくる場とは大きく違ってくる。ここらからも人的格差がついてくるのではないかと思う。

しかし、大企業にも人的に悩みがある。いわゆる精神病の一種で、最近流行の大企業病である。この病気に冒されることなく、大に向かって進むことが最も賢明な策といえるだろう。

いずれにせよ、中小の経営者にとっては、素質補給のハンデを頭に入れながら、その差を少しでもつめられるように研鑽しつづけることが大事ではないか。

要は、経営者の志《こころざし》次第ということになる。

六　大志は人を集める

大志を抱いても協力する者がなければ、「力《ちから》は山を抜き気は世を蓋《おお》う」の気概だけになり、馬さえ協力しないことになる。

ところが大志を遂げようとする者には不思議なことに協力しようとする人物が集まってくる。大志にはそれなりの魅力があるといえるだろう。

人間は誰しも現在に満足するものはない。すべて大きくなろう、豊かになろうと願っているのである。

そのためには大きくなろうと志している人と行をともにすることは欠かせない。

たとえば、一国一城の主で満足している主に仕えていたのでは、いつになっても城主となることはできない。しかし、その城主が全土を制する大志があれば、主に協力することによって自らも城主になることができる、ということである。

現代でも社長の志が小さく、小企業の現在に満足していたのでは、人材を集めることはできない。将来を期している若い人材が、社長個人の生活を守るため、社長の個人財産を増やすために、身を粉にして働こうとするだろうか。

よく、人が思うように集まらないとか、入社しても長く続けてくれる者がない、という向きがあるが、会社の規模が小さいからではない。経営する人間の志が小さいからである。

三国志の劉備玄徳《りゅうびげんとく》が諸葛孔明《しょかつこうめい》の協力を得るために、孔明の住んでいた草の廬《いおり》を三度訪れてまで礼をつくしたことは、〝三顧《さんこ》の礼〟として今も知られている。

孔明が後でこのいきさつについて述懐するに、「先帝《せんてい》、臣《しん》の卑鄙《ひひ》なるを以《もっ》てせず、猥《みだ》りに自ら枉屈《おうくつ》して、臣を草廬《そうりょ》の中に三顧し、臣に諮《はか》るに当世の事を以てす。これによりて感激し、遂に先帝に許すに駆馳《くち》を以てす」（大きな志をもっていた先帝は、卑しい身分の私に対して極めて謙虚にふるまい、しかも三度も訪ねてくれ現在なすべきことを下問された。これに感激し懸命にお仕えすることにした）と。

そのとき劉備は曹操《そうそう》に追われ荊州《けいしゅう》の劉表《りゅうひょう》のもとで居候《いそうろう》をしていて、年も五十に近い。現代でいえば晩年である。しかし劉備の志は漢の再興という義にかない、しかも大きい。もし一国の城主ていどの望みであったら百度訪れても孔明は応じなかったろう。

西漢の高祖劉邦と天下を争った項羽は、若いころ叔父の項梁《こうりょう》のもとにいた。書を学ばせようとすると、書は自分の名前が書けさえすればよい、といって学ばない。剣道を教えようとしたら、一人の敵を相手にするだけだ、と断る。それよりも万人を相手とする戦術を学びたいというので、項羽に兵法を学ばせたという。すでに大志を抱いていたといえよう。

対する劉邦も、地方の下っ端役人であったころ、首都の咸陽《かんよう》へ賦役《ふえき》に出たときに、秦の始皇帝の豪華な行列を見て、

「嗟乎《ああ》、大丈夫当《だいじょうぶまさ》にかくの如くなるべし」（男と生まれたからには、こうならねばならない）と志をかためている。

後に、劉邦が兵を進めて秦の三世子嬰《しえい》を降《くだ》し咸陽《かんよう》城に入ったときのことである。豪奢な宮殿、山積みの財宝、数知れない美女。劉邦も気の緩みがでたのか、城に居座って遊興にふけろうとした。これを諫《いさ》めたのが剛将の樊噲《はんかい》。しかし劉邦は耳を傾けようとはしない。そこを

さらに諫めたのが知将の張良。

「一介の農民でしかない貴方が、王宮に入ることのできたのは秦が虐政をしたからです。これからの貴方の任務は天下のために秦を亡ぼし、天下の人心を安んずることです。そのためには喪服を着て秦に苦しめられた民衆に弔慰《ちょうい》するぐらいの心がけが欲しいところです。にもかかわらず財宝や美女に目がくらみ、ここに居つづけようとすることは悪王の代表といわれている夏《か》の桀王《けつおう》の手足となって一層暴虐を行なうようなものです」と。

さすがの劉邦も翻然《ほんぜん》と悟り、王宮を去って覇上《はじょう》に野陣をしくことにした。これを知った項羽の知将范増《はんぞう》は、

「劉邦は田舎にいたときは物財を貪《むさぼ》り、美女には目がなく、人にも怨まれたが、ここにきては財宝を見捨て、美女を遠ざけている。劉邦の志は決して小さいものではない、必ず天下を得ようとしているのである。早く殺さないと天下は劉邦のものになる」と項羽に告げ、鴻門《こうもん》の会《かい》で劉邦暗殺を計るが、劉邦の忠臣張良《ちょうりょう》・樊噲《はんかい》の気転で危機を脱することになる。

一方の項羽は、劉邦が手をつけなかった咸陽《かんよう》に攻め入って降服した子嬰《しえい》を殺し、宮殿を焼き払い、財宝や美女を奪って故郷に引きあげようとした。そのとき韓生《かんせい》がこの地は軍略上からも天下を得るのに最適の都となるからとどまるようにと諫めたが、項羽は「富貴《ふうき》にして故

郷に帰らざるは、繍《しゆう》を衣《き》て夜行くが如きのみ」（位が高く、財産を得て故郷に帰らないのは、豪華なものを身につけて夜歩くようなもので、自分の成功を人に見せられない）と、しりぞけている。

韓生は項羽を評して「楚《そ》人《じん》は沐猴《もっこう》にして冠《かん》す」（楚人は猿が冠《かんむり》をつけているようなものだ、猿は長い間冠をつけていられない）、つまり楚の人は粗暴で遠い慮《おもんぱかり》がないの喩《たと》えである。このため韓生は項羽の怒りをかって烹《に》殺《ころ》されている。

これでもわかるように、大志の前には、一時の邪欲など打ち消してしまうぐらい、己に克《か》つ心が必要といえるのである。それでこそ人はついてくる。

若き天才項羽は、己に克てず大志を全うする寸前で劉邦に敗れている。もし劉邦が忠言に従わず贅《ぜい》におぼれたとすれば、大志を小志に変えたことになり、人をひきつける魅力を失なうばかりか、天下も取り損ねていたろう。

七　大器は人を求め小器は物を求む

昔、斉の威王《せいいおう》が魏《ぎ》の恵王《けいおう》と郊外で会合した。

恵王が「斉の国には何か珍しい宝物がありますか」ときくと「何もありません」と威王が答えた。恵王は、いかにも自慢げに「私の国は小国ですが、それでも直径一寸ばかりの珠《たま》で、これを車の上に置きますと前後十二台ずつ計二十四台の間を輝き照らす珍しい宝物があります」と言った。

それに答えて威王はこうのべた。

「私の国の宝物は、王のいう宝物とは違っていますが、私の臣に檀子《だんし》というのがおります。この男は、南の国境の城を守らせますと、彼の武勇におそれて楚もけっして泗上《しじょう》の付近に侵入して乱暴をしなくなったばかりか、十二諸侯がみな入朝して、臣下としての礼をとるようになりました。

また、盼子《べんし》という者がおりますが、西方の高唐《こうとう》という所を守らせましたら、趙《ちょう》の人々は自分の国の東の国境の黄河へ出て漁をしなくなりました。

また、黔夫《きんぷ》という者がおりますが、彼に徐州《じょしゅう》を守らせましたところ、その威風におそれて、燕《えん》の人は北門で、趙は西門で神を祭って、攻めないようにと祈っているありさまです。さらに種首《しょうしゅ》という者がおりますが、これに盗賊を取りしまらせましたところ、道に落し物があっても拾う者がなくなりました。

この四人の家臣の威光は、まことに千里の遠くまで照らすもので、たったの兵車十二台を照らすものと比べものになりましょうか」と。恵王は、すっかり赤面してしまったという。優れた人材を求め、育てれば自分を助け、事業を発展させることができる。そうすれば、物財はたくまずして得ることになる。物財を先に人を後にすれば、人は育たず、育った者まで去り、結局は物まで失なうことになりかねない。

現代の経営者にして、この理屈を知らない者はない。

ところが、なすことは人材よりも物財を先にしている社長が少なくはない。ある業界随一といわれた会社の社長は、インフレヘッジには物に限ると、書画・骨とう・盆栽・名石などを集めまくり、その額は数十億円にも及んだ。しかし経営の破綻によって倒産したとき、社長を補佐する者は皆無に等しかった。優れた者は一人減り二人減りして、最後には佞臣《ねいしん》一人だけとなったわけである。一方、集めた物財は、私財提供という形で処分されたが、倒産を支えるだけの力はなかった。

よく環境に恵まれたり、一つの商品がヒットしたりして一時の花を咲かせる会社があるが、そこで人を求めず物財を求めていたのでは有終の美は飾れない。

物財などというものは人の力によって、どうにでもなる。物はいかに貴《たっと》くても志ある人を動かすことはできない。この点によく心をとめて経営にあたることも欠かせない。

中国の戦国時代、群雄が立って天下を狙ったが、力を蓄えるためと、人材が敵方に行くのを止めるためか、大貴族たちは一芸一能に通じた者を競って客分として招き集めた。これが食客《しょっきゃく》である。

斉《せい》の名相孟嘗君《もうしょうくん》は食客三千人、その中には後でのべる「長鋏《ちょうきょう》帰らんか」の馮驩《ふうかん》もいれば、「鶏鳴狗盗《けいめいくとう》」の故事で知られるコソ泥の名人、物まねの名人も入っていた。

また趙《ちょう》の平原君《へいげんくん》も食客数千人に及び、また楚の春申君《しゅんしんくん》、魏の信陵君《しんりょうくん》はともに三千人の食客を数えていたという。そのころ強国秦の相国《しょうこく》（総理大臣）となった呂不韋《りょふい》もまた食客集めに負けておられないとばかり、かねに糸目をつけず人を求め、またたく間に三千人を数えたという。

不韋はまた、各国の賢者が書を著していることをきき、よし、そのほうも負けまい、ということで、食客たちに命じ二十余万言に及ぶ大冊をものにした。そして「この中には天地万物古今のすべてが入っている。こうした大事業は、わしでなければできぬことだ」と自慢し、自分が作ったものということにして『呂氏《りょし》春秋《しゅんじゅう》』と題をつけた。

しかもその大作を、咸陽《かんよう》城の門の前に陳列させて、大きな札を出した。「能《よ》く一字を増損《ぞうそん》する者あらば千金を予《あた》えん」、つまり、この本の文章を添削できた者には一字について千金の賞を出すと。

実は、これも、食客を呼び集めるための手段だったわけで〝一字千金〟のいわれである。

唐の太宗は有名な儒者を多く集めて博士、助教とし、学舎を千二百室にも増築させて人づくりに力をつくしている。

わが国でも、ある大名が重《おも》だった家臣に、自慢のできる宝物を持参致せ、と命じたとき、三人の男の子を連れて行き、殿から随一の宝としてお褒《ほ》めをいただいたという話がある。

現代のように千変万化とまるところを知らない時代に対応できるものは、物ではなく人であることを知るべきである。

八　大器は己を補う人を用う

ある小会社を創立した人から相談をうけた。

「会社を大きくしたいと考えているが、私は文字どおりの浅学非才の身、いま二十数人の会社を十倍、百倍にしたくても力が及ばない。自ら省みて、ここらが当社発展の限界かとも思うが、どうか」ということであった。

企業の大小、発展の速度など、すべては社長の器量で決まる。俗に「蟹《かに》は甲《こう》に似せて穴を掘る」というが、十の能力の社長は十の企業が限界、百の能力者は百が限界という人がいる。残念だがそのとおりだ、と思う人も少なくない。

しかしこの考え方は誤りである。

相談された社長にこう答えた。「浅学非才は私も同じだ。自分の才能のなさを嘆くに足らない。十の才能で百の事業にしたければ、九十の能力者の協力を得ればよい。十の能力者を九人求めても百になる。育てるか、他から求めるか、あるいは求めながら育てるか、方法はいくらでもある。社員でなくても、社外に能力を貸してくれる人もあれば施設もある。

もし社長が大志を遂げようとするなら、自分の非力を嘆かず、能者を求め用いる雅量の足りないのを嘆くべきではないか」と。

蛇の目ミシン中興の祖といわれた嶋田卓弥さんから生前きいた話だが、松下幸之助さんと会ったとき、「小学校五年きり出ていないような私は、松下さんにお目にかかれるような人間じゃありません」というと、松下さんは「嶋田さん、私は四年しか行ってない。五年は立派なことです」といわれたのが強く心に残っている、と。

世界の鉄鋼王カーネギーにしても学校に行けず紡績会社の糸巻工から出発している。カーネギーの墓石に「自分より優れた人の協力を得る天才がこの下に眠っている」と刻まれているという話はよく知られている。カーネギーには優れたスタッフが二十八人もいたとか。

人間に完全・万能はない。それで完璧を要求される経営を営もうとすることじたい無理な話である。技術面は得意だが営業は苦手な社長、営業は得手だが財務は苦手な社長というのが普通で、各分野に文句なく明るいという社長はそういないものである。

「大器は己を補う人を用う」というが、中国の歴史をみても、大成している者のすべては、己の足らない点を補う人傑が得られるまで求めに求めつくしている。

すでにのべたとおり、劉邦が天下を得たのは、張良《ちょうりょう》・蕭何《しょうか》・韓信《かんしん》という自分に欠ける専門能力者の協力を得たからである。また三国志の雄、蜀《しょく》の劉備は、一騎万を敵とする豪傑関羽《かんう》・張飛《ちょうひ》に加えて、知将として諸葛孔明を得るため三顧の礼を尽くしている。

三国志の一方の雄、魏《ぎ》の曹操は、司馬仲達《ちゅうたつ》を首に縄をまいてでも引っぱってこい、といわんばかりの熱意で得ている。さらに呉の孫権《そんけん》も、赤壁《せきへき》で三万の兵をもって八十万の曹操の大軍を破った周瑜《しゅうゆ》はじめ、魯粛《ろしゅく》・諸葛瑾《しょかつきん》・呂蒙《りょもう》・陸孫《りくそん》などの今に名をとどめる名将の協力を得ている。蜀・魏・呉の三国が、天地人を比べ相当の格差があったにもかかわらず数十年間の鼎立《ていりつ》を可能にしたのは、それぞれが優れた能者の協力を得ていたからともいえるのである。

三千年も昔、殷《いん》を亡ぼして天下を得た周の武王の弟に周公がいた。

周公はわが子伯禽《はっきん》が魯《ろ》の大名に封じられると戒めて言った。「私は天下を得た武王の弟であり、現在の成王《せいおう》の叔父にあたる。しかし、自分は髪を洗う間も、何回も洗いかけた髪を摑《つか》んだまま来客と会い、一度の食事のときでも三度も口中の食物を吐き出し、待たせることなく会うようにして、賢士を待遇した。それでも天下の賢者を失ないはせぬかと心配している。おまえも、魯に行ったら、一国の君主となるからといって、人民に驕《おご》りたかぶってはならない」と。「三《み》度哺《たびほ》を吐いて王師を迎う」の教えである。

このようにしてまで自分に協力する人傑を求めたものである。もし、社長が大志を果たそうとするなら謙虚に人に接し、その助言をきくことである。

本田技研を興した宗一郎氏は藤沢武夫氏を用いている。藤沢がいなければ今日のホンダはなかった、とまで言っている。ソニーの創立者井深大氏は盛田氏を用いて大をなし、トヨタは神谷正太郎氏を用いて営業基盤を固めている。

このように大志の前には物財でなく、己を助ける人材を求めているのである。

わが国の歴史をみても、木下藤吉郎は、加藤清正・福島正則など武将はいたが知将がいない。軍師、竹中半兵衛を得るため、七度足を運んでいる。もし、足軽頭程度の志であったら考えも及ばなかったろう。

いかに天分が備わっているとしても、自ら限界がある。その限界を突き破るにはまず、人を求め用いて自信をつけ、着実に志を大にしていくことが肝心である。

「輔車相依《ほしゃあいよ》り、唇《くちびる》亡ぶれば歯《は》寒し」という諺《ことわざ》がある。どちらも欠くことができない、密接な関係をいうことである。

これは、晋《しん》の献公《けんこう》が、虞《ぐ》と虢《かく》の国を亡ぼしたときの話である。

献公は、まえまえから虢を伐《う》とうと考えていたが、それには虞の領土を通らねばならない。かつて虞公には賄賂《わいろ》を贈って通してもらったことがあるので、今度も領地内の道を借りたいと申し入れた。

虞《ぐ》の国では、その申し入れに反対する賢臣の宮之奇《きゅうしき》は真剣に虞公を諫めた。

「虢《かく》と虞は一体です。虢が亡びたら虞も亡びることになります。脣歯輔車《しんしほしゃ》とは、車の両側を挟《はさ》む木と車とが一緒になって物を運ぶのだし、脣と歯は別々のものだが切り離すことはできないと申しますが、ちょうど虢と虞の関係と同じです。仇ともいえる晋の国の軍を通すなどはもってのほかです」と反対した。

しかし、賄賂に目のくらんだ虞公は、いくら説いてもきかず通過を許してしまった。

そこで宮之奇は、災いが身に及ぶのを恐れて、一族を引きつれ国を去った。そのとき「晋は虢征伐のついでに、かならず、わが虞までも亡ぼすだろう」と予言した。

果たして晋は虞の領土から攻め入って虢を亡ぼし、帰途、虞に宿営し、不意を襲って虞を亡ぼしてしまった。

車と木が離れ、脣と歯が分かれては用をなさない。企業経営も同じで、相より、相補《たす》ける者が一体となるところから力はでるのである。

九　三年蜚《と》ばず、鳴かず

楚の荘王《そうおう》は、位についたが政令一つ出さず、日夜遊び楽しんでいた。そして国中に布告し、「あえて意見をのべようとする者は死刑に処す」と。これでは諌めるものがない。ところが伍挙《ごきょ》という臣が、婉曲《えんきょく》に、王を鳥にたとえて風刺した。

「丘の上に鳥がいますが、三年たつのに飛びもしないし、鳴きもしませんが、どうしたことでございましょう」。それに対し王はこう答えた。「三年も飛ばずにいるのは一度飛んだら天をつき上げるほど高くとぶためだ。また三年も鳴かずにいるのは鳴いたら最後人々を驚倒させるためである」と。暗に、大志をとげるために英気を養っているのだと自分の気持ちを現わした。

次に、蘇従《そじゅう》という臣が諌めたところ王は、その忠誠をよろこび蘇従の手をにぎり、右手で腰の剣を抜き、日夜遊びに使っていた鉦《かね》や太鼓の釣り紐を断ち切り、「よく諌めてくれた、いまから遊びをやめて政務に励む」といって、伍挙と蘇従を重く用いたため楚の人々は大いに喜んだ。かくて荘王は春秋時代の名君五人のうちの一人に数えられるようになった。

「大器は人を求む」というが、それにしても人材発掘もここまで徹底した例は稀《まれ》である。

中国春秋時代の名君五人を春秋五覇《ごは》といっているが、その中でも筆頭にあげられるのが斉《せい》の桓公《かんこう》である。これも名宰相管仲《かんちゅう》の補佐によるものとされている。

その管仲も年老い、政務をとることもかなわず家にひきこもるようになった。

そんなある日桓公は管仲を見舞って尋ねた。

「もし、不幸にして再起不能となった場合後を誰に任せたらよいか」

「老いの身では、どう答えてよいかわかりません。しかし〝臣を知る者は君に如かず、子を知るは親に如かず〟とか。意中の人物がおりましたらおきかせ下さい」

「鮑叔牙《ほうしゆくが》はどうかな」

「なりません。あれは剛情で頑固な性格です。それに妥協することを知りません。剛情であれば、人民を乱暴にあつかい、人心が離れます。妥協することを知らなければ大衆を使いこなすことはできません。こういう強気一点張りの人間は補佐役には不適当です」

「豎刁《じゆちょう》ではどうか」

「なりません。人間は誰でも体を大切にするものです。ところがあの男は、あなたが女好きで、嫉妬深いと見てとると、自分から進んで去勢して、後宮の宦官《かんがん》になりました。自分の体も大切にできない者が、なんで自分の主君を大切にいたしましょう」

「それなら、衛の公子開方《かいほう》ではどうか」

「なりません。あの男は、わが国から衛まで、僅か十日の道のりですが、あなたの歓心をかいたいばかりに、ここ十五年の間、一度も両親のもとに帰っておりません。これは人の道に反します。両親さえかえりみない男がどうして主君を大切にいたしましょう」

「それなら易牙《えきが》にしたいと思うがどうか」

「それもなりません。あの男は料理番をつとめておりますが、山海の珍味にあきた君に、いまだ食べたことのない人肉を賞味させたいといって、自分の長男を蒸《む》しやきにして差しあげました。人間は誰しも子を愛しているものです。ところが、あの男は、わが子を蒸しやきにして君の食卓に供しました。自分の子供さえ愛さない男が、どうして主君を愛することができましょう」

「それでは、誰にせよというのか」

「隰朋《しゅうほう》がよいと思います。かれは志が堅いうえに、行ないが清廉で、大きな仕事もまかせることができます。また私利を求めず、信義を重んずる人物で人々の手本になります。信義を重んずる人物なら、隣国と争いごとを起す心配もありません。まさに、内政外交、うってつけの補佐役といえましょう」

それから一年後に管仲は死んだ。

しかし、桓公《かんこう》は後任宰相に隰朋《しゅうほう》ではなく、豎刁《じゅちょう》を用いた。

それから三年後である。桓公が南方へ遊びに出た留守につけこんで豎刁《じゅちょう》は易牙《えきが》、開方《かいほう》などと語らって反乱の兵を起した。桓公は驚いて都に帰ったが捕えられ幽閉され、飢えと渇きに苦しんで死んだ。死体は三ヵ月も放置され、ウジ虫が部屋からあふれ出るほどであった、という。

覇者の筆頭になったほどの人物が、賢臣の言を用いなかった咎《とが》めといえるのである。

現代経営でも同じで、優れた人を求め、用いることを欠いては千載《せんざい》に悔いを残すことになる。

そこで、名君は、どのような条件を備えた者を補佐役である宰相として選び、用いているかを考えてみた。

もちろん、仁・智・勇に優れた人材であることはいうまでもないが、特にいえることは、第一に、己を捨てて、国や君主に誠を尽くしていることである。

現代でもよく用いられている言葉に「刎頸《ふんけい》の交《まじ》わり」がある。紀元前二百八十年ごろ、中国の戦国時代である。趙《ちょう》の恵文王《けいぶんおう》が持っている〝和氏《かし》の璧《へき》〟という宝玉を秦王が熱望し、城十五城と交換したいと申し入れてきた。応じなければ攻められ、応じても璧は取って城を渡すまい。

このとき、王の寵臣《ちょうしん》の食客でしかなかった藺相如《りんしょうじょ》が申し出た。自分が秦に使いし、万一の場合でも璧を完《まっと》うして帰りますと。

相如《しょうじょ》が秦王に会ってみると果たして璧は取りあげたが城を渡そうとしない。相如は偽って璧を手にすると大声で叫んだ。「約束を破るならこの璧と自分の頭を同時に砕く」と。秦王はその勇に感じ、璧を持ち帰ることを許した。この功により相如は上大夫となり、その後の澠池《べんち》の会で、秦王から趙王が恥をかかされるのを救った功で上卿《じょうけい》に任じられ、名将の廉頗《れんぱ》より上になった。

廉頗はいたく憤慨し、今後相如に会ったら恥をかかせてやる、といきまいていた。

これを知った相如は廉頗に会うことを避け、朝廷にも、席次争いになるのを恐れて欠席し、外で出会うと車をわき道にそらせた。

相如の家臣のうちには、それを恥として暇をもらいたいと申し出る者がいた。

相如は、これを引き止めてきいた。

「廉将軍と秦王とどちらが恐ろしいか」「もちろん秦王です」

「私はその秦王を恐れるどころか、叱りとばし、居並ぶ群臣をも辱《はずか》しめてきた。その私がなんで廉頗将軍一人を恐れようか。思うに、いま秦がわが国に攻撃をかけないのは、廉将軍と自分がいるからだろう。ここで両虎争えば、いずれか倒れる。自分が廉将軍を避けているのは、国家の危急を先にして私讐《ししゅう》を後にしているからだ」と。

これを伝え聞いた廉頗は、上半身を裸にして刑に用いるトゲのある茨《いばら》を背負い、これでムチ打ちの刑を受けたいという気を現わして相如を訪ねた。そして友人のためには自分の首をはねられても悔いはないという交わりを結んだという。

昭和の刎頸の交わりは、権力と金の交わりで、自分の利を先にした交わりであったが、故事にあるそれは国の利を先にした交わりである。

趙の恵文王は名君だけあって「国家の危急」を先にし、個人的な怨みを後にしている人を重く用いている。つまり自分を捨てきれる人を重く用いる、ということである。

十　どのような人を求めるか

さて、名君に選ばれた名宰相は、どのような人材を求めたか。

歴史上の名宰相の、人材としてあげた条件を考えてみると、現代のそれと表現が変わるだけで違うところはない。

その第一は、執念《しゅうねん》である。

ある経営者は、現代企業マンの条件として「執念」をあげているが、一念岩をも通す、やり遂げるものこそ人材ということである。

学あり、地位あり、財力があっても、やり遂げる根性のないものは結果を得ることができない。

執念のある者は、知らなければ学び、足らなければ借り、補ってことを果たす。経営は結果である。結果の得られない者は企業マンとはいえないのである。

第二は、自分の専門以外から発想のできること。つまり、創造力である。

ある著名会社の社長は「わが国の産業が世界を征服したのは、そこに働く人たちが専門以外の勉強をしたからだ」といっている。機械設計の専門家が専門外の食料品工場を見て、機械製作に役立つ新しいことを考え出せる人、という意味である。

創造は専門から生まれるよりも、別の面から生まれることが多い。多く学べば創造の源も多くなるからである。ことに変化を予測するためには、現在の自分の仕事以外からヒントを得ることが多いものである。

第三の人材の条件として抽象論や過去の事例などを具体化して成果の得られることである。

具体的事例を示さなければわからない人間は、人の真似きりできない人間である。知恵をだせ、意欲をだせ、根性を発揮しろなどいずれも抽象論でしかない。これを具体化して企業に役立つことを考えだせる人である。

また、ことわざ、故事など過去のものであるが、これを新時代に活用して成果の得られる者が、これからの人材としている。

現代では、通常の仕事は機械におきかえられ人力を必要としない。つまり、機械ではできないことのできる人間だけがこれからの人材といえるのではないか。

さて、前職時代、貯蓄推進委員会の会長でもあり、日中関係改善に尽くしていた岡崎嘉平太さんと話し合ったときのことである。

「自分が旧制高校の学生であったころ、郷里の先輩でもある、日露海戦当時の参謀、藤井大佐を友人とお訪ねしたことがある。大佐は退役されて少将であった。私はこわいもの知らずで閣下にこういうことを言った。

強大なロシアのバルチック艦隊が東に向かい、わが国艦隊と決戦することは必至となった。

敵艦隊が、対馬海峡を通過して日本海に入るか、遠く津軽海峡を通るか、旗艦三笠艦上で開かれた参謀会議でも、津軽通過説が大勢を占めた。対馬通過を主張したのは藤井大佐一人。その結果、連合艦隊司令長官の東郷大将は軍議決定とし、全艦に、○日○時○分、津軽に向け抜錨《ばつびょう》すべし、という密令を出した。

これを知った藤井大佐は再び会議を開くよう進言した。会議は再開されたが、ことここに至って主張を変える参謀はない。それに遅れてきた一人に東郷大将は、貴官はどう思うか、ときいた。その答えが、藤井参謀と同じということであったので、大将も、しばらく待とう、ということになった。

しばらくして入ったのが〝敵船見ゆ〟の信濃丸からの電報。対馬に向かうことがわかり、ここで迎撃態勢に入る。

敵船見ゆの報に接し、連合艦隊は直ちに出動、これを撃滅せんとす。本日天気晴朗なれども波高し、の電報が大本営に発せられたのもこのときであろう。

かくして、対馬通過を目指したバルチック艦隊を完膚《かんぷ》なきまでに撃破したのである。とすれば最後まで対馬直進を主張した藤井大佐は、海戦大勝の最高殊勲者ということになると」。それを岡崎さんは藤井大佐の前で言ったわけだ。すると藤井閣下は厳しい目をして「お上からお手当をいただいている参謀が自分の考えをのべただけだ。なにが殊勲なのか」といわれ、首をすくめたという。

現代でも、心ある将というものは、あくまで所信を貫くような人を選ぶものである。それを是と考えれば、それに従い、非と思えば従わないまでだ。要は、所信ものべない人間や、唯唯《いい》諾諾《だくだく》族などは近寄らせもしないということである。

十一　九仞《きゅうじん》の功を一簣《いっき》に虧《か》く

殷《いん》の紂王《ちゅうおう》を攻め亡ぼし、武王が周朝を開いたのは紀元前一千百年ごろで、いまから三千余年も前になる。

周の威令は四方に及び各地からいろいろな献上物があった。西方の旅《りょ》という国からは獒《ごう》という高さ四フィートにも及ぶ大犬が贈られてきた。獒はよく人の意を解するという珍獣であったので武王は大いに喜び、その珍しさに心を奪われ政務を怠るほどであった。これを憂いた召公《しょうこう》は、周の創業を危うくしてはならないと考えて大いに諫めた。その中の言葉である。

「耳目《じもく》に役せられざれば、百度惟《こ》れ貞《ただ》し、人を玩《もてあそ》べば徳を喪《うしな》い、物を玩べば志を喪う。嗚呼《ああ》夙夜《しゅくや》勤めざるあるなかれ、細行《さいこう》を矜《つつし》まずんば、終《つい》に大徳《たいとく》を累《るい》せん。山を為《つく》ること九仞《じん》、功を一簣《き》に虧《か》く」(耳目の欲、即ち物質的な欲望に溺れてはならない。人をもてあそべば徳を失ない、物をもてあそぶと志を失ないます。王者たる者は朝から晩まで徳を積むことにはげまなければなりません。小さなことだからといって慎まないと、大きな徳をも失なうことになります。丁度高い山を築くのに最後の一籠《かご》の土を怠っても山が完成したといえず、いままでの功績を失なってしまうのと同じく、せっかく周朝を始めながら獒に心を奪われているようでは創業の功も無駄になってしまいます）と。

九仞の仞《じん》は八尺（八フィート）で、九仞なら七十二フィートの山ということだが、高い山という意味である。

現代でも、艱難《かんなん》を重ねて会社を始めながらちょっとした油断で倒産した場合などに「九仞の功を一簣にかいた」といっている。

ことを志す者にとっての心得として短い文句の中にすべてをいい現わした名言といえるもので、私もこれを心に銘記しているわけである。

会社のトップが部下や周囲の信用を失なう第一は人を玩《もてあそ》ぶことである。私利私欲、私情につながる人間を近づけ用いる。へつらい人間、イエスマンの言に耳を傾ける。あるいは血縁を近づけ、能者でもそれ以外は遠ざける。用なき者に禄《ろく》を多く、能ある者に少なくなど、広くいえば玩ぶ類である。

トップがこれであれば、威権を失ない、権力も通ぜず、人の心まで失なうことになる。

次に、物を玩ぶ類は限りなくある。トップの趣味に合った投資をする。倒産したら美術館が開けるほどの古美術品が出てきたとかの例もある。あるいは本業以外の物に投資し見栄のためにかねを使う。はなはだしくは女性に心を奪われて社長の椅子を失なった人さえある。

まさに「小器は物を求む」である。

だいたい、会社が行き詰まったり、過ちを犯した場合、スタッフの誰かは諫言《かんげん》しているものである。それに耳を傾けなかったために大事にいたっている。

人間は神ではない。ときには誤った道を行くこともある。それにブレーキをかける勇臣を側臣とすることも必要だし、大志を全うするためには、それに耳を傾けることも欠かせない。

あえてトップに苦言を呈しようとする者には私心がない。トップの気を損じて首になるかもしれない。いわば身命を賭《と》しての苦言である。そうした忠臣を退けるようではすでにトップとしての資格を失なった者といえるだろう。

いまでもよく使われる言葉に「折檻《せっかん》」がある。

いまから二千年ほど前、前漢第九代の成帝《せいてい》のとき、宮中にあった外戚の王氏一族や、宦官《かんがん》たちが勢力をえ、忠臣は追われ、官吏や人民までが非難するにいたった。しかし成帝は反省もせず、かえって王氏一族を重用していた。

これを憂えた朱雲《しゅうん》という知事が、帝の前へ進み「願わくばご秘蔵の斬馬《ざんば》の剣《けん》を賜《たまわ》りたい。悪人の首を刎《は》ね、他の者のみせしめにしたいと思います」といった。それは誰かとかかれ

「王氏に味方する張禹《ちょうう》です」。

帝は激怒して「朕の師を侮辱するとは」と、死刑を命じた。捕吏《ほり》が朱雲を捕えようとしたが手すりを握り離さない。ついに手すりは折れて二人はこわれた手すりとともに地面に落ちた。それでも「臣の身はどうなろうとかまいません。ただ陛下の御世《みよ》が気にかかるばかりです。どうか御明察を」と叫びつづけた。

これを見ていた辛慶忌《しんけいき》という将軍が、朱雲のそばに飛び降り、額を地面にたたきつけ、血を流しながら、朱雲を殺してはならないと諫めた。

帝も二人の国を思う真心に感じ、「悪かった。あたら忠臣を失なうところであった」といって機嫌をなおした。

後に、手すりを直そうと願い出たとき「あれを見るたびに朱雲を思い出し、政治を正す戒めにしよう」といったという。

しかし、この忠臣の功も無駄になるときがくる。王氏一族の専横は帝の死後ますます激しさを増し、王莽《おうもう》は帝位を奪い前漢は亡びることになる。

「巧言令色《こうげんれいしょく》鮮《すくな》し仁《じん》」(口先が巧みで、角のたたない表情で、いわば猫なで声で、へつらい言をいうような人間に、誠実な者はない)。

これは論語にある言葉だが、現代の組織内にも少なからず見かけるところをみると、浜の真砂《まさご》とともに尽きることがないのかもしれない。こうした人間を近づけている人間がいるから絶えないわけで、言う者、聞く者を両成敗しないかぎり尽きることはない。

これを逆にいえば、飾り、へつらいの心をもたない人間は、誠実であるから近づけるべきであるが、こうした人にも自ら欠点がある。それは往々にして礼を欠くということである。公のためになることを、ずけずけ言うことはよいとして、その言い方、やり方に礼を欠くようでは、聞く者としては、昔流でいえば「無礼者、下がりおろう」ということになる。つまり、直言にも徳がなければならないということである。

ある会社に、全く飾ることのない、剛毅木訥《ごうきぼくとつ》ともいえる取締役がいた。利己的な打算もなければ、媚《こ》び、へつらう心など微塵《みじん》もない。

そのため、会社のためになると考えたことは、社長がいようと誰がいようと遠慮なく発言する。私も何度となく会っているが、理論も正しい。

しかし、その主張が用いられたことがない。会議の席上の発言にしても、○○節が始まったぐらいできき流される。社長以下幹部も、「いいことを言っているのだが」ということだけである。

これは、平たくいえば、発言に重みがないということである。なぜ重みがないのか。会社の欠点は目につくが、取締役でいながら、自分が率先して改めようとしないからである。会社の改めるべき点を、自ら買って出ても改めようとするなら、社内の人々は言を待たず改めるだろう。

剛毅・誠実を示すのに口先だけでは巧言令色とそれほど変わるものではないということである。

ことを志す者にとって、巧言令色にまどわされて、九仞の功を一簣に虧くことのないよう心したい。このことを、口で言うのはやすいが、実際となると案外に難しいことは、歴史が教えるとおりである。

十二　耳に逆《さか》らう言を聞けば

前職時代、私が課長のころの話である。

トップが参院選挙の再出馬に担がれ、居ながらにして当選確実とまでいわれていた。

そんなある日、私一人が呼ばれ、再出馬の是非をきかれた。「社員代表と思って素直なところを答えてほしい。改選にあたり、たいした運動をしなくても再選確実というので、多くの人が推せんしてくれている。今度も出馬すべきかどうか」と。即座に「私は反対です」といってしまった。二足のわらじはなんとやら、本業専心が筋と思います、とつけ加えた。トップとしては、私が「大賛成で私たちも微力を尽くします」とでも言うことを期待していたのではなかったか。案に相違したのであろう、「反対は君だけだ」と吐き捨てるようにいって席を立ってしまった。

四、五日して会ったら「やめたよ」の一言だった。

これも前職時代、私が経理部長のころの話である。

ある支店の新築現場に立ち寄ったとき、二階なし、いわゆる吹き抜け天井の設計に気がついた。建築担当者に「いまは採光・空調のすべてを機械がやる時代、吹き抜けは時代遅れで、二階を造って効率よく運用すべきではないか」と口走った。

それがトップに伝わり、電話で烈火の如く怒られた。そのトップは建築にも造詣《ぞうけい》が深く、自ら店舗設計に筆を加えるほどで、無関係な一部長がとやかくいう筋ではない、というわけである。百雷一時に落ちたかの怒り方に、電話で平身低頭してもはじまらない。私は左遷を覚悟していたところ、何日かして建築担当者が召集され、井原部長も加えろという指示。

その日は屠所《としょ》にひかれる羊の思いで出席した。トップが現われ「今日集まってもらったのは、今後の店舗新築についてだが、吹き抜け設計は中止し、天井の高さは九フィートにする。以上」といって腰をあげ、私の顔をみながら「井原くん、これでいいんだろう」とにっこり笑いながら出ていかれた。

自然に頭が下がった。いい分をききとどけてくれたトップの雅量に対してである。

「耳中《じちゅう》、常に耳に逆《さか》らうの言を聞き、心中《しんちゅう》常に心に払《もと》るの事あれば、わずかにこれ徳に進み、行を修《おさ》むるの砥石《しせき》なり。もし言々耳を悦《よろこ》ばし、事々心に快《こころよ》ければ、すなわち此の生を把《と》って鴆毒《ちんどく》の中に埋在《まいざい》せん」（諫言、忠言は耳に逆らうものであるが、……耳をよろこばせるような媚び、へつらいなどの甘言に満足しているようでは人生を猛毒の中に沈めてしまうことになる）と菜根譚にある。

社長にとって、諫言、忠言ほど耳ざわりなものはない。それが正論であればあるほど、相手をうとましく思い、生意気なことを、わかった風なことを言うな、何様だと思っているんだ、などと己の感情を損ねるものである。しかし、周囲の者からの諫言、苦言を私的な感情から退けたり、相手を遠ざけていては、私を捨てて諫言する者もいなくなるばかりか、雅量のない将として、かえって部下から退けられることになる。

古今東西、長い歴史の中で忠言に耳を傾けて誤らずにことを成し遂げた人物は多いが、逆に、甘言に迷って業を失ない、己を失なった者もまた多いのである。権力者とて生身《なまみ》の人間、独断専行、横道へそれようとしたとき、身を挺《てい》して軌道修正する者を周囲にもたなくては、企業は奈落の底に落ちこむ危険さえ生じてくるだろう。

アメリカの実業家W・B・ギブンは、部下に「冒険をおかす自由、新天地を開拓する自由」とともに「反発の自由」を与えて、大を成したという。わが国でも、ある大手スーパーの社長が「よろしく争臣たれ」といっている。

上に立つものは、人の話をきくときは虚心坦懐《きょしんたんかい》、わだかまりのない気持ちできくべきである。

中国の戦国時代、魏《ぎ》の宰相である、龐葱《ほうそう》が太子とともに趙《ちょう》の邯鄲《かんたん》への人質として行くことになったとき、王に話した。

「一人の男が、市場に虎が現われたといってきたら王はこれを信じますか」

「信ずることはない」

「では二人の人が同じことを言ってきたらどうですか」

「一応疑ってみるだろう」

「では三人が市場に虎が出ると言ってきたらどうですか」

「それは信ずるだろう」

「市場に虎が現われることなど全く考えられないことですが、三人が言うと、実際に現われたことになってしまうものです。私が国を留守にしている間、私のことを、とやかく言う者がありましょうが、どうか信じないようにお気をつけ願います」

「安心するがよい。自分は自分の目以外は信じないことに致す」

ところが、龐葱《ほうそう》が出発すると、早々に王にざん言する者が現われた。

後日人質が解かれて帰国する段になり、太子は帰れたが、龐葱の入国は許されなかった(三人市虎《しこ》をなすの故事)。

人のことばというものは、あてになって、ならないもの。よほど、トップ自身がしっかりしていないと一寸先まで闇にされてしまうものである。

江戸末期の儒者、佐藤一斎《いっさい》が書いた言志四録《げんししろく》に「諫《いさめ》を聞く者は、固《もと》より須《すべか》らく虚懐《きょかい》なるべし。諫を進むる者も亦《また》須らく虚懐なるべし」(諫言をきく者は、虚心坦懐《きょしんたんかい》、わだかまりのない気持ちで聞き、諫言する者もまた同じである)とある。

上を諫めるにも道がある。ただ諫め言をいえばよいということではない。

韓非子に次のような話がある。

魏《ぎ》の文侯《ぶんこう》に仕えた西門豹《せいもんひょう》は県知事に抜擢《ばってき》されたが、清廉潔白で私欲に走ることもなく、侯の側近にとり入ろうともしなかった。そのため側近からは目の敵にされていた。一年後に治政報告書を提出したが、成績不良の理由で知事を免職となった。

西門豹は、その取消しを願い出た。「はじめての知事で、どう治めてよいか見当もつかず免職になりました。今になってわかりましたので、もう一度知事をやらせて下さい。もし再び成績不良でしたら首を刎《は》ねられてもかまいません」。文侯はこれを許した。

任地へ戻った西門豹は、税金を重くし、びしびしと取り立て、側近たちには抜かりなく機嫌とりに努めた。

一年後に報告に帰ったとき、文侯は直々に出迎えて、その功をたたえた。

そこで門豹は文侯に言った。「先年、私は君のために栄を治めましたが成績不良のかどで免職処分になりました。今度は側近の方々のために治めてみましたらお褒《ほ》めにあずかりました。もうこれ以上知事の職にとどまる気にはなれません」と辞表を提出した。

しかし文侯は自分の不明を詫びて辞表は受け取らなかった。

極めて有効な諫言といえよう。

次に、詩に託して兄を諫めた故事がある。

三国志に登場する一方の雄、魏の曹操《そうそう》の長男は曹丕《そうひ》、その弟が曹植《そうしょく》である。この兄弟幼いころから仲が悪く、曹丕が魏の文帝と称するころには次弟の曹彰《そうしょう》を毒殺し、次の弟曹植をも殺そうと計ったほどだった。

あるとき曹丕文帝は弟の曹植に、七歩あゆむ間に詩を作れ、できないときは勅命に背いたものとして厳罰に処すと命じた。曹植を痛めつけようとしたのである。

曹植は兄の声に応じて立つと、直ちに次の詩を作った。

「豆を煮て持して羹《あつもの》を作る。豉《し》を漉《こ》して以《もっ》て汁《しる》と為す、萁《き》は釜底《ふてい》に在って燃え、豆は釜《ふ》中《ちゅう》に在って泣く、本《もと》是れ同根《どうこん》より生ず、相煎《あいに》る何ぞ太《はなは》だ急なる」（羹を作ろうとして豆を煮、味噌をこして汁をつくるのに、萁《まめがら》は釜の底で燃え、釜の中の豆は熱いので泣きながら言うには、豆も萁ももとはといえば同じ根から育った間柄なのに、こんなに急いで煮るのはあまりといえばつれない仕打ちではないか）。

つまり、父母を同じくした兄弟。本来なら協力して父曹操の遺業を全うすべきはずなのに、なんで弟の私をこんなにつれなくするのですか、ということを詩に託したわけである。

さすがの文帝も弟の切ない気持ちを察して恥じるところがあったという。「七歩《しちほ》の詩」「七歩の才」ともいわれている故事である。兄の曹丕は一国の君主でありながら弟いじめをするほど狭量な人間だったらしいが、それでも反省したという。

ところが現代でもみられることだが、反発、諫言されると権威を犯されたかのように思いこんで、その人間を根に葉に思う執念深い者もある。あの社長に睨まれたら百年目というのがある。

趙の名君、簡子《かんし》は周舎《しゅうしゃ》という臣が死んだあとは政務をとるにも浮かない顔をしていた。わけをきくと「つまらない千枚の羊の皮は、一匹の狐《きつね》のわきの下の皮に及ばない（千羊《せんよう》の皮は一狐《いっこ》の腋《えき》に如かず）というがそのとおりだ。多くの大夫たちが毎日朝廷に出仕してくるが、自分の言うことをはいはいときくだけで周舎のように堂々と直言してくれる者がない」（周舎《しゅうしゃ》の諤諤《がくがく》）と。

私も長い間何人もの権力者に仕えたが、諤々《がくがく》して目の敵にされた人もあれば、諤々に大抜擢してくれた人もある。人の度量というものには大海もあれば小さな池もあることを知らされたものである。

十三 雅量

「黄河《こうが》は細流を選ばず」という。

中国の大河である黄河は、どんなに細い川の水をも受け入れたからあれだけの大河となっているという意味である。また秀峰泰山《しゅうほうたいざん》は土を選ばず積み上げたから大山になった、ともいっている。

人間にしても、少々気に入らないからといって遠ざけたり、耳に逆らうことを言われても己の非を改めることができずに逆に不快の念をいだくようでは、心が小さい。自らの狭量を露《あらわ》しているようなものである。

「自分の片腕にしようと思って目をかけていた社員が、理由も告げずに辞めてしまう。幹部が居つかないのはどうしてだろうか」。ある社長からの相談である。中小企業ではあるが、社長の経営手腕については定評もあり、業績もまずまずの会社、それなのに優秀な社員がなぜ社長から離れてしまうのか。そこで冒頭にあげた「黄河は細流を選ばず」の話をしたところ、話の途中から「どうも頭にカチンとくる説教」という。この程度のことでカチンとくるようでは幹部も居たたまれなかったろう。とかく権力の座にある者は、わずかなことで感情をむき出しにしたりしては、人はついてこない、小人物と思われて志のある人間は去るものである。

言志四録に「人を容《い》れる雅量のある人だけが人を責める資格がある。雅量ある人から責められれば相手も責を受け入れる。雅量のない人は人を責める資格がない。責めたとしても相手はそれを受け入れない」とある。

会社で、僅かな失敗をとりあげ叱りとばしたり、一人を責めればすむのに全員に当り散らしている社長を見うける。これでは、いかに社長に大志があろうと、それを認めて協力する人がいなくなり、志を全うできないのではないか。

かつて金沢へ講演旅行した際、個人タクシーの運転手さんから俳人の加賀の千代女の話をきいたことがある。

加賀百万石の前田公から城中に召され、公が「加賀の千代、何にたとえん鬼《おに》瓦《がわら》」と詠んだ。千代女は、悪びれもせずに「鬼瓦天主閣をも下に見る」と返句した。並み居る家臣たちが驚いた。足軽ふぜいの女房に百万石の天主閣を下に見られては、ただではすむまい、と思って。

ところが前田公、今日は千代女にしてやられたといって褒美を与え帰した、という。千代女の権力も恐れない反発の勇気と、公の雅量に教えられたわけである。

その運転手さんの好きな千代女の句は「破る子のなくて障子の寒さかな」だといっていた。夫を亡くし、子を失ない、一人暮しの淋しさ、愛児を思う心の現われた句である。私はこれを聞いて、企業も障子を破るほどの勇者がいなければ温室育ちになってかえって会社は寒さを感じるようになる、と経営に結びつけてきいていたのであるから、無粋人間のそしりはまぬがれない。

次に、小さな雅量が大きな役を果たした、といえそうな故事がある。

別項でものべたが、中国の戦国時代、斉の宰相、孟嘗君《もうしょうくん》は三千人もの食客を養っていた。ある日、草履ばき、粗末な衣服、持ち物といえば長い剣だけ、という男が遠方から来た。わが国でいえば食いつめた素浪人というところだったろう。それを三等宿舎へ入れることにした。

十日ほどたって宿舎の管理人にきいてみると、その馮驩《ふうかん》という男、長剣のつかを叩きながら「帰って行こうか、わが長剣よ、ここの食事にゃ魚もない」(長鋏《ちょうきょう》よ帰らんか、食らうに魚なし)と歌っているという。

そこで今度は魚の出る二等宿舎に移してやった。満足しているだろうと思ってきいてみると「帰って行こうか、わが長剣よ、外へ出るにも馬車がない」と歌っているという。それなら、ということで最上宿舎へ移してやった。そこには馬車もあるし、なんの不足もあるまいと思って。

ところが「帰って行こうか、わが長剣よ、妻子もなければ家もない」と歌っている。孟嘗君は居候の分際でともいわずに最高の待遇をしたが、これ以上はできないとしばらく放っておくことにした。

さて、孟嘗君が三千人もの居候を養う費用も大変。これを補うために領民に金を貸しつけ、その利息を当てようとしたが、一年たっても利息どころか元金の回収さえ怪しくなってきた。そこで、その取り立て役に馮驩《ふうかん》を選んだ。

領地に赴いた馮驩は、かき集めた十万銭の利息で借り主全員を集めて盛大な宴を張った。そして一人一人、返済できるかどうかを確かめ、返せる者には支払日を約束させ、返済困難と判断した者の証書はその場で焼き捨ててしまった。

これを帰って報告したところ、さすがの孟嘗君も怒った。馮驩は「ない者から十年待っても取れるものではありません。取れない証書はなんの役にもたちません。私は金の代わりに君の慈悲を領民に刻みつけ、君の名誉を高めてまいったつもりです」と。孟嘗君はかえって礼をのべたという。

この孟嘗君が、後にざん言によって宰相の位を追われたとき、三千人もの食客はそのもとを去っていったが馮驩は最後までとどまったのみか、強国秦に計略を用い、斉王を説いて再び孟嘗君を宰相に返り咲きさせている。

人間は大きな施しにも感激しないこともあるが、小さな雅量に大きく感激することがある。

唐三百年の基礎を築いた名君、二代目太宗の重臣の用い方もまた雅量あふれるものであった。創業の重臣といえば、知謀に優れた房玄齢《ぼうげんれい》と決断に長じていた杜如晦《とじょかい》の智と勇の名コンビが知られているが、さらに王珪《おうけい》・李靖《りせい》・魏徴《ぎちょう》などの有能な人材が唐の繁栄を支えていた。

その王珪が、太宗の前で「私は、真剣に国家に奉仕し、知れば必ず実行することでは房玄齢に及ばないし、いつも諫言を心がけ、自分の仕える天子が中国古代の名君である堯《ぎょう》・舜《しゅん》の聖天子に及ばないことを恥じている点では、魏徴に及ばない。才能は文武を兼ね、出でては将軍となり、入りては宰相の任を果たす点では、李靖に及ばない」と、他の重臣たちを讃えている。

さて、このうちの李靖は、もと隋《ずい》の煬帝《ようだい》に仕えていたが、隋が亡びる際、唐の李淵《りえん》(高祖)

に捕えられ、斬られようとしたところを李世民《りせいみん》（後の太宗）に助けられて、その幕下に加えられるようになった。

次に、李靖は、高祖李淵の命をうけて江陵《こうりょう》の敵を討伐したが、僅かな兵きり与えられなかったため敵にはさまれて一歩も進めなかった。李淵は、わざと戦いを避けているものと誤解して、長官の許紹《きょしょう》に李靖を斬れと命じた。敵方に身をおいた者は、いつまでも疑いをかけられるようである。この時は、李靖の才能を惜しんだ許紹のとりなしで断罪はまぬがれた。

李靖が李淵から譜代の臣と同じ扱いをうけるようになったのは次の功があってからである。

異民族の反乱を鎮圧するために皇室のある一族が討伐に向かったが、撃退され、李靖が代わることになった。李靖は僅か八百の兵で、賊の首領を斬り、兵五千を捕えて鎮圧した。

李淵はこれを知って群臣に言った。「功を使うは過を使うに如かず」（功をたてた者を使うよりは、過失を犯した者を使うほうがうまくいく）。

過失を犯した者は名誉奪回のために懸命に努めるからだ。

そのとき李淵は、自ら親書をしたため、「既往《きおう》は咎《とが》めず、旧事は吾久しくこれを忘れん」（昔のことは、とがめだてせず忘れよう）。敵に身をおいた者であっても、己のために役立つなら味方である。罪を犯した人であっても改まれば真人間と同じ。高祖とともに唐創業にあたった二代目太宗は、これらの重臣をよく用いて三百年の安定を築いたのである。

上に立つものは、敵を味方にし、悪を善に改めさせるよう努める心が必要ではないか。それでこそ、ひろい心の持主といわれるのである。

十四　成功と感謝

前職時代、雑誌の依頼でのべ四十人ほどの創業経営者や各界の成功者と対談する機会に恵まれた。

成功者の一家言を伺う、ということで、創業のいきさつ、経営哲学、成功の秘訣など多岐にわたっての話し合いであった。それぞれから素晴しい話を伺ったが、共通していることは、「恩を知り、報いる心が極めて強い」ということであった。全員が一人のこらず「自分の今日あるのは何々のおかげ」ということを話してくれた。

東京上野にある小泉グループの社主、故小泉市兵衛氏は、子会社の社名が「東天紅」に代表されるように鳥にちなんでいる。創立者である小泉氏のお母さんの干支《えと》が酉年であったから、というわけである。母に対する感謝である。

そういえば私の甥が医療器械会社を創立した際、社名を「はなこメディカル」としている。母の名、はなこを社名にしたものである。

また、イトーヨーカ堂の本社ビルの完成式に招かれたことがある。十時の開店のとき、テープカットを誰がするのか、注目していた。

東京の政財界の大物でも加わるのではないかと思っていたところ、伊藤社長は、お母さんを誘い母一人のカットであった。無言の感謝といえるだろう。

大阪の高槻市にあるムネカタ株式会社の宗形社長のネクタイは万年無地の真紅色である。創業早々本業に行き詰まり、自殺を覚悟して遺書を七通書いた。今夜こそ淀川へとび込もうと考え、見納めのため空家同然の工場を夜遅く覗いてみた。そこに意外なものを見た。二十才前の若い見習工三人が明日の倒産も知らずに、機械の修理をしている。ふと考えた。自分は死んでしまえば、それですむが、あの若い工員たちの将来はどうなるだろう、と。これは自分だけが死ぬわけにはいかない、と考えついた。その瞬間、彼らの上にあった薄暗い電燈の光が赤く輝いてみえた。それをネクタイにしたのであって真紅色の無地は若い工員に対する感謝である。

作曲家の遠藤実氏は奥さん、コメディアンの故左卜全さんは「私はゴマ粒一つ落しても拾って食べないと気がすまない」といっている。かねで買ったものだからもったいない、ということではない。人の口に入るすべては自分の生命を人間のために犠牲にしたものであるから、という、物に対する感謝である。

スポーツの美津濃の創立者水野利八氏と話し合ったとき、昔読んだ本にあった、といってこんな話をしてくれた。

アメリカのある農婦は男の子供三人を養うために苦闘していた。ある年、秋の収穫を予想してみると、自分が三食たべたのでは子供に三食与えることはできない。そこで一日二食にした。収穫までの半ばで計算すると、二食では不足することがわかり一日一食としてしまった。

これを知った子供たちは、発憤し、一人は大統領、一人は大学教授、あとの一人も出世したという。母への謝恩である。

夫が妻に対する感謝に「糟糠《そうこう》の妻」の故事がある。

後漢の始祖光武帝《こうぶてい》の姉に未亡人の湖陽公主《こようこうしゅ》がいた。大司空《だいしくう》の職にあった宋弘《そうこう》と結ばれたいと願っていた。これを知った帝は、姉を隣室に呼び、宋弘の意をさぐろうとした。

「身分が高くなれば交《まじ》わりを易《か》え、富裕となると妻を易《か》える、といわれているが貴公はどう思うか」。宋弘は答えた。

「いや私はそうは考えません。貧賤の交わりは忘るべからず、糟糠の妻は堂より下《くだ》さず」（地位も低く貧しかったころの友を忘れてはならないし、粕《かす》や糠《ぬか》を食うほどの艱難《かんなん》をともにした妻は富み栄えるようになっても粗末に扱ってはならない、と考えるのが正しいと思います）。

これでは見込みなしと、姉の再婚をあきらめたという。友や妻に対する感謝である。

さて、成功者に共通している点は感謝の念が強い、ということであるが、これも人として当然にもつべき道である。しかし、往々にして自分一人で育ち、成功したかのように考える。悲しいのは「婆抜《ばばぬ》き」などといって自分の夫を生んだ母親まで抜き捨てようとしている。そして、あなたは成功してくださいと願う。一人の母さえ養うことのできない人間が何人何十人の上に立つことはできないのである。

さて、それなら、感謝の念と成功に何のかかわりがあるのか、これを理論的に解明することはできない。思うに、発憤の動機になり、信条、根性の糧《かて》となるなど、精進の鞭《むち》となるからである。

これは、ＮＨＫの人生読本で話した私の恥ともいえるものである。

貧農の長男として生まれた私は、小学三年、十才の晩秋、父に本を買うかねをねだった。父は前の畑の一隅にある柿を指さして、あの実を採って売り、かねをつくれといわれ、売り先の地図を書いてくれた。

翌早朝、三十一コもぎ取り、ザルに入れて二キロほど離れた浦和市内にある〝八百久〟という生鮮食料品屋へ行った。雨戸が締まっている。しばらくして主人の石塚久蔵さんが戸を一枚あけた。そこに、うずくまっている私を見つめながら確かめるように人定尋問を受けた。了解した久蔵さん、柿のヘタの近くの皮を爪でとってなめた。渋が残っている。「すぐ売り物にはならないが、かねを何に使うのだ」「本を買う」「それじゃ買ってやろう。よく勉強するのだぞ」といって、ギザのついた十銭銀貨三コを手に握らせてくれた。生まれて初めて自分で稼いだかね、喜び勇んで帰りながら考えた。いまにえらくなったらあのおじさんのところへお礼にいこうと。

それから四十年。ちょうど私の五十才のとき銀行の取締役に就任した。株主総会が終るのを待って八百久さんへ行き久蔵さんに面会を求めた。十年前に亡くなられたという。若主人に昔話をしても、その話はきいたことがないという。ようやく納得してもらい仏前で礼をのべた。四十年ぶりに思いを果たしたわけであるが、その柿はいまだに残っている。毎年同じ実をならせているが、ヘタ近くの渋はいまだに昔と同じである。四十年間私を励ましてくれた人は石塚久蔵さんではなかったろうか。

最後に、妻に対する感謝で、こんな剽軽《ひょうきん》な話がある。

前漢武帝《ぶてい》のころである。

武帝は、広く天下から有能な士を募った。

そのとき、簡牘《たけふだ》三千枚に書いた上申書を提出し、自分を推せんする者があった。武帝は二カ月もかかって全部読んでみたが筋も通り文章も堂々としていたので郎という役を与えた。名を東方朔《とうぼうさく》といったが、機知にもとんでいたので、帝のお気に入りになった。やることなすことも人とは違い、たとえば帝から時々食事を賜ったが、食べ終ると、余った物をさっさと懐に入れて帰るので衣服は汚れて台なしになる。かとり帛《ぎれ》を下賜《かし》すると、肩に無雑作にかけて持ち帰る。それを見る人たちから半ば気違い扱いされていた。

当時、三伏《さんぷく》の夏には帝から廷臣に肉を下賜《かし》するならわしがあった。

その日、朔《さく》が肉を分ける場所へ行ったが、切り割いて分ける担当者がきていない。朔は腰の剣を抜いて肉を切り懐に入れて引きあげてしまった。

これを知った武帝に呼び戻された東方朔は、武帝の詰問に冠をとり平伏して答えた。

「まことにもって詔《みことのり》を待たず、勝手に肉をいただくとは、なんと無礼なことでしょう。剣を抜いて肉を切る、なんたる壮烈。切り取った肉はほんの僅か、なんと廉直《れんちょく》なことでしょう。持ち帰った肉は細君に贈る。なんと愛情あふれるわざでしょう」

これには武帝も笑い出して、酒一石《こく》と肉百斤《きん》を贈り、「帰って細君につかわせ」と。

これから、妻のことを細君というようになったという。この東方朔はわが国の落語にも顔を出す「厄払《やくはら》い」という落語である。

感謝といえば、西漢の劉邦を補《たす》けた韓信にこんな話がある。

韓信は仕事もなく毎日川で釣りをしていたとき、川で数人の女たちが木綿を晒《さら》していた。その中の一人が韓信の飢えている様子を見て、飯を与えた。それが晒し作業が終るまで数十日間もつづいたので韓信は大いに喜び「いつか必ず、ご恩返しをします」と礼をのべた。女は、それに文句をつけた。「大の男が自分で食うこともできない、あわれな者だと思って食わせてやっただけだ。お礼なんか欲しくて恵んでやったわけではない。ばかなことをいいなさるな」と。

また、あるとき、屠殺場のやくざ者から、なんくせをつけられた。「体ばかり大きく、長い剣だけは下げているが度胸はないんだろう。どうだ、その剣を抜いて殺す度胸があるならやってくれ。それができないなら股をくぐれ」。韓信はしばらくして地に這《は》って股をくぐった。見ていた人々は、臆病者とののしった。

また、韓信は一時南昌の亭長《ていちょう》の家に居候していた。それも数カ月もつづいたので亭長夫婦もいや気がさした。ある朝、自分たちは早起きして朝食をすませてしまい、韓信が起きてきてもしらん顔をしていた。これに怒った韓信は以来亭長の家との交際を断ってしまった。

さて、後日譚となるが、韓信は、楚王に封じられ故郷に着任すると、早速、木綿晒しの女を招いて千金を与え恩に報いた。

次いで、股くぐりをさせられた屠殺人夫を呼び出して将校に取り立てた。

居候してきらわれた亭長には百銭を与え、貴公は俠気《きょうき》のない人だ、面倒をみるなら最後までみるべきだった、と語ったという。

辱しめられた股くぐりの人夫など、こらしめてもよさそうなものだが、将校にした際「辱しめられたのを耐え忍んだから今日の自分があるのだ」という意味のことを言っている。大器を思わせる言葉である。

十五　心中の賊を破る

権力のある者は、常に権力をより強大にしよう、永続させようと願う。財力も、これで満足というものはない。さらに増大しようと考える。こうした限りない欲望は前進のエネルギーになるものであるが一歩誤ると、企業を亡ぼし、己をも失なうことになる。

といって欲望を抑えれば前進はやむことになる。しかし、危険も少なくなる。ブレーキを緩めれば前進はするが過ちを冒す危険も多くなる。これらの調整をどうするか、人間の良識にまつ以外にない。

ところが、この良識なるものは、好調に恵まれたり、地位が上がり財産ができてくるにつれて怪しくなってくる。「貧すれば鈍す」とか、貧乏になると頭までバカになるというが、それ以上のバカになるのが名利を得てからといえるだろう。

しばらく前の池田勇人総理は「貧乏人は麦を食えばよい」といって失脚したが、もし「金持ちになったら麦を食え」といったら心ある経営者などから喝采《かっさい》を受けたのではないかと思う。

ある人は「金持ちになったら、吝嗇《りんしょく》にならないように心がけることと〝ノー〟という言葉を覚えることだ」と教えている。「ノー」とは誰にいうのか。うまい話を持ちこんでくる人と、出したがっている自分の心に言いなさい、ということである。

陽明学の始唱者である王陽明《おうようめい》は江西各地の匪賊《ひぞく》討伐にあたっていたとき、門人の楊仕徳《ようしとく》に、戦果を知らせるとともに教訓を手紙で書き送っている。

「私が江西の取るに足らない匪賊をすべて取り除いたからといって大きな手柄とはいえない。もし、おまえたちが自分の心腹の中にわだかまっている、人欲という寇賊《こうぞく》を一掃し、きれいに平定の功を取ることができたとするならば、それこそ大丈夫としての稀《まれ》にみる偉業というべきです」というものである。

現代でも、逆境や、内外の競争相手に勝つよりも自分の心にある邪念邪欲に克《か》つことのほうがはるかに難しい、といえるのではないか。業なかばで挫折した者もあるし、有終の美の飾れなかった者の多くは自分に破れたものといえるだろう。己の心を締める鍵は誰しもゆずってくれないものである。自身で作る以外にない。経営を志す者が何よりも先に作らなければならないのは、この鍵といえるのである。

この鍵を作らせまいとする人、作った鍵を奪おうとする者が毎日のように押し寄せる。これを撃退することも怠ることはできない。

「和して同ぜず」という言葉がある。志のある者は、誘った人に同調しているようであるが、心から同調することはないものである。

卑近な例が、幾分でも貯蓄ができたり、一時に大金が入ったりすると、憐れみを乞いにくる者、義侠心にすがりにくる者、さては、儲けさせてあげます、といってくる奇特な人まである。いずれも、持っているかねを奪いにくるものである。

また、うまい話を持ってくる。話には欠点がないから、つい引っかかってしまう。それも自分の心に欲がある。それに負けてしまうのである。

「絶対に儲かります」といわれたら「そう言っているあなたが絶対儲かるのか、私が儲かるのか」と反問するくらいでないとかねは守れない。私にも「このチャンスを逃がしては二度と巡ってきません。いますぐに」といってきた。そこで「二度とチャンスがこないことになると御社は閉鎖ですね」といったら電話をきられた。「いますぐ」という者にかねを出していたのでは、いくらあっても足らないのである。

韓非子に「トップが身を亡ぼす十の過ち」というのがある。

一、小さな忠義にこだわると大きな忠義を見失なう。
二、小さな利益にとらわれると大きな利益をそこなう。
三、気まま、でたらめで外国に無礼をするとわが身を亡ぼす。
四、政治を怠って音楽に熱中すると自分を苦境に追いこむ。
五、欲に目がくらんで利益だけを追求すると、国も自分もともに亡ぼす。
六、女の歌舞に熱中して国政を顧みないと国を亡ぼす。
七、国を留守にして遠方に遊び、部下の諫言に耳をかさないと、身を危うくする。
八、過ちを犯しながら忠臣の意見をきかずあくまで意地を通そうとすれば、せっかくの名声を失ない、世間のもの笑いになる。
九、自分の力をわきまえず、外国の力をあてにすれば、国を削られる。
十、小国のくせに、他国に無礼をはたらき、部下の諫言に耳をかさなければ地位を保つことができない。

いずれも己に克てないからといえよう。
このように考えてくると、「経営とは、己に克つことである」ともいえそうである。
また、克己心《こっきしん》は経営者の欠くことのできない条件ともいえよう。

菜根譚に「魔を降《くだ》す者は、まず自心を降せ。心伏《しんぷく》すれば則ち群魔《ぐんま》は退き聴く。横《おう》を馭《ぎょ》する者は、まず此の気を馭《ぎょ》せよ。気平らかなれば則ち外横《がいおう》は侵さず」（魔性のものを降服しようとする者は、なによりも先に自分の心に打ち克つようにせよ。自分の心にある煩悩や妄想を退治すれば、本心が明らかになって、さまざまな悪魔も心伏し退散してしまう。

また、横着な人間を制御するには、まず、己の心を制御すべきである。自分の心にわだかまる勝心や、客気を退ければ、心も平静になって外道も恐れ入って退散することになる。自分に克つ心が強ければ、魔性も、横着者も屈服させることができる）。

魔性は相手にもあるが、むしろ自分にある。

身近なことだが、かね儲けの場には、無知、無能な小羊を餌食《えじき》にしようとしている魔者が横行している。その魔者は遠くに見える美しい山々や、青々とした平和な草原の話はするが、決して、そこへ案内しようとしない（つまり、儲かる話はするが、そこへ案内すれば、転落の危険がある険しい山、猛獣、毒蛇が潜んでいることがばれてしまうからだ）。

いかにも、悪魔のような人たちと思うが、彼らにしても暴力をふるっているわけではない。それら魔性に引きこまれ餌食になってしまうのは自分の心の中にも魔性が潜んでいるからである。

新聞種によくなっているが、法を犯すような手口でだまし取られている。だまされる人が多いから跡《あと》を絶たない。己の心の中に潜む魔性を取り去れば、人をだますような魔性もなくなるはずである。

第二章　社長の姿勢

一　志《こころざし》は変えるべからず

経営者の姿勢で欠くことのできないものに〝初志貫徹〟ということがある。これをやり遂げよう、この志《こころざし》で貫こうと堅い決意で出発しながら中途で目的を変えてしまう。結局はなにも成らずに終る。信念が弱いか、思いつき、目先の打算で出発するからである。

ことを成す人は、環境の変化などに戦術を変えて対応し、ときには戦略を変えるが、志そのものは変えないものである。

私事で恐縮だが、第二の会社で再建にあたった頃の話である。社内は膨大な借金と労使対立で火の車の状態、しかも第一次石油ショックがおこり企業環境は最悪のとき、再建五ヵ年計画を発表した。その目標を、

○（借金を五ヵ年で返済し、無借金会社となす）
一（当時二部上場会社であったが、一部に上場する）
二（無配当から二割配当を実現する）

三（ボーナスは年三回支給する）

その発表のとき、内外から夢物語などといわれたが、私は目標達成に執念を燃やした。まず、借金返済に集中攻撃をかけた。財務の改善は、その日から効果が現われるから、あれこれ手を出して達成を遅らせるよりも、借金返済ひとつに絞ったわけである。一日でも早く完済すべく他の犠牲はすべて無視する、という覚悟でとり組んだ。

幾十億円の借金をかかえていた当時、「千円でも余分なかねがあったら返せ」と指示する。すると財務担当長が、「それは焼石に水です」といっている。「五十億円の借金は、千円返して四十九億九千九百九十九万九千円になる。たとえ少額でも、なんとかやり繰りして返せ」といいつづけたものである。

今月は経費を百万円節約した、在庫が一千万円減った、といえばすぐ返済させる。前年一億円借金が減れば、「今年は一億八百万円返せ。八百万円は、一億円の利息分だ、その分払ったつもりで借金を減らせ」と。

かねというものは便利なもので、手許にあれば何かに使ってしまう。これでは、いつになっても借金を返せない。

マキタ電機製作所の創立者後藤十次郎氏と対談したときの話である。

後藤氏は、借金過多を解消するため、返済資金に充当すべく、毎月売上高の五％を強制貯金することにした。あるとき「今月は給料・経費などを払った後、現金がないので、五％の積立てができないが」というから、「銀行で借金してでも積み立てろ」と指示したという。こうして、全国でも有数の優良会社に成長している。

そのこと私も、無借金会社になってからの話である。十五億円ほどで省力工場を建てたときに、財務責任者から、こうきかれた。「無借金経営を貫くというが、建築費支払いのため手形の割引きぐらいはやらないと間に合わない。借金してもよいか」と。

「当社はあくまで無借金を貫くつもりだ。一時借入れすることにも賛成できない」

「それでは建築関係への支払いもできなくなる」

「その程度のことが判らないようでは困る。工事を一時中断すればよい」と非常識ともいえる指示をした。

「損害賠償しなければならないので損になる」「生産計画が狂ってしまう」と抵抗がでてくる。

「一時の損得ではない。無借金経営という初心を貫くほうが大切である」と退けた。志を変えることによる損のほうがはるかに大きいからである。結果は、借金せずに完了している。

そのころ財務担当者に、桑名の山林王といわれた諸戸精六翁《おう》の人となりについて話した記憶がある。

翁は、二十才のとき親の残した千両の借金を返すため「立志二十ヵ条」をつくり実行した。

第一条　川の渡賃《わたしちん》一銭五厘を節約するため寒中以外は泳ぎ渡ること。

第二条　砂利道以外は、はだしで歩くこと。

第三条　旅籠《はたご》に泊るときは夕食を済ませてきたとして泊ること。半旅籠（料金半分）ですむからである。

このほか、食事をだす家へ行くときは空腹で行くこと、腹持ちのよいものから食すること、など二十ヵ条並べてある。翁はこれを実行し十年間で完済、さらにかねをためて桑名の米相場に挑み、その儲けで山林を買いつづけ後に山林王とまで呼ばれるようになったのである。それにしても、借金返済のためとはいえ、二十才の若さでよくこれだけの知恵がでたものである。また、よく、十年間もつづけたものである。

初志一貫といえば、列子《れっし》にこんな寓話《ぐうわ》がある。

北山《ほくざん》に住む愚公《ぐこう》という九十才に近い人は、高さ一万仭《じん》もある、太行山《たいこう》と王屋山《おうおく》の二つの山を切り崩して南に通じる平坦な一本道を作りたいと考え家族に相談した。子と孫は全員賛成したが、その細君だけは賛成しかねている。

「あなたの力では丘の一角さえ崩せないのに、あれだけの山、それも二つを崩そうとしても到底無理でしょう。それに切りとった石や土はどうするつもりですか」

「渤海《ぼっかい》の浜へでも捨てればよかろう」といって三人の子と孫を連れ、石を割り、土を掘って、箕《み》やモッコで渤海の浜へ運び始めた。なにしろ山から浜までの一往復が一年がかりというから気が遠くなる話。

これを見た黄河のほとりに住む智叟《ちそう》という男、笑いながら愚公《ぐこう》に言った。「馬鹿もいいかげんにしたらどうだ、老い先短いあんたの力では山の一角さえ切り開けまいに」。すると愚公は「お前さんのような浅い考えきりないものにはわかりますまい。たとえわしが死んだとしても子は残る。子は孫を生み、孫は子を生む。子々孫々絶えることはなかろう。ところが山は切りとれば大きくなることはない。いつかは平らになる時がこようというもの」。

これには智叟も二の句がつげなかった。

愚公の真心に感心した天の神が二人の力持ちの子供に山を背負わせ別の場所に移してくれた、という話である。

この寓話《ぐうわ》をあるわが国の学者は次のように評している。「世のいわゆる愚は却《かえ》って智なり、世の智は却って愚なり」（知者がやったことが結果をみると愚か者がやったようになっていたり、愚かなことをしたようだが知恵者がやったのと同じ結果になっている）と。

だいたい昔から移り気のある人で、事業や蓄財で成功した者は少ない。あれこれと手を出し、かねと時間は費やすが効果は少ないからである。

また、新しもの好きといわれる人がいる。新しいものに目が奪われ、いままでのものごとに興味が失せていく人も大成はおぼつかない。時のムードに巻きこまれて自分の進路さえ見失なってしまうからだろう。限りある人間の力を分散しては中途半端になる、獅子《しし》でさえ弱い兎《うさぎ》を捕えるのに全力を投入するという。限りある人の力でも一つに的をしぼって考れば、たいがいのことは成る。

これも列子《れっし》に出てくる〝多岐《たき》亡羊《ぼうよう》〟という寓話である。

楊子《ようし》という人の隣りで羊一匹が逃げ、一家総出、隣人の助っ人まで頼んで探しにでた。

「一匹の羊を探すのに、なぜ、大勢狩りださねばならないのか」

「逃げた方角にはわかれ道が多いからだ」

しかし、一同は探すことができないで疲れて帰ってきた。わけをきくと、わかれ道の中にまたわかれ目があったからだ、といっている。

学問の道も、わかれ道、わかれ道と迷い込んでしまうようでは帰一する大切なポイントを見失なってしまうことに楊子は気づいたと。

なにごとを成すにも目的をしっかりと定め、それに、わき目もふらず突進することが成功への道なのである。

後でものべるが、私は二十才のとき生涯の信条、生活設計という死ぬまでのレールを敷いたため方向を誤ることはなかった。

あれもこれもと多くの目的をもって一つも成らないよりは、一つでも目的を達成したほうがよいのである。

二　自らを信ずる

ことを成すには、まず自分を信ずることである。

自分の能力では、これはできそうもない、困難だと考えているようでは、成ることもならなくなる。他の人にできて自分にできないことはない、と強く自分にいいきかせることが成功への第一歩といえるだろう。昔から、勝ちを信じないで勝った者はいない。自分でさえ信じられないなら、やらぬことである。

人間の自惚《うぬぼ》れほど困ることはないが、勝つ自信がないと思っている指導者ほど困る者もない。たとえどんな小さな可能性でも見いだしたなら、それを大きくしていこうと努めることほど、男児としての魅力はないものである。

指導者が無限の可能性を抱いていれば、部下も、その可能性を全面的に信じないまでも、一縷《いちる》の光ぐらいは見いだすものである。これが相互の励みにもなる。

第二の会社の再建計画を社員に発表したときのことである。

前項にのべたとおり目標〇、一、二、三計画を知らされて、まともに信ずるものはいなかったのも当然かもしれない。しかし、そうなってくれたら、どんなに素晴しいことかという淡い期待も、また、もったに違いない。

再建計画を発表したとき、社員にこうつけ加えた。

「皆さんは、この目標を信用できないようだが、窓の外を見てもらいたい。いま太陽が出ていて真っ昼間、すべてが明るい中で、どんな光も、明るさにまぎれて見いだすことは難しい。しかし真の暗闇では、遠くの小さな光でも見いだせるはず。〝明中明なし、闇中明あり〟

というじゃないか。その明りが、〇、一、二、三だ。私はかならず達成できると確信しているが、皆さんも信じてもらいたい」と力強く話した。

長いトンネルから先の明りを見いだしたときは格別のもの。必死の財務改善と併行して、社員の協力を得るために、三（ボーナス支給三回）だけは早期に実現させようと、翌年に三回目のボーナス支給を突然発表したときなど、一縷の光明どころか、闇夜に万燈《まんどう》を得た思いであったろう。僅かの人でも、心に一縷の光明を見いだせば、光明の数は増してくる。これが組織の中を明るくし、活性化となって現われる。

上が可能性を信じてことにあたれば、自然に下にも反映される。武田信玄の歌ではないが、成ることまで成らぬと思い込んでしまうから、能力まで引っこんでしまう。できる、必ず成功すると考えれば、ない力までどこからともなく出てくる。

可能を妨げるものに「杞憂《きゆう》」がある。つまり取り越し苦労、無用な心配である。遠謀深慮《えんぼうしんりょ》は必要で、経営にも欠くことはできない。しかし、あり得ないようなことや心配してもどうにもならないことを心配するほど愚かなことはない、ということである。

自分に万一のことがあったらどうするか、そのための準備をしておくことはトップとして当然である。しかし、葬儀の日のお天気が雨だとどうなるか……これは余計な心配で、どうなろうと、いかんともしがたい。

大橋の下に野宿していた乞食のおやじ、子供に向かって「江戸中丸焼けになったら住む家がなくなるから、こうして住んでいる。ちゃんはなかなか先が見えるだろう」という小咄《こばなし》がある。

あり得ることを予想して備えることはよいが、過ぎると心配が心配を生んで、意欲さえ失なわれてくる。自らを信じられない経営者には、このような心配症が多いようである。

言志四録に、こんな文句がある。

「人情、事変《じへん》、或《あるい》は深看《しんかん》を做《な》して之《これ》を処すれば、卻《かえっ》て失当《しっとう》の者有《あ》り。大抵軽看《たいていけいかん》して区処《くしょ》すれば肯綮《こうけい》に中《あた》る者少なからず」（人間社会で起るもめごとや、事変を余り深く考えて処理しようとするとかえって失敗することがある。大抵は軽く考えて処理すると核心をついていることが多い）。

深く考え過ぎるから、あれこれ、取り越し苦労までするようになって頭も狂ってくる。「困難に直面したら楽観主義になれ。順調のときは悲観主義になれ」これも私の自論である。

再建計画実施にあたって、ともかく借金返済の一点にしぼって全力投球にあたったが、犠牲にする面をあれこれ心配するときりがなくなる。たとえば金利負担の軽減のためには売掛金の早期回収、受手の短縮、在庫の圧縮を計らなければならない。これを実行して手形期間を短くすれば売りにくくなるし、在庫を圧縮すれば納期遅れの心配が生ずる。

しかし、他の犠牲は一時の損であるが、金利は借金のある限り永続して負担となる。

また、一時の損といっても、短縮、圧縮されてもなお販売するにはどうすべきか、知恵をだすことを期待してのものである。事実、その後に借金が減るにつれ士気も高まり、むしろ販売高は累増しているのである。

三　執　念

経営は結果である、とはよくいわれることだが、結果が得られないことには経営とはいえない。リーダーであれば、何としても望む結果が得られるようにしなければならない。

私がかつて、〝根性〟をテーマに講演したとき、質問に対し「根性とは、一つの目的を達成するために全知全能を傾ける気力である」と答えたことがあるが〝執念〟も同じである。

先に困難を嘆く人に執念はない。志なかばに中断してしまう人間は、執念ある人材とはいえない。

企業のためになる目的を達成するため、執念を燃やしつづけるところに経営者としての逞《たくま》しさもあれば尊さもある。

ことに、会社が逆境から抜け出そうとする際など、脱出を選ぶか、倒産を選ぶかのいずれかしかない。倒産を選ぶなら、ここで何もいうことはない。あくまで逆境脱出を期すなら不退転の決意が必要になる。脱するまでは、なりふりかまわず、他人が何といおうと執念を燃やしつづけて、他のすべてを捨てても脱出せねばならぬ。沈没の危険が迫った船を救うには、何としてでも船を浮かしておかなければならない。船が沈んでしまうか救えるかは、社長の執念の差、ということである。

第二の会社が膨大な借金でピンチに陥り、銀行から追加融資を受けられなくなった頃のことである。主力銀行までが、「一度倒産して再出発してはどうか」というほど窮地に追いこまれていた。これを社内に発表するわけにはいかない。なにしろ、退職を希望する社員が相次ぎ、部門長などは徹夜で思いとどまるよう説得したという話もきくし、退職届を郵送し、他社へ勤めている人さえ何人も出ているほどである。

また、社員は持株を手放すことを急いでいる。倒産しないうちに株だけは換金しておこうという考えである。いずれも会社に見切りをつけている証拠である。こうしたなかで、銀行からも見離されたことがわかれば、たちまち動揺不安の渦がまき、倒産に追いこまれることは必至である。

もちろん銀行の融資がストップになれば不渡り宣告は時間の問題となる。そこで、社長以下全役員と部門長が出席する月例会議でこう話した。

「皆さんは退職希望の社員を引きとめるために徹夜までしているそうだが今日限り、引きとめは中止してもらいたい。社員から退職届が出たら直ちに受理し、人事部長に渡してもらい、人事部長は手続きを即日実行すること。

また、社員の持株処分希望者が多いようだが、社員の分に限って私が買い取る。株式譲渡証に取引税相当額の印紙を貼り、株券とともに株式課まで届ければ前日の株価で買い取る」

いずれも社員の不安を解消しようとする狙いであった。

といっても私としても株が欲しかったわけではない。銀行から見離されれば株券はチリ紙同様になる。それにかねもあるわけではない。とりあえず株式課にたまっている株を買わなければならない。元いた銀行から借りると、元役員ということで監査書に記載されるので別の銀行から借金することにした。

その銀行から利息計算書が自宅に郵送され、家内の知るところとなった。早速膝詰《ひざづ》め談判。

「あなたは銀行からいただいた役員退職金の大部分で、先行きどうなるかわからない会社の株を買い、それでも足りずに何千万円も借金している。また、あの会社の株を買ったんでしょう。食べられなくなったらどうするつもりですか。これからも借金して買うんじゃないでしょうね」「身体をかけて、あの会社へ行ったんだから、財産をかけるぐらい当然だろう」「勝手にしたらいいでしょう」。

敵を欺《あざむ》くには味方まで欺かねばならない。

しかし、これは後日談になるが、自分を捨て、かねまで捨てるつもりで買った株は会社再建とともに値上りしてひと財産になっている。

当時は、それどころではない。会議で、こうつづけた。

「私は入社して二年、あまりきつい発言をしなかったが、今月は二つの提案をしたいので協力願いたい。その一つは、会社を再建するまで総支出を前年実績より絶対増やさない。二つに、三年間に百五十人（グループ総員の約十四％）減員する。強制退職はしない。自然退職者の補充をしなければ可能である」と話した。

いろいろな抵抗が出た。集約すると、人を減らせば生産が落ちる。経費を削れば売上げが落ちる。当然に利益も落ちる、それでもいいのか、というもの。今日限りの命とも知らず

「利益が落ちる」とは何ごとかといってやりたい。まだまだ危機感がない。そこでいった。

「利益が落ちることを心配しているようだが当社に限って、生産、売上げが落ちても利益は落ちないことになっているからそうしたご心配は無用だ」「そんなことはないはず」「当社は現在欠損であるから利益が落ちることはない」。

それでも「人を減らしては社員の士気が落ちる、対外信用が落ちる」と呑気《のんき》なことをいっている。「会社が奈落の底に落ちない限り何が落ちてもかまわぬ。それに、この提案は最低なものだ、このくらいで驚いては困る」。

「皆さんは〝騎虎《きこ》の勢《いきお》い下《くだ》るを得ず〟の故事を知っているかどうか。

中国の南北朝時代、北周の宰相楊堅《ようけん》は、漢民族の国でありながら異民族に占領されているのを残念に思い、いつか漢人の天下にしようと画策していた。宣帝《せんてい》の死後、子が幼少だったので帝位をゆずり受け〝隋《ずい》〟を建国し、文帝《ぶんてい》と称した。

この文帝が八方画策しているとき妻の独孤《どっこ》皇后から言伝《ことづて》が届いた。

すでに大事を起すことを決心し行動に移したことは、ちょうど一日千里を走る虎に乗ったのと同じです。途中で降りたら虎に食い殺されます。虎とともに最後まで行くべきです、と。

これが、この故事のいわれだが、今日の私が提案したことは会社再建を賭けたもので、千里の虎に乗ったのと同じ。皆さんが妥協を申し入れても応じないし、抵抗にも屈することはない」と言いきった。それに対し「そういう重要なことなら会議を開いて協議してはどうですか」「こういう会議は一人でやるべきだ、一人の会議も一万人の会議も再建に同調するものであれば結論は一つである。皆さんのやろうとする会議は総論賛成各論反対会議で百害あって一利なしである」と突っぱねた。

出血多量の人間を救うために、出血を止めるのを忘れて栄養剤を飲ませようとしている者には毅然《きぜん》たる所信をたたきつける以外にないのである。

四　商売のコツは仁

論語に、こんなくだりがある。

孔子が弟子の子貢《しこう》に、

「おまえは、私のことを多く学んだ物識《ものし》りだと思うか」

「はい、その通りだと思います。間違っていましょうか」

「間違っている。私は一つのもので万事を貫こうとしているだけなのだ」（一以《もっ》て之《これ》を貫く）。

この一とは〝仁〟つまり〝忠・恕《じょ》〟である。

また子貢が「一言《いちげん》にして以《もっ》て身を終るまで之を行なうべきものありや」ときいたところ孔子はこう答えている。

「其《そ》れ恕か。己の欲せざる所は、人に施《ほどこ》すことなかれ」と。

〝忠〟とは、誠を尽くすことで、忠実・忠誠である。会社の社長であれば私心を捨てて会社に尽くす、ということになる。

〝恕〟は他人の心も自分の心の如く考えることで、相手の立場になる、思いやりの心の意である。社長であれば、株主・顧客・社員を思いやる立場になることといえる。忠と恕の二字は、人の踏み行なうべき道の基本ともいえるし、指導者の姿勢としても欠くことのできないものである。

平たくいえば、商売の秘訣も部下統率の妙も、この二字から発しているといっても過言ではない。

現職時代、「商売のコツとは何か」ときかれ、とっさに「それは恕だ」と答えたことがある。「恕とは心の如くと書くが、お客さんの心になって物を商うことが最高のコツだ。お客がお店に買いにきたり、食べにくるが、この店を儲けさせようと思ってくる人はない。いわば自分の利のためにくる。安くて品がよく行き届いたサービスをするから買ってくれる。お客に多くの利を与えることが唯一の商売のコツといえる」と。

前職時代、東京の街中で働いている人たちと誰彼《だれかれ》となく話し合った頃のことである。あるとき、銀座の石焼芋屋に訪ねてみた。「石焼芋屋で三羽烏《さんばがらす》といわれるほど商売繁昌させる秘訣はなにか」と。

第一は、石焼芋は時代に合った有望な商品である、という自信をもって商売に打ちこむことだ、と答えてくれた。論語でいえば〝忠〟である。

第二に、泥芋を仕入れるが、良い芋がない日は休業する。泥芋は自分で洗い、女房子供にも洗わせない。砂粒一つ付いていてもお客さんに迷惑だし信用をおとしてしまう。これもまた〝忠〟である。

第三は独特の呼び声を研究する。奥まったビルの中にいても、あの石焼芋屋だと気づいてもらうためだ。

第四は、時間を厳守すること。どこの角で〝石焼芋〟と呼ぶか時計の針と同じだ。

第五に一定量焼きあがってからでないと呼び声を出さないこと。お客さんの九十%は若いOLだし、あとの十%は時間に忙しい会社のおえら方と自動車の運転手さんだからという。いずれも、客の立場にたった〝恕〟である。いわばお客さんは神様を地でいっているわけだ。自分を先に神様にするから売行き不振になるのではないか。

次は、東京神田で、イミテーションの指輪を行商している青年と話したときである。国電のガード下で「ちょっと時間をさいてくれますか」と声をかけたら「僕は宝石商だが指輪でも買ってくれたら」と答えた。

「いま、宝石を買うほどの持ち合わせがない」「一番高いので千円だから」「それなら一つ買おう」といってかねを渡した。街燈の下へ近づき、「旦那《だんな》、ダイヤにしますか、それとも、ヒスイにしますか」「みつくろってくれ」。

近くのバーに入った。店の彼女たちは顔なじみらしい。

宝石商の商売のコツは彼女たちの自尊心を傷つけないことといっていた。イミテーションの安物なのに二カ月月賦で売っているといっていたが「いつものとおりで」と言うだけで〝月賦〟とはいっていない。

それに「ほんものと同じ」などとも言っていない。そういえば、私が話かけたときも〃宝石商〃と言っている。

それにイミテーションをはめている彼女の指は決して見ないことだ、ともいっている。彼女たちの気持ちまで見通している。相手の立場になる〃恕〃といえるだろう。

かつて、ダスキンの駒井社長、ヤマト運輸の都築社長と相ついで話し合う機会を得たが、お客の便利を先に考えたから、こうした商売ができた、と話してくれた。そういえば僅かな代金で掃除機を貸し、物を遠方まで運ぶなど手前ソロバンを先にしたら到底始められることではない。

相手に損や迷惑をかけ暴利を得ている者もないではないが、長く続くことではない。

五　指導者と仁

経営者が部下を思いやり、相手の立場になることは、指導者の姿勢として欠くことはできない。

「桃李《とうり》もの言わざれども下《したおのずか》自ら蹊《こみち》を成す」の教えで知られる漢の李広《りこう》は、匈奴《きょうど》制圧にも功の多い将軍であった。下賜《かし》された恩賞はそのまま部下に分け与え、飲食もつねに兵士と同じものをとり、しかも兵士全員に行きわたるまでは決して手をつけようとしなかったという。そのため部下は心から李広を慕い、厳しい命令にもよく服したという。

「李将軍は話は上手ではないが、桃やすももの花が美しく咲くのを見にくる人が多いために、その木の下に自然に細い道ができるように、将軍を慕って人々が集まる」。これが桃李もの言わざれども云々という言葉になっている。

また兵法書「呉子」で知られる呉起《ごき》も、魏の将軍であったころ、つねに下っ端の兵士と同じものを着、同じものを食べ、寝るときも蓆《むしろ》を用いず、行軍するときも車馬に乗ることなく、自分の食糧は自分で持ち歩き、苦労を兵士と同じくしたとある。

第二次大戦も終るころ私も召集されて伊豆の大島へ渡って教練を受けた。水不足、食糧難には悩まされたが、夕方、将校宿舎を覗くと食卓にはビールがおかれ、銀飯が並べられている。これでは忠君愛国を強いられても合点がいかなくなる。

さて、部下の立場となるといっても部下が何を考えているのか、何を望んでいるのかを知らなければ思いやるにもやれないことになる。

部下の望むことは、第一に名利で、地位を望み、収入の多いことを願うことは誰も同じである。

第二に、生き甲斐、働き甲斐を望む。意欲的人間であれば、危険を冒しても新天地を開拓してみよう、創造的分野に挑戦してみようという意欲がある。いわば発展への自由を求めている。さらには、定年後の不安の緩和に努めることも部下の立場に通じる道である。

つまり社員の立場を思い、欲求をかなえてあげようとする心、これが〝恕〟といえるだろう。それらに不満を抱いたり、かなえられなくなったりすれば、たちまち士気は衰え、もてる力さえ発揮できなくなる。

そのため賢明な指導者は希望に上限を設けていない。名利にしても最上まで得られるようにしてある。

ある国王は宰相の率いる敵に攻めこまれ亡国寸前まで追いつめられた。そこで敵の宰相に使者を送ってきかせた。

「あなたは宰相で民として最高の位にあるが、ここでわが国を攻め亡ぼせば、功によって、その上の位が与えられるのですか」

「いや、私の上は国王であるから、どんな功をたてても国王になることは許されない」

「それではわが国を亡ぼしても手柄にはならないということになりませんか」

宰相はそのため攻撃を中止してしまったという。

功も認められず与えられもしないということになると意欲もとたんに落ちるということである。これを逆にすれば部下の意欲を限界なく認めることが士気を長続きさせる道といえるのである。

関係した会社の社長は創立者でありながら株式上場の際開放してしまい、発行株数の四％以下の持株でしかない。能ある者ならトップの座も夢ではないことになっている。誰にもなれることではないがトップまで出世の道が通じていることは働く者にとっては大きな魅力になる。

客の立場になれば商売繁昌とのべたが、これと同じく社員の立場になり社員の欲求を満たすことは代価以上に士気昂揚《こうよう》が計られ、会社を発展に導くものである。

かつてある地方で講演したあと、帰り際《ぎわ》に質問を受けた。

「円高をまともに受けて赤字決算になりそうなので夏の社員ボーナスを出すまいと思いますが、どんなものでしょうか」

「それでは、無配転落ですね」

「対外信用も考慮しなければなりませんので積立金をくずして前期並みの配当をしようと思います」

「株主は多いのですか」

「いや、私が大部分持ち、あとは家族と親戚です」

「社員にボーナスを出さないということでは、すでに社長さんの月給は三分の一かゼロにしているのですか」

「そこまでしなくてはいけないでしょうか」

こうなると、さすがの私も二の句がつげなくなった。「然るべく、おやりになることですね」といって別れた。控え室に戻ってから主催者の人に話した。

昔、唐の老詩人曹松《そうしょう》は、こういう詩を作っている。

「沢国《たくこく》の江山戦図《こうざんせんと》に入《い》る。生民《せいみん》なんの計《けい》ありてか樵漁《しょうぎょ》を楽しまん。君にたのむ語《かた》るなかれ封侯《ほうこう》のこと、一将功成《いっしょうこうな》りて万骨枯《ばんこつか》る」（江淮《こうわい》の山も、川も、戦火にまきこまれ、木を切り、魚をとったりする、のどかな生活もどうしてつづけられようか。君にたのむから、功をたてて諸侯に封《ほう》ぜられるなどの話はしないでもらいたい。一人が諸侯に封ぜられるそのかげには、骨となって朽ち果てる名もない人が何万人もいるのだから）と詠んでいる。昔はそれでもすんだろうが、いまでは一将枯れても万卒《ばんそつ》を生かすということでなければ人はついてこないのではないだろうか、と。

このように部下の立場を無視し、自分の利を先にしたのでは、いずれは自分の生活さえおびやかされるのではないか。

六　憤《ふん》の一字は進学の機関

経営者、指導者として著しい進歩の世界を生き抜くためには、それに対応する知識が必要である。

いかに過去の知的蓄積があっても時代は進歩してやむことはない。進歩に比例した知識を得なければ必ず取り残されることになる。

人間は生涯勉強だ、といってきたが現代ほど痛感することはない。

言志四録に「人《ひと》各分あり。当《まさ》に足ると知るべし。但《た》だ講学《こうがく》は則《すなわ》ち当に足らざるを知るべし」（人には天与の本分があるのであるから、それに満足し心安くすべきものである。ただし学問だけは、なお足らないことを知るべきである）とある。

なんとかなるだろうと考えている人には、学問は必要と思う者はない。学問しなくともなんとかなると考えているのであるから当然である。

また、困難を先に考え可能を信じない者も学問をしようとする考えは起らない。学んでも、どうなることではない、と考えては学ぶ気にもなれないだろう。

同書に「学は立志より要なるはなし。而《しこう》して立志も亦之《また》を強《し》うるに非《あら》ず。只《た》だ本心の好む所に従うのみ」（学問、事業をする場合、目的を抱き、これを果たそうとする心を固めることほど肝要なことはない。他から強制されることではなく自分の本心から出たものでなければならない）とある。まさにこのとおりで志を遂げようと強く考えている人が進んで学ぶのである。

また、こういう言葉もある。「学問を始めるときは、必ず大人物になろうとする志を立て、然《しか》る後に書物を読むべきだ。ただ、見聞を広くしよう、知識を増やそうということでは、結果は傲慢《ごうまん》になったり、悪事を隠すためになったりの心配がある。〃害敵に武器を貸し、盗人に食を与える〃の類《たぐい》で、恐るべきことだ」。

「学は己の為にするを知るべし。これを知る者は必ず之を己に求む。これ心学なり」（学問は自分のためにするものだということを知るべきだ。これを知る者は必ず自分から進んで学び役に立てようと考える。これが心を修める学問である）と。

他人のために勉強する者はない。自分のためにするからやる意欲も高まるのである。学ぶ者にはそれぞれ動機があるが、同書に「立志の功は、恥を知るを以《もっ》て要《よう》と為す」（志を立てて成果を得るには恥を知ることが第一である）。「憤《ふん》の一字は、是《こ》れ進学の機関なり」（発憤《はっぷん》することは学問に進むため最も必要な道具である）ともある。

恥を知って発憤して学に励むにまさる鞭《むち》はないようである。これは私の些細な体験からもいえることである。

貧農の長男として生まれた私は高等小学校半ばで銀行へ入り、旧制中学の夜学へ四年通った。十八才の三月卒業したが、その一週間後に長患《ながわずら》いしていた父に死なれた。家計の苦しいことは知っていたが三千五百円もの借金があるとは知らなかった。当時の私の年収は三百円。いま流でいえば三百万円の年収の者が三千五百万円の借金をゆずられたことになる。

田畑、宅地で一万平米の土地もゆずられたが昭和三年当時の地価はタダ同然。農村不況下であったため売り手はあっても買い手はない。三・三平米が一円五十銭か一円七十銭。大部分処分しないと借金は返せない。当時の利率は年一割だったから、私の年収を全部あてても足らない始末。

　しかし私は母の気持ちを察して、一握りの土地も売らずに完済しようと考えた。そのためには母の農耕を手伝って農収入を増やさなければならない。休日はもちろん、出勤前後に田畑で仕事をし、夜遅くまで作業をしたこともある。勤めから帰って農作物を荷車に積み、町じゅうの商店に売りに行ったこともある。

　ところが、夜学に続いての農作業で腸疾患をおこし、栄養失調になって頭髪がほとんど抜け落ちてしまった。その治療のため半年ほど休職したが治らない。当時一年も休職すれば月給ストップか、退職を余儀なくされる。恥を忍んで出勤した。

　昭和二、三年といえば金融大恐慌の年でもあり、世界大恐慌の前年でもある。どこの会社も昇給はストップ状態であった。私の勤め先も三年ほどストップされていたが、私が休職したあと出勤してみると昇給再開。しかし私は休職がたたってストップのまま。三円、五円の増収も欲しかったが、これも身から出たさび、職場内での序列も最下位に転落。

　「学なし、地位なし、かねもなし、頭髪もなければ青春もなしの五無才《ごむさい》」と自嘲《じちょう》したのもそのころである。私の生涯中もっとも失意貧困のときといえるだろう。

　そのころ私は、気晴しのつもりで、よく中国の史書を読んでいた。最初は「漢楚《かんそ》軍談《ぐんだん》」だったと思う。

あるとき漢書《かんじょ》の「淵《ふち》に臨《のぞ》みて魚《うお》を羨《うらや》むは退《しりぞ》きて網《あみ》を結ぶに如《し》かず」という言葉に出会った。この一行の言葉が私の目を覚ましてくれたわけである。川の淵を泳いでいる魚を見て、うらやんでも仕方がない。それよりも家へ帰って網作りをしたほうがよい。

いま自分は五無才を嘆き、他人の高い地位や、裕福な生活、黒々とした頭髪を羨《うらや》んだところで誰も借金は返してくれない。毛が生えてくるわけでもない。それよりも、学んで実力を養っておくほうがよい、と考えた。

また、あるとき「和漢朗詠集《わかんろうえいしゅう》」を読み「東岸西岸の柳《やなぎ》遅速《ちそく》同じからず、南枝北枝の梅開落《かいらく》已《すで》に異なり」（大河の東岸に生えている柳は速く芽を出し、西岸の柳は氷の解けるのも遅いので芽を出すのも遅い。同じ一本の梅でも南側の枝は日当りもよいので速く花を咲かせ、北側のそれは遅い）。

自分の現在は西岸の柳、北枝の梅と同じ立場にある。しかし、柳や梅にしても芽を出し花を咲かせる時の差はあっても東岸の柳、南枝の梅と同じ芽を出し、花を咲かせる。同じ水と栄養を吸収しているからである。自分も力をつけておきさえすれば、他の人々と同じ芽を出し花を咲かせることができる、と考えた。

この二つが私の発憤の動機といえるものである。人間というものは気分を転換すると不思議に先々の光が輝いて見えるようになる。

ここで一つ生涯計画を立てようと考え十年刻みの計画をたてた。

二十才代は銀行実務と法律の勉強

三十才代、哲学を学ぶ

四十才代、経済、経営の勉学

五十才代、蓄財

六十才以上、晴耕雨読

一生を五段階としたので五段作戦と銘打った。

次に、生涯信条も定めた。

一、厳しさに挑戦する

二、時代の変化に挑戦

三、自己能力の限界に挑戦

四、疑問（先見）に挑戦

これを四挑戦とした。

さらに、これらが中途で終らないように楽しみにブレーキをかけた。勝った負けた、損した得したにかかわる趣味娯楽を絶つことにした。いまだにゴルフ、マージャン、囲碁などを知らないのもそのためだが、いまとなっては悔いないわけでもない。以上私の恥をのべたが、私としては生涯前進のレールを二十才のときに敷いたわけで、この上を歩みつづけてきたため、途方もなく見当違いの道を歩くことなく今日までこられたわけである。

それにしても、人生僅か五十年といわれた当時、五十までを自己形成期間としたのであるから、いかにも遠回りしたようであるが、急がば回れを地でいったのである。

七　出藍《しゅつらん》の誉《ほま》れ

夜学へ通いはじめたころ、ある人が私にこう話をしてくれた。「君たちが夜学に行けるようになったのは、あの支配人代理が上司に話をつけたからだ。自分は中学（旧制）の学歴きりないので後輩の君たちを夜学へ通わせることにしたのだから怠けずに通学しなさい」といわれて感激したことがある。

人の親は自分に学がなければ、子をむりしてでも学校へやって学ばせようとする。誰からも強制されてのことではない。親の本能ともいえるものである。また子はこれにこたえて学ぼうともする。人間社会が発展しつづけてきた理由の一つはこの親心にあるとも考えられる。

企業もまた同じで、前記支配人代理のような心ある上司が多くいる企業は発展が期待される。現在の人よりも優れた人々が絶えることなく現われてくるからだ。あとにつづく者も、先輩を追い越すことが恩返しと考えるようになる。

言志四録に「志は師に譲《ゆず》らず」として「人事百般《じんじひゃっぱん》、都《す》べて遜譲《そんじょう》なるを要す。但《た》だ志《こころざし》は則《すなわ》ち師に譲らずして可《か》なり。又古人《こじん》に譲らずして可なり」（世の中の諸々《もろもろ》のことについてはへりくだりゆずるべきだが、志だけは師や昔の人にゆずることはない）とある。この志を学におきかえるとよくわかる。

昔からいまに至るまで誰にも遠慮することなく抜きん出ようと努めてきたから今日の発展がある。これは人間が他の動物に優れた最も大きな点といえるだろう。百獣の王のライオンにしても先祖や親に負けないように努力しよう、より優れた能力をもつようになろう、とは考えない。人間と動物の差が出てきた理由の一つともいえる。

こうした人間がひしめき合っている社会で先んずるには、常に、親は子を、上司は部下を己より優れた人材に育てようとし、子も部下も、これに応える心構えを欠くことはできないということになる。

よく私は、先輩、先輩と威張り散らしている人たちに「自分より優れた後輩を育ててあげてから先輩風を吹かせ。育てられない人間が先輩という資格はない」ときめつけた。

紀元前二百数十年も前に中国の儒者荀況《じゅんきょう》という人は「学は、以《もっ》て已《や》むべからず。青はこれを藍《あい》より出でて藍よりも青く、冰《こおり》は水これを為《つく》りて水よりも寒《つめた》し」（学問はいつまでも止まるということはないし、怠ってはならない。青がもとの藍——青色は植物の藍玉からとる——よりも青いように、氷がもとの水よりも冷たいように先生をしのぐ学の深さをもった弟子も現われる）といっている。「出藍《しゅつらん》の誉《ほま》れ」で知られる教えである。

李謐《りひつ》という人ははじめ孔璠《こうはん》について学んでいたがその進歩が著しく、数年後には師の孔璠は弟子の李謐のほうが自分より学問が進んだと考え、進んで李謐の弟子になったという。藍よりも青くなったからである。

ところが現代の職場などでも見られることだが、部下が専門書を読んだりセミナーに参加しようとすると目の敵《かたき》にする者がある。自分が追い抜かれて地位が危うくなるからだろう。また、部下が頭角を現わしてくると出ないように頭を打つ、あるいは伸びようとする足を引く、槌《つち》で打ち、網を引くから土方《どかた》といっているわけだが、こういう土方型管理職を飼っておくようではトップの目が疑われてくる。

さて、ここでいいたいことは、学ぶ者は、こうした仕打ちや非難に負けてはならないということである。誰がなんといおうと学ぶ意思を捨てなさるな、といいたい。

三十代の私は哲学書、宗教書を学んだとのべたが、十年というもの私の手にあったものは、死生禅《しせいぜん》、般若心経講話、菜根譚など、およそ抹香《まっこう》臭い本ばかりであった。上司からは、そんな本は一%にして銀行に関係する本を読めと叱られたり、私の坊主頭を見ながら、いよいよお寺入りですかとひやかされたりしたが、とうとう、これをおし通した。それら本の文句は忘れてしまったが、その教えは心のどこかに残っている。それが大きく、いまに役立っている。

終戦後の課長時代、浦和・東京間の国電は超満員で本も読めない。三倍の料金を払って駐留軍専用車に乗って本を読んだ。課長の分際で特別車とは、という批判をうけた。しかし、この往復二時間の読書がどれほど役に立っているか計り知れない。

それに老後計画に晴耕雨読がある。晴耕準備とし椿を増やしているし、雨読の用意に二百冊ほど買いだめしてある。先年孫に整理させた。「おじいちゃん、これ、いつ読むのか」ときくから「老後読む」といったところ、「七十にもなって、まだ老前か」といいおった。

さて、二十才のとき、失意貧困の悩みのなかから、生涯設計、生涯信条を定めて将来の行路を定めると、文字どおりの心機一転である。一頁の本を読むことも億劫《おっくう》であったものが、何頁読んでも倦《う》むことがなくなる。一時間働いても飽きてしまったものが、飽きを忘れるようになる。なにを読み、やっても希望に結びついてくるから不思議である。身心ともに充実していく気になることも事実である。当時、奈落の底から這《は》い上がろうとしている自分を喜んでいたものだが、あるとき、なにかの本で「邯鄲《かんたん》、夢の枕」の記事を読んで、はっとしたことがある。つまり、希望を抱いて学ぶことはよいが、どうやら自分の学問は成功だけが先走って、いわば、うわ滑りしていやしないだろうか。競争でいえば、優勝杯だけを夢みて、地についた練習をしていないということである。

たとえば、菜根譚に「逆境の中におれば、周身、皆鍼砭《しんぺん》薬石にして、節を砥《と》ぎ行を礪《みが》きてしかも覚《さと》らず。順境の内におれば、満前 尽《ことごと》く兵刃戈矛《かぼう》にして、膏《こう》を銷《とか》し骨を靡《び》してしかも知らず」（逆境にあるときは身辺すべてが鍼《はり》や良薬となり、節操を高め、行ないを砥ぎ、真剣にことに当っているが自分はそれを悟っていない。順調のときは周囲すべてが、刀や戈《ほこ》のようで、体があぶら抜き、骨抜きにされるが、自分ではそれに気づかない）とあるが、これを読み、知っただけでは、バラ色の夢を追ってもその実現は難しい。これを読んだら、自分を逆境の中に追いやって体験させることが、実現へ一歩ふみ出すことになる。もっとも、当時は厳しい状況に自分自身があったから、厳しい教えを学んでも全く抵抗なしに読むことができたといえる。

いまのべた「邯鄲《かんたん》、夢の枕」の話を読んだときも、盧生《ろせい》の夢に終ってはならないと考えたからである。

唐の玄宗帝の時代、呂翁《りょおう》という道士が、趙《ちょう》の旧都、邯鄲に来て、旅宿で休んでいるところへ、貧しそうな若者が入ってきて翁に、しきりに、あくせく働かなければならない不平をボヤく。名を盧生《ろせい》といっている。

そのうち、その若者は眠くなったので呂翁から枕を借りて眠ってしまった。

その枕は陶器でできており、両端に孔《あな》があいていたので盧生は眠っている間にその孔へ入って行くと立派な家があり、唐代の名家であった。盧生は、その家の娘と結婚し、進士の試験に合格して役人となった。それから、とんとん拍子に出世して首都の長官になり、出陣しては匈奴を破って功をたて、さらに抜擢されて御史大夫《ぎょしたいふ》に昇進した。

ところが、あまりの出世にねたまれ、宰相に忌《い》まれて、州の長官に左遷されてしまった。しかし、そこにいること三年で戸部尚書《こぶしょうしょ》に挙げられ、しばらくして宰相にされた。相にあること十年、よく天子を補佐したので賢相の誉が高かった。

こうして位、人臣を極めたが、無実の罪をうけ捕えられてしまった。

盧生は嘆いて妻子にいった。「私の山東の家には田があった。あれを耕していさえすれば食べるにも困らず、寒さ暑さもしのげたろうに、なんだって、禄《ろく》にありつこうとしたために今はこのありさま。昔、田舎道を散歩していたことが懐《なつ》かしい。しかし、今となってはどうしようもない」といって自殺しようとしたが妻にとめられ果たせなかった。

ところが、ともに捕えられた者はことごとく死罪になったが盧生だけは流罪になり命は助かった。

それから数年すると、天子も盧生の無実であったことを知り、呼び戻されて、燕《えん》国公に封じられることになった。五人の子も高官になり、極めて幸福な晩年を送ることができた。退官を願い出たが許されず、年老いて病気になると天子から良医良薬を賜《たまわ》るほどだった。しかし病には勝てず盧生は死んだ。

ここで盧生は眠りから醒めた。見回すとさっきの旅宿で寝ているし、呂翁も、そこに座っている。宿の主人が盧生の眠る前に黄粱《あわ》を蒸しはじめたが、まだ出来あがっていなかった。

「ああ、夢だったのか」と憮然《ぶぜん》としている盧生に翁はいった。「人生とは、みんなそんなものではないのかな」。盧生は感謝して呂翁にいった。

「栄辱《えいじょく》も、貧富も、死去も、すべてを経験しました。これは、先生が私の欲を塞《ふさ》いで下さったものと思います。ありがとうございました」といって去っていった。

この話のように、人生すべては夢として過ごしてしまうには惜しい。小さな足跡でも残したい、と考えたものである。

八　師《し》厳《げん》にして道尊《とうと》し

「師《し》厳《げん》にして道尊《とうと》し」とは礼記《らいき》にあることばで、人を教え導く者は己に厳しくして、手本になるような行動をしなければならない、ということである。

社長は最高まで登った者、これ以上勉強することはないが、下の者は勉強せよ、というのでは厳とはいえない。自ら学んで、しかる後に学べというなら怠け者も学ぶことになる。

それに、権力のため学ぶのではなく、時代の進歩に対応するために社長自ら、より多く学ぶ必要があるのである。

ところが、地位が上がるほど学ばない者が多くなる。自身は軌道に乗ったとでも思っているだろうが、軌道は軌道でも窓際行きのレールなのである。関係した会社で「本一冊読んでいない者は、名刺をいま社長に返してこい」と管理職に言ったことがあるが、新知識も吸収しないで職責を果たすことはできないからだ。

中国故事に「復《ま》た呉下《ごか》の阿蒙《あもう》に非《あら》ず」がある。

三国時代の一方の雄、呉の孫権《そんけん》は家臣にこう語った。「学問というものは、自ら進んでやるべきものだ」。家臣の一人、呂蒙《りよもう》は武勇にはすぐれていたが学問がなかった。そこで、いったん志した呂蒙は、それこそ寝食を忘れて学びつづけた。

そのうち学のある魯粛《ろしゆく》が呂蒙と議論をしてみると魯粛のほうがかなわないほどの博識ではないか。魯粛も驚くとともに喜んで言ったという。「貴公が武略に長《た》けていることは知っていたが、それだけの能とばかり思っていた。しかし、いま話してみると、どうして、博識になって、もう呉にいたころの蒙さんとは大違いだ」(阿蒙の阿は〝さん〟という敬称である)。

すると呂蒙は昂然《こうぜん》といった。「およそ士《し》というものは、別れて三日たったら、次に会うときは目を見開いてみるものだ。日に日に進んだことがわかるだろう」と。

この呂蒙は、知将魯粛が死んだあと孫権を補《たす》け、蜀《しょく》の勇将関羽《かんう》を捕殺し、呉の地歩を一層強固にしている。いわば孫権は呂蒙に学問をすすめ、呂蒙はそれにこたえて学び文武両道の将となって国の基盤強化に寄与している。

現代経営者のうちにも自ら学び、学ばせて企業の発展に役立とうとしている人が少なくない。

会社を大きく発展させようとする社長は、一人の力には限界のあることを知っている。また、自分一人が学んだとしても協力する人たちが学ばなかったら半身不随と同じくすることも知っている。

そのため、自ら学ぶのである。指導者が自ら学べば、部下は命じないでも学ぶことになる。指導者についていくこともかなわなくなり見離されることを恐れるからである。

また言志四録に「師厳《しげん》にして道尊《とうと》し。師たる者宜《よろ》しく自ら体察《たいさつ》すべし。如何《いか》なるか是れ師《こ》の厳、如何なるか是れ道の尊き」(人の師たる者＝上司は尊厳が備わって教えの道の尊いことが知られると礼記にある。したがって師たる者は自ら、師の厳とはいかなることか、道の尊きとはいかなることかを体験して知るべきである）とある。

いわば、口先だけではダメ、体験し、その厳しさを知ってから口に出せということである。

権力のある人が、どれほど強く部下に、ああせよ、こうせよ、と命令しても、自分で行なっていないなら、なんの尊さもない、価値もない。自ら行なっていることを部下に言うのであれば千金の重さがある。言わずとも行なうようになる。「上の好むところ、下これをならう」は昔もいまも変わらない。

前職時代、小唄に熱中している支店長がいた。次長以下が支店長とおなじ師匠に弟子入りさせられた。不治の音痴まで仲間入りしたという。支店長転勤で次長が抜擢されたが、これもすでに小唄病に冒されていたため依然たるものだった。その交替のとき、私が言ったわけだ。「新支店長を読書家、勉強家にしてはどうか」と。

しかし、これは不発に終ったが、勉強家支店長にしても、勉強だけは下が上にならわないようである。これを、ならうようにするにはどうするか。上に立つものが自ら学び、学ぶ者を取り立てる、ということである。学ばざる者管理職にあらず、というムードを高める。学ばない者は会議で発言もできないように仕向ける。試験制度を実施するなど、学ぶ者だけが社内を大手を振って歩けるようにしたり、社長が主催して学習会を開くなど方法はいくらでもある。

師厳にして、の戒《いまし》めは学問に限らない。人の長となる者は、常に自分を厳しい境地におき、自らを厳しく律するほどの気がなければ、部下が従うことはない。

社長として過半数を出資しているから、何をしようと自由と考えている向きがある。たとえ全額出資していようと、会社を私物化することは許されないのに、社長自ら、あいまいな考えで経費の公私混同を招くと、次第に部下がまねることになる。

関係した会社の幹部を前に、こんな話をしたことがある。

唐の名君、太宗が重臣を前にして言った。「君主というものは、国のおかげで立つものであり、国は、民があって成り立つものである。それなのに、民から重い税を取り立て、君一人が財を蓄え、ぜいたくをすることは、ちょうど、自分の肉を切りさいて腹いっぱい食べるようなもので、腹がいっぱいになるころには自分が死んでしまうように、君が富んだときには国が亡びてしまうだろう」と。

また、あるとき太宗が侍臣《じしん》にきいた。「西域の蛮人《ばんじん》の商人は、みごとな珠《たま》を手に入れると、盗まれないように、自分のからだを切りさいてかくすというが本当のことか」と。

実際にありますという答えをきいて「役人が、ワイロを受けて罰せられるのと、帝王が奢《しゃ》侈《し》欲望に身をまかせて国を亡ぼすのと、なんで蛮人の愚かで笑うべき行ないと違うことがあろうか」。すると重臣の一人魏徴《ぎちょう》が言った。「昔、魯《ろ》の哀公《あいこう》が、孔子に向かって、よくものを忘れる人がいて、家の引っ越しの時に妻をつれて行くのを忘れた人があった。すると孔子が、いや、それより、ひどい人がいます。夏の桀《けつ》王《おう》、殷《いん》の紂《ちゅう》王《おう》は、わが身を忘れて奢欲におぼれ、国を亡ぼしてしまいました、と答えたといいます。ちょうど陛下のいまのお話と同じことであります」。この話は十八史略にあるものだが、「国という言葉を当社と変えてみるのも参考になるのではないか」と話したことがある。

毎日毎日の公私混同は些細なものでしかないだろうが、これには白蟻の恐ろしさがある。気づかないうちに会社の大黒柱は空洞になる。物的ばかりではない、そこに働く人間の心まで食いつくす恐ろしさである。

また、若い課長連中の会合で次のように話した。

皆さんは、商売柄、クラブ、バーなどにも行くだろうが、彼女たちに嫌われない秘訣を教えておこう。これも先輩の役目だ。

前職時代、私は東京銀座のクラブで働く、ナンバーワンという女性と対談したことがある。そのとき、嫌いな客と好きな客の品定めをしてもらった。

　まず、嫌いな客として、頼みもしないのに名刺を出す人（肩書きだけが自慢の種の人間）、油頭を衣類にこすりつける人（相手の立場を考えない人）、飲みながら仕事の話きりしない人（世間知らずで融通のきかない人、まじめぶっている人）などの他、最もいやな客として「明日は日曜日だ。ピース五個もってきてくれ」「今晩は遅いからタクシーで帰る。一万円ばかり立て替えてくれ。その分も公給領収書へうまく含めて会社へ取りにこい」「接待客を帰したあと二人できて、領収書には四人としておけ、という知能犯もあるし、彼女と一緒にきたときの勘定まで今晩の分に含めてくれ、というのもある」と。私が、そのほうが売上げも増えて、貴女《あなた》がたの収入も増えるではないか、と言ったら「詐欺犯に協力してまでナンバーワンになりたくありません」といって柳眉を逆立てた。もし皆さんが、彼女たちに好かれようとするなら、この話の逆をやりなさい、と話した。

　「天網恢恢《てんもうかいかい》、疎《そ》にして漏《も》らさず」（天の網は広大であって、その目は粗いが、善悪の応報は必ず下《くだ》して見のがすことはない）とか、いずれは代償を払わなければならない。

九　一億先生、万物これわが師

ＮＨＫテレビに「生活の知恵」という番組があった。その中の交際術をテーマにしたとき私も出たことがある。

別項でものべたとおり、私は街中で働く人たちと話し歩いていたからである。司会の酒井アナウンサーから「都市銀行の専務さんが、石焼芋屋さんやサンドイッチマンのような商売の人たちと交際しているとは珍しい。何か特別の目的でも」ときかれ、とっさに口から出たのが「一億先生、万物これわが師」の文句だった。老幼男女も、見聞するすべてが自分の先生である、という意味である。天地自然はもちろん森羅万象《しんらばんしょう》わが師ならざるはなし、ということだ。

文字通り、浅学非才、独学、書物も図書館と借本ですませたほどであったから、なにごとをも教科書にしてしまったわけで、貧乏性は死ぬまで直ることはない。

ものの本に、わからないことがあったら歴史にきけ、とあるが、なるほど現代は歴史の縮図ともいえる。万物わが師ではあるが、なかでも歴史は、すべてを教えてくれる。

前記のように、私は漢書、朗詠集を発憤の動機にしたり、その後の経営に、指導者のあり方に、兵法・十八史略・菜根譚・韓非子など、どれほど役に立ったかわからない。

今に残る故事にしても、いわば哲学ともいえるもので、時代が移り人が変わっても不変の真理を伝えてくれる。

家康は、唐の太宗の貞観政要《じょうがんせいよう》を学んで三百年の基礎を築いたというが、古今東西の武将も孫呉の兵法を学んで覇《は》を成している。

平安の才女清少納言は唐の詩人白居易《はっきょい》の詩を知っていたため一層その誉を高めたという。

清少納言が中宮に仕えていたとき、ある雪の日「香炉峰《こうろほう》の雪やいかに」とおおせられた。清少納言は直ちに立って簾《すだれ》をかかげたという。簾をかかげても中国にある香炉峰が見えるわけではない。清少納言は次の詩を知っていたのである。

香炉峰の下に新たに山居を卜《ぼく》し草堂初めて成り偶々《たまたま》東壁に題《しる》す。

「日高く睡《ねむ》足りて猶《なお》起くるに慵《ものう》し、小閣衾《しょうかくふすま》を重ねて寒さを怕《おそ》れず、遺愛寺《いあいじ》の鐘は枕を欹《そばだ》てて聴き、香炉峰の雪は簾を撥《かか》げて看《み》る、匡廬《きょうろ》はすなわち是れ名を逃《のが》るるの地、司馬は仍《な》お老を送るの官たり、心泰《やす》く身寧《やす》きは是れ帰《き》する処《ところ》なり、故郷何《なん》ぞ独り長安にのみ在らんや」

（日が高く、十分眠っているのだが起きるのは、おっくうである。小さな部屋で蒲団《ふとん》を重ねているので寒いことはない。枕をそばだてて遺愛寺の鐘の音をきき、簾をかかげて香炉峰の雪を見る。昔から廬山は名利を捨てた人々が住むところだし、司馬という官職は老人にふさわしい閑職である。身心ともに安泰であることこそ安住の地というものだ。なにも故郷は長安に限ったことではない)。

また、小倉百人一首の清少納言の歌に「夜をこめて鳥の空音《そらね》ははかるともよに逢坂《あふさか》の関はゆるさじ」は、「鶏鳴狗盗《けいめいくとう》」から出たもので、千年も前の故事を歌としている。

そういえば、もう一人の才女、小野小町は「花の色はうつりにけりないたづらにわが身世にふるながめせしまに」と詠んでいる。あるいは小町も、白居易と同じ時代の詩人劉廷芝《りゅうていし》の詩を知っていたのではなかろうか。

「洛陽城東《らくようじょうとう》、桃李《とうり》の花《はな》、飛び来たり飛び去って誰《た》が家にか落つる。洛陽の女児顔色《じょじがんしょく》を惜しみ、行《ゆくゆく》 落花に逢《お》うて長く嘆息《たんそく》す。今年《こんねん》花落ちて顔色改《あらた》まり、明年《みょうねん》花開いて復《ま》た誰かある……」

「知識をたくさんもつことは企業を豊かにする」ともいえそうである。言い換えると、なにを見聞しても自分の経営や処世に役立つことを考え出せるほどのガメツさがある人が多いほどその会社は豊かになるともいえるのである。

これも私事になるが、私は自分自身をほめていることがたった一つある。それは、見聞の多くを自分に役立たせることができるということで、悪くいえば貧乏根性といえるだろう。

まえに私の借金返しの話を書いたが、返済に全力投球しなければ追いつかない。そのためあらゆる知恵をしぼってかねをかき集めたが、どうやら、かねばかりではない、かねを生み出す知恵までかき集めたガメツさが、万物をわが師にするようになったのかもしれない。

この借金は十四年がかりで三十二才で完済したが、その十四年間に学んだことは限りなくある。第二の会社で借金過多を短期間に解消するにも大きく役立っている。借金もまたわが師だったわけである。

三十二才で借金返済が終ったときである。

「働く場とは、かねを稼ぐ場である」としか考えていなかった。年二回の僅かなボーナスも家に持ち帰ることは稀《まれ》であった。右から左へ債権者に渡すことが多かったからだ。

さて、返し終ってみると「働く場」に対する考え方も変わってくる。結局、ある人の言に従って「働く場とは自己成長の場である」となった。こうなると、上下の差もなければ今昔もない、怒られ、褒められるのも自己成長のためということになる。

よく人様から「あんたの怒った顔を見たことない」といわれるが、怒りに耐えるのも、自己反省も自己成長に役立つと思えば、この相手もまたわが師となる。

十　敬

〝敬〟とは、己《おのれ》を慎み人を敬うということである。

言志四録に、「己を修《おさ》むるに敬を以《もっ》てして、以て人を安《やす》んじ、以て百姓《ひゃくせい》を安んず。壱《いっ》に是《こ》れ天心《てんしん》の流注《りゅうちゅう》なり」（自己修養に敬を第一とすれば、人を安心させ、人民を安んじることができる。敬は天の心が流れ込んだものといえるだろう）。

「敬稍弛《ややゆる》めば、則《すなわ》ち経営心起る。経営心起れば、則ち名利心之《これ》に従う。敬は弛むべからざるなり」（自ら慎むの心がゆるんでくると、なにかたくらむ心が起ってくる。たくらむ心が起ると名利に走る心が起ってくる。名利の心が起ると徳を失なうことにもなるので、敬の心は弛めるべきではない）とある。

また「敬は勇気を生ず」ともある。

以上の言葉を総合していえることは、常に自分を慎み謙虚に振舞っているような人は相手に尊敬の念を抱いているもので、相手からもまた尊敬される人ということである。相互の信頼、ことにあたる勇気、協力一致の実もここから生まれてくるものである。

したがって人を用いるに〝敬〟をもってあたるということは、社長として欠くことのできない姿勢といえよう。

蜀の劉備玄徳は、自らの補佐役として諸葛孔明を迎えるに三顧の礼を尽くしたが、孔明もまた、劉備の〝敬〟に報いるため「鞠躬尽力《きっきゅうじんりょく》死して後已《のちや》まん」（懸命に力の限り尽くし死力をふるって倒れた後やむの覚悟で協力しましょう）と、身命を投げ出しての忠誠を誓っている。この二人を「水魚の交わり」といって、水と魚との間は切っても切れないとしている。

その形は主と従であるが、実はどちらが主でも従でもない。劉備は孔明を軍師として敬い、耳に逆らう言を素直に受け入れ、また孔明は主君を心から尊敬し、劉備亡き後も劉備の子を補佐しNo.2の立場を全うしている。

なぜ後世に伝えられるほど二人の仲がしっかりと結ばれるのか。それは〝敬〟という絆《きずな》で結ばれているからである。主は従を敬い、従もまた主を尊敬して主の座を冒す野心もない。

この結びつきを従の側からみて、主は人の用い方がうまい、という向きがある。しかし、こういう技術的な見方は間違っていると思う。〝敬〟は主が従を手なずけるためのものではない。

現代の企業において、社長が自分の補佐役として副社長をおいた、とする。二人三脚にたとえれば、そこに上下、強弱の差はない。副社長の副が一字多いだけである。もしまた、社長の不得手を補うための補佐役とすれば、社長の師ともいえる人である。当然に社長は副社長を敬ってよい。副社長を上手に使うための表面的な〝敬〟というものであってはならない。そこに、本物の信頼関係が生まれてこよう。ただここで副社長が、我らは社長の師であるかのような態度であれば落第である。あくまで社長は社長として敬い、権限を侵すことなく誠をつくすことでなければならない。

よく、トップの座を狙ったトラブルが起きる。トップとしての任務を果たしていないから交替せよということであろう。しかし、それはトップに任務を果たさせなかった補佐役としての怠慢を暴露しているようなもので、トップの座を狙う資格はないといえやしないか。

ここで心したいことは、「敬は己を慎み、人を敬う」の〝人〟についてである。

敬うべき対象は、社長を補佐する人とそうでない人、老若、上下の差があるのかどうか。

とかく、上は敬うが、下は下僕扱いしている者もないわけではない。こういう向きは、肩書きだけは社長、専務とついていても、下からは下僕同然に見られているものである。

敬とは、そう軽く狭く、便宜的なものではない。

先輩上司を敬い、礼を尽くすことは当然だが下に対しては礼を欠いてもよい、ということはない。会社に貢献する一人と考えれば年令差などあってはならない、と思う。

私は一人一人の年令を記憶しているのも面倒であるため、誰彼の差別なく、さんで呼ぶことにしている。言動も上下で差をつけない。腰を曲げる角度も同じである。

前職時代、東京で社会探訪をしたことがある。

ある冬の夕方、東京神田の国電ガード下にバタ屋の溜り場があった。一人のバタ屋が仕事を終えタキ火をしている。

「たばこの火を貸してくれませんか」といって近づき、話しこもうとしたところ「わしらは背広人間と話すのは好かない」といって取りつく島もない。そこで「おじさんはいいタバコを吸っているではないか。一ぷく吸わせてくれないか」といいながら彼の手から吸いかけのタバコを取って吸い始めた。

「旦那は何、吸っているんだ」「バットだ」「わしのは五十円の新生だ」。

三、四本残っていた新生と、私のバット一箱を交換して話しはじめた。世間話や身の上話で一時間半も話したろうか。

人はそれぞれ、立場や生い立ちなどによって劣等感をもつ。相手のそれを意識すると、相手もそれに気づく。相手も同じ人間と考えると相手も同じ人間と考える。これも相互の敬からである。

前職時代のある日、一通の結婚式の招待状が届いた。差出人に記憶はない。知人、会社関係者でもない。当日の十日前に私の部屋へ入ってきた人が差出人であった。私が知らないはず。ビル管理会社から六ヵ月ほど派遣されていた雑役夫です、と名乗っている。顔は毎日見ているが名前は知らなかった。

「どこで、いつ出会っても先に挨拶されたり、話し合ってくれる。ただの他人とは思えなくなってきた。今度娘が結婚することになったので出席して主賓の挨拶をしてもらいたい」という。当日出席して役目は果たしたが上に立つ人間としていろいろ教えられたものである。

人を用いる道は、権力、財力など力ではない。人を人と見る己の慎み、人を敬う心であると感じた。それでこそ、唐の魏徴《ぎちょう》ではないが「人生意気に感ず、功名誰か復《また》論ぜん」の心にすることができるものであると。

人を敬うということは、敬われた人だけでなく、当事者以外の人も感動するものである。

たとえば、中国春秋時代、斉《せい》の桓公《かんこう》に仕え稀《まれ》にみる名宰相といわれた管仲《かんちゅう》が、若いころからの友人、鮑叔牙《ほうしゅくが》の友情をたたえて、次のようにのべている。

「私は、若くて貧乏だったころ、鮑君と一緒に商売をやったことがあるが、いつも私のほうが儲けの分け前を余計に取っても、私を欲張りとはいわなかった。私が貧乏であることを知っていたからだ。

彼のためになると思ってやったことが失敗し、かえって彼を苦しめる結果になったが、私を馬鹿者とは言わなかった。ことには、当り外れのあることを知っていたからだ。私はまた、度々役所にでて、その度ごとに馘《くび》になったが、私を無能だとはいわなかった。まだ、運が向いてこないことを知っていたからだ。

戦争に出て、何度も負けて逃げ帰ってきたが彼は卑怯者とはいわなかった。私に、年老いた母のあることを知っていたからだ。戦いに破れ、召忽《しょうこつ》が自殺し、私だけが縄目の恥を受けたが、恥知らずとはいわなかった。私が小事にこだわらず、天下に功名の現われぬことだけを恥としていることを知っていたからだ。私を生んでくれたのは父母だが、私をほんとうに知ってくれたのは鮑君だ」と。

十八史略に「管鮑《かんぽう》の交わり」として知られる美談だが、感謝されている鮑叔牙がこれを知ったら、かえって管仲に礼の一つもいいたくなるだろう。

小学校時代だったかの教科書に、唐の詩人杜甫《とほ》が詠んだ「貧交行《ひんこうこう》」は、むしろ現代人に訴えているかのようである。

「手を飜《ひるがえ》せば雲となり、手を覆《くつがえ》せば雨。

紛々《ふんぷん》たる軽薄何ぞ数うるを須《もち》いん。

君見ずや管鮑貧時《ひんじ》の交《まじ》わり、
此の道今人《こんじんす》棄てて土の如《ごと》し」

(手のひらを上に向けると雲となり、下に向けると雨になる。このように人情の変わりはいとも簡単で、軽薄の極みである。そうした人間がいまの世の中にも多くみられる。管仲、鮑叔との貧乏時代の心から結ばれた友情はいまの人には、土のようにかえりみられなくなっている。残念なことである)。

現代にしても指導的立場にある人が、管仲の心であれば従う人も管仲の心になる。当然に心と心が通うことになる。

よく、労使一体などというが、一体の実は〝敬〟からともいえるのである。

十一　五ケンの自戒

ここでのべる五ケンとは「堅実、謙虚、倹約、憲法（法律、定款、社是社則、人間常識など）、研鑽」でいずれもケンに始まるからであって自作自戒の文句である。

前職時代の私は、課長代理が八年、課長が七年で昇進の遅いほうでは人後に落ちなかった。〝万年代理〟〝万年課長〟と陰口をたたかれたものである。

ところが、昭和三十年に、ある特命を果たした後は部次長が一ヵ月、経理、総務部長を各一ヵ年、取締役人事部長を一年で常務取締役に昇格し、当時、出世頭などといわれた。

万年課長から部次長、部長に昇格すると鬼の首でもとったかのような気持ちになる。一番若い取締役などといわれると天にも昇ったかのような気にもなる。これは貧賤から身を起した通弊かもしれない。万年課長代理から課長に昇格したときも同じであった。二百人も支店長、課長がいる中で年が最も若いといわれて、いい気になった記憶がある。エリート意識だけが頭をもたげてくるわけだ。エリートコースを進もうとする意識は捨てるべきではないが、エリートを鼻にかけるようになったらスクラップへの第一歩となる。

ということで、これを一掃しようと考え、東京上野のモク拾い、次いでバタ屋、乞食などと付き合った。このことは、すでにのべたと思う。そうした人たちと話し合うことによってエリート意識を払拭しようとしたわけだ。

その後、出世頭といわれるようになったときも、やはり心の病気の発作が起きてきた。これに鉄槌《てっつい》を加えない限り、自分の前途はなくなると考え自分の心に厳重に諭《さと》したのが五ケンの戒《いまし》めである。

好調の波にのって有頂天になれば自制さえ忘れて堅実処世、経営から脱線する。また、へりくだって自分を戒め、人を敬う心も忘れ、人の長所さえ見失なうことになる。

倹約は感謝にも通じ、家を治め、企業を守る基本であるが、好況ともなればムダを見る目も曇ってくる。

また、経営者であれば法律、定款を守ることは当然であるが、好調で上気し、自己過信に陥って、これを破る。己の信念さえ失なうことにもなる。

研鑽は常に怠るべきではないし、好調のときほど研鑽に励むべきなのに、好調は長年続くと考えて、新時代に対応する研鑽を怠ることになる。

とかく、人間というものは他人に対しては強いが自分に対しては極めて弱い生きものである。自分に克《か》つために努めることが無難な前進を約束づけてくれるものである。

関係した会社がピンチから脱出して収益が出はじめたころである。

それまで社長と私は一時間ほどの出勤距離であったがハイヤーを利用していた（現在一部上場会社で無借金で、二割配当、相当の余裕資金を持つが社長以下役員の乗用車はない）。それを当時の国電に乗り換えた。二人が国電に乗り換えたので国鉄は黒字になると冗談をいって笑ったことがある。

それに私は、真夏、厳寒をとおして握り飯二コの腰弁通勤にした。また、年間の経費予算を大幅に圧縮し、昼食時間の電燈を消すことから僅かなムダまで注意した。

よく、それなら晩酌がうまいでしょうとか、利益が出るようになったのだから、いくらか余裕を考えてもよさそうなもの、などといわれたが、収益が増加しはじめたからケチることにしたわけだ。収益を好転させたのは皆さんではないか、いまさら私を責めなさんな、と逆襲したことがある。放漫経営で苦杯をなめた人たちは、好転して締めることを歓迎しているかのようであった。

「ことの成るは失意のとき、ことの破るるは得意のとき」の戒めがある。得意のときは、心のタガが緩み、僅かな油断から大失敗を招く。

兵法にも、はじめに負けたものは心を引き締め、必死に勝つための準備をするから次には勝つ。先に勝ったものは気も緩み、準備も怠るから負けるとある。

勝って兜《かぶと》の緒《お》を締めないものは、いずれは兜もつけられない頭になる。

中国の東晋《とうしん》の時代、秦帝の苻堅《ふけん》は、賢宰相王猛《おうもう》を用いて一代で晋に数倍する領地を持ち全国第一の強国にのし上がった。

その王猛が死ぬとき「晋にだけは手出しをなさらぬように」と遺言した。

ところが苻堅はそれを無視して王猛の死後八年たって晋を攻めた。

進攻の会議を開いたとき「晋には揚子江という大河があり、それを渡らなければ都を占領することはできず、無理な戦いです」と反対する者があった。それに対し苻堅は「わが大軍をもってすれば、鞭《むち》を河に投げ込んでも流れを止めることができる。渡れぬはずはない」と豪語し、兵六十万人、騎馬兵二十七万人を率いて晋に向かった。

晋では宰相の謝安《しやあん》の弟の謝石《しやせき》を大都督、兄の子謝玄《しやげん》を先鋒として迎え撃たせた。その数八万で秦の十分の一でしかない。

大軍を率いた苻堅は淝水《ひすい》に面して陣し、自ら城に登って晋軍を眺めると軍略によく整って一分《いちぶ》のすきもない。対岸にある八公山にも大軍が陣しているように見える。しかしこれは草木であった。苻堅の心の迷いから兵に見えたのであった。

こうしたとき、謝玄《しゃげん》は苻堅に使いを出した。「貴公の兵が河岸に陣しているため、当方は渡河できない。幾分兵を後退させ、当方が渡河してから勝敗を決したいと思うが」。苻堅は敵が半ば渡ったとき攻めれば勝てると判断して、それを受け入れ、味方に少なく退くよう命じた。ところが、退きはじめると限りなく退き、風の音、鶴の声も晋兵が追撃してくるものと思い秦は総くずれになった（風声鶴唳《ふうせいかくれい》）。これを淝水《ひすい》の戦いというが、このとき晋の宰相謝安は、別荘を賭けて知人と碁に夢中になっていたという。この戦いで驕っていた苻堅は傷つき、属していた国にも背かれ、ついに殺され秦は亡びている。

驕《おご》る平家久しからずは、わが国のことであるが、いずれの国も同じである。

さて、驕る心を抑えることを怠ってはならないが、なかなか、自分で自分の欠点を見いだすことは困難である。その昔、私が先輩に「私の長所はどういうことでしょうか」ときいたところ、「そういう質問をすること自体、君の短所だ」といわれ赤面したことがある。うぬぼれが短所を見る目を曇らせるのである。

昔、斉の国に、身の丈も高く容姿も人に優れた美男子がいた。名を鄒忌《すうき》といった。鏡を見ながら「城北の徐公《じょこう》は斉の国きっての美男子というが、この私と、どちらが奇麗《きれい》だ」ときくと妻は「もちろん、あなたです」と答えた。次に妾に同じことをきくと、やはり「あなたのほうが」と答えた。鄒忌はそれだけでは信じられなくて翌日客がきたので、同じことを尋ねた。客からも、妻、妾と同じ答えがハネ返ってきた。

ところが、その翌日、徐公に会ったので、つくづく見ると、どうして、どうして彼のほうがはるかに美しい。到底及ばないと思った。

そこで、冷静になって考えてみた。妻は私を身びいきにしているから、そう見えるのであり、妾は私に手を切られるのを恐れているからであり、客は、ほめておけば後日、なにかよいことでもあると思って、私のほうが美しいといったのだ、ということに気づいた。

そこで鄒忌は朝廷に出仕したとき王に進言した。

「斉は領土は広く、城も百二十を有する大国です。多くの女官、宦官《かんがん》は王を身びいきします。家臣は王を恐れています。国中の者は王の機嫌をとろうとしている者ばかりです。そのため王は見る眼を覆《おお》われております」と。

王は、この意見を受け入れて、国中へ布告した。「王に対し、非を指摘した者には賞を与える」と。これを見た多くの人々が、王の非を諌めるために集まって宮殿の前は市ができたかのようになった。

王は、これを政治に生かしたため、一年後には諫言にくる者が一人もいなくなってしまった。諫言したくとも王の非がなくなってしまったのである。

こうして斉の国が立派になったので、他の諸国から貢物が届くようになった、という。

これとは反対に、周の厲王《れいおう》は民を虐《しいた》げた。召公が「人民は王に不満をもっています」と諫めたところ、大変怒って王の悪口をいった者を告げさせて殺してしまった。人々は恐れて悪口をいわなくなった。王は喜んで「王の悪口をいう者は一人もいなくなった」と召公にいうと「それは大変な間違いです。人民の口をふさぐのは川の氾濫を防ぐより難しいことなのです。流れを上手に治める者は、川底をきれいにさらい、流れを良くします。同じように人民の苦言をどんどん出させて、それを生かさなければなりません」と。

会社でも、社長のために言っているのに、頭から押えつけたり、根にもってしまう人がある。これでは「ものいえば唇寒し秋の風」というが、会社の将来に秋風が吹いてくる心配がある。

十二　無為《むい》にして化す

「傍にいて教え導くは常道。邪道に入るのを戒めるのは時を得た教え。自ら率先するは教えの根本。言わずに教えるは極致。一度抑えて褒め励ますは一時の方便、臨機の教えである」（言志四録）。

十八史略によると、史上最初の人君は天皇氏《てんこうし》といい、兄弟十二人で、各々一万八千年王位にあったというからまさに神代《かみよ》の時代といえる。この天皇氏は、なに一つ言うでもなく、無言のうちに徳をもって民を感化し、よく国は治まったという（無為にして化す）。

その昔、私も「怒って人を導くのは下で、教えて導くのは中、無言で導くのは上」と教えられた。

昔、五覇《ごは》の筆頭に数えられた斉の桓公《かんこう》から八代目の景公《けいこう》のときに、晏子《あんし》という宰相がいた。質素倹約で職務に忠実であったので斉の人々に重んじられていた。一枚の狐の毛皮を三十年も着ていたし、神に供える豚肉も豆粒より小さかった。しかし、人の世話はよくし、七十余世帯もの人が晏子のおかげで生計をたてていた。

ある日、晏子が外出したので御者の妻がひそかに見ていた。夫の御者は大きな日傘をさしかけ、四頭立ての馬に鞭打って、大いに自慢げであった。

やがて夫が帰宅すると妻は「どうか今日限り離縁していただきたい、あなたの主人の晏子さまは高い位にあって諸侯の間でも有名であるのに、心が大きく人に謙虚で少しも威張ったところがありません。あなたは、御者として使われている身分でありながら、いかにもえらそうに自慢しています。まことに情けないことです。離縁をお願いしたのはそのためです」といった。それからというもの御者は人が変わったように謙虚になり、驕りたかぶる振舞をしなくなった。晏子が不思議に思ってきくと御者も正直に答えた。晏子はそれに感心し、大夫（士の上）に推せんしたという。

晏子は、無言で御者を感化し、領民から重くみられている。無為にして宰相の任を果たしているともいえよう。

些細な体験が私にもある。

関係していた会社で一万平米ほどの分工場敷地を買った、三月である。

六月のある日、土地管理と工場管理の責任者が、敷地に雑草が生えてきた、なんとかしなければ、といっている。早めに雑草は退治しないと手におえなくなるから一日も早いほうがよい、といっておいた。

七月上旬にきくと「もう少し時間を貸してください、何とかします」。八月中旬にきいたところ「もう少し時間を、しかし、八月半ばですから秋も近いし自然に枯れてきます。十一月には建設開始になります。雑草などブルドーザーでやれば簡単です」といっている。

「なんでもよいからすぐ刈り取れ」と指示することは知っているが、これでは私の真意がわかるまい。

そこで、その日帰宅してから、十八リッター入りのポリタンク五コを集め、それに水を入れ、除草剤と背負い噴霧器、にぎり飯を車に積み、長男に有給休暇をとらせて現場へ行ってみた。さながらジャングル同然。三日の予定も一週間で終るかどうか。

午後三時に帰宅すると会社から一人の幹部がきている。どこからか嗅《か》ぎつけたらしい。

「副社長に草退治されてはわれわれの立場がなくなる。担当者も頭を抱えているからやめてもらいたい」といっている。

「迷惑をかけると思って誰にもいわずに行ったわけだが知れた以上仕方がない、とりあえず明日は出勤する」といっておいた。

翌朝出勤すると担当者が詫びにきた。そこで話した。「何回言っても時間を貸してくれといっていた。私は銀行出身だから、かねは貸したが時間を貸したことはない。一時貸しても同じ時間を返してもらえないからだ。それに、秋になったら枯れる、ブルでやれば取れるといったが、私が除草剤をかけた草は、いつになっても枯れず、何をしても取れない草だ。その草は会社の多くの人たちの頭のなかに生えている草だ。

高度成長時代には、少々過ぎたことをしてもなんとかなったが低成長時代ともなるとそうはいかない。将来、損や危険が予想されるようなことは、芽が出たら、すぐ刈り取る。あるいは芽の出ないうちに始末しておかなければならない。その理屈がわかれば、あの草などはどうでもよい」と。

その日、せがれとにぎり飯を食べた際、お前はこれをどう思うかときいた。

「上場会社の代表取締役副社長がしかも七十才にもなって草退治とは、ただただあきれるばかりだ」といっている。「お前の頭にも除草剤をかけるぞ」と言ったあとで、こうつけ加えた。

昔荘子《そうし》に向かって「おまえの学問は何の役にも立たない無用の学問だ」という人があった。荘子は「人間が立っているのに必要な地面は足が乗っているところだけで、あとは無用な地面だ。無用だからといって取り除いてしまったらどうなさる」と逆襲した。

無用の用というものだ。私が除草剤をかけるなど余計なことのようだが、その裏には大きな用があるのだ、といっておいた。

それまでは期首に受注が少なく、売上高目標が達成するかどうか心配されても、担当長はまだ、先が長いと、悠長《ゆうちょう》にかまえていた。期なかばに経費の使いすぎがわかっていても、これから節約すればよいという態度であったが、雑草退治からは何もいわなくても早め、早めに手を打つようになっている。無用が大きく役立ったわけである。

十三　静と動

「動を好む者は雲電風燈《うんでんふうとう》、寂《じゃく》を嗜《たしな》む者は死灰槁木《しかいこうぼく》なり。すべからく定雲《ていうん》止水の中《うち》に、鳶《とび》飛び魚《うお》躍るの気象あるべくして、わずかにこれ有道の心体なり」

（あまりに、活動的に動きすぎる者は雲間の稲妻や風にゆらぐ灯のように落ちつきがない。静寂を好むものは、あたかも火の消えた灰や、枯れ木のように静かに過ぎる。人間としては動かない雲の中を鳶が飛び、静かな水の中にあって、おどりあがる魚のような潑溂《はつらつ》とした気概があってこそ道を体得した人の心である）菜根譚。

会社、団体内にあっても、よくみかけるが、主張もなければ、動くこともない。反対もなければ賛成もない。難しいことは高笑いで吹きとばす。泰然自若、いかにも大人の風格である。

ことにあたって、率先して動き、成果を得るのであれば、静水に魚躍るの感が深く、さすがは大物という感じを与えるが、こうした人に限って動かない。いわゆる床の間の置物といわれるものである。

反対に、会議などでも、いりもしない差し出口をきいたり、たいしたこともないことで隣の人に話しかけたり、人の発言中に電話をかけたり、中座したり、こま鼠のように動いていないと気のすまないのではないかと思う人がいる。言わず動かずのときでも足を小刻みにゆすって貧乏ゆすりだけは怠らない人もある。

いかにも、口八丁、手も八丁のように見えるが、茶坊主的な仕事はできるが、大事に直面すると、貧乏ゆすりどころか胴体まで震わしてしまう人である。

こうしたトップを戴いている部下が最も困るのは、いずれの人も、優柔不断で決断がつかないことである。決断しても、いつ変更になるかわからない。いわゆる朝令暮改《ちょうれいぼかい》社長であることだ。

これでは、いかに大人物を装っても部下は大物社長とは見ない。また、こせこせ動き回っている社長を活動的社長とはみない。言わず、動かずであっても組織の最高責任者としての任務をぴしりと決め、行なうことであれば優れた社長として敬うことになる。

さらに、将来に大きな理想をかかげ、それに挑みつづける姿を見れば、現在の企業規模は小さくとも大社長としての刻印を押すことになるだろう。

要するに、企業環境も企業も、動かない雲のように平穏な時であっても、自ら雲を呼び、それに乗って大空を飛翔する鳶《とび》のようであり、波一つない水面におどりあがる魚のような気力に溢れる統率者をのぞんでいる、ということでもある。

かつて、私が第二の会社へ関係していたとき、毎日、銀行通いするほどであった。その日暮し経営ともなると、そうでもしないと、いつ銀行に見離されるかわからないからだし、その日の小払い資金にもこと欠くからである。

しかし、そうした中にあっても社員教育には、かねも時間もかけた。ある人からは「教育費という名目で、かねをドブに捨てている」と陰口をきかれた。社員を教育しても会社が潰れては役に立たない、という意味だろう。

また、ある人は「再起を期している」「飛躍の時を狙っている」といわれた。私自身が、潰れることを考えていたなら、社員教育などにかねを使うはずがない。飛躍の時があると信じていたからである。

こうした心を強くもつと、自分で口に出さなくとも心から心に伝わる。いわゆる以心伝心である。

しかし再建は急を要する。私の再建にかける執念と確信を、社員全員の心に伝えたい、それも一挙に、である。

再建計画を発表したときに、全社員を前にして窓の外の明るさにたとえて、「闇中の明」を説いたことは前にのべたが、それは、いささか演技的ではあったかもしれない。何としても、社員全員に闇中の明を感じてもらいたい、つまり不動雲の飛翔、静水の中の飛躍に目覚めてほしい、そうした気持ちが、発表する私の態度に出ていたのだろう。

「経営とは演技である」といった人がある。ただただ教科書どおりに動くよりも、そこに演技力が加わると、効果も大きくなる。

しかし、同じ演技するにしても、演技される人の心になるほどでなければ猿芝居の猿の演技になってしまうだろう。自らその人になりきることでなければ見る人を魅了することはできない。槍持《やりも》ちが大名の形をしてもすぐわかるようなものである。

松竹新喜劇の渋谷天外さんが演技について、こう話してくれた。

「その昔、私が、人力車の出る脚本を書いたところ師匠に〝おまえ、その車曳《くるまひ》きをやれ〟といわれ、ことわりきれず、芝居で師匠を乗せて走る車夫をやった。

ところが終って楽屋へ戻ると必ずヘタクソと文句をいわれる。あまり度々毒づかれたので、今夜こそ、女形の師匠を車ごと舞台から投げ出してやろうと思って、梶棒《かじぼう》を片足ではね上げて、荒々しく曳きだした。車の上から〝うまいものだ〟という声がする。楽屋へ帰ったら〝今夜は上出来だった〟といって褒められた。

お抱え車は梶棒を持ち上げるにも両手でていねいにするが、角待ち車は、梶棒を上げるにも足ではね上げ乱暴に走る。お抱え車の要領でやっていたので文句をつけられたが、やっぱり師匠ともなると、どっかが違う」と。

会社の社長は社長らしく演技も必要だが、肝心要《かんじんかなめ》になることがわからないようでは名演技のつもりでいても馬脚《ばきやく》を現わすことになる。

「風、疎竹《そちく》に来たる。風過ぎて竹に声《こえ》を留めず。雁《かり》、寒潭《かんたん》を度《わた》る。雁去って潭《ふち》に影《かげ》を留めず。故に君子は事来たりて心始《はじ》めて現われ、事去って心随《したが》って空《むな》し」

（風が吹くと竹の葉は鳴るが、風が吹き止んでしまうと元の静けさに戻る。雁が渡ると淵《ふち》はその影を映すがとび去ったあとには影はない。君子の心も同じく、ことが現われればそれに対応し、事が去れば、元の静けさ、無の境地になる）菜根譚。

平素は、鳴かず、飛ばずでいながら、変化を予測すれば果敢に対応して静に戻る、ということであれば、ことの大小を問わず、生きている社長と評価されるだろう。

もし、急変、大事が予測され、泰然自若を装っても、ただ動かぬだけであったら〝石の地蔵〟ぐらいにしかみられない。

関東大震災のとき、ある大地主が、ひと抱えもある自宅の大黒柱を背にして、うちが潰れるようなら、よその家はみんな潰れるといって座っていた。その地主は、柱に押しつぶされて地域でたった一人の犠牲者になった。勇気ある人といった人は一人もいない。

動には動に応じ、静には静で応じることであれば安全も保たれるし、人の批判を受けることもない。

環境悪化に見舞われて「これくらいで会社はビクともするものではない」と考えて無為で過ごすのと、悪化の影響をいくらかでも少なくしようとするのと、いずれが高い評価を受けることになるだろうか。

十四　悟り

経営者のうちには、朝から晩まで仕事に追われて走り回っている人がいる。毎日のスケジュールをぎっしりと書きこんだ手帖を見せて、手帖に追いとばされているようなものだと忙しいのを自慢している人がある。

そうかと思うと、少々の失敗を気に病んで浮かぬ顔をしている人もある。また、取り返しのきかない生来の弱点などに悩んでいる人もあれば、迷信などにとらわれて気力を欠いている人もいる。

いずれも自分を損ね、経営を疎《おろそ》かにしていることで感心したことではない。社長が忙しく走り回っていることは勤勉な社長のようであるが、多くはやらなくともよいことで自分を忙しくしているに過ぎない。大部分は部下に任せられるのに、任せられない。ということは悟っていない、ということになりはしないか。

さらに、仕出かした失敗に悩み、取り返しのつかぬ欠点などに気を重くしているほど愚かなことはない。一刻も早く、その愚かなことを悟って、忘れるべきである。

ある大手スーパーの社長の手帖は年末には一枚になる。きのうの分は切り捨ててしまうからだ。それには、過去にとらわれてはならぬということもあるに違いない。

誰しも、明日は何をしようか、来年は何をしようか、と先を考えるもので、昨日は何をしたろうか、去年は何をしたかを考える人は少ないものである。過去の過ちは早く改めて忘れ去ること。生来の短所など、怨み、悩むよりも改めることに努めれば自然に気にもしなくなる。私など、二十才で頭髪を失ない、学なし、地位なし、かねもなし、頭髪もなければ青春もなし、と自嘲したが、天は、こうした劣等感をとり去るような力を自然に与えてくれるものである。悟り、である。

菜根譚にこんな文句がある。

「人心に個《こ》の真境あり。糸《し》にあらず、竹にあらずして、おのずから恬愉《てんゆ》し、煙《えん》ならず茗《めい》ならずして、おのずから清芬《せいふん》あり。すべからく念浄《きよ》く境空《むな》しく、慮《おもんぱかり》忘れ形釈《と》くべし、わずかにもってその中《うち》に游衍《ゆうえん》するを得ん」

（人の心の中には一個の悟りの境地がある。この境地を得た人は琴や笛がなくとも自然の音楽を楽しみ、香や茶がなくとも芳しい香りに浸ることができる。この境地に達するには雑念を去り、名利を捨て、思慮することを忘れ、自分の存在さえ忘れることだ。そうなれば悟りの境地に遊ぶことができるのである)。

これをそのまま読むと、いかにも、生きた仏にでもなれといっているようだが、企業経営者が生き仏になったのでは経営は成り立たなくなる。不要な思慮、雑念、私利、私欲などを忘れる、ということである。

同書には、こういうのもある。

「性天澄徹《ちょうてつ》すれば、すなわち餓えて喰《くら》い渇して飲むも、身心康済《こうさい》するにあらざるなし。心地沈迷すれば、たとい禅《ぜん》を譚《たん》じ偈《げ》を演《の》ぶるも、すべてこれ精魂を播弄《はろう》せん」

(心が澄みきっておれば空腹に飯を食い、喉《のど》がかわけば水を飲むという簡素な生活をしても心身をそこなうことはない。心に迷いがあれば、禅の話を聞いても偈《げ》を唱えても、それは心をおもちゃにしているだけである)。

まことにこのとおりで、経営者が、迷い、悩んでいるようなときは、どんな忠言、教訓も耳に入らない。

ところが、なんとか迷いから醒《さ》めよう、悩みからのがれよう、と考えただけでも、それらの言葉が自然に耳に入ってくる。

そのこと私も、前述したように、長い煩悶《はんもん》期間を過ごしてきたが、これは天が自分に与えた試練である、と自分に押しつけつづけている間に、いつとはなしに、悩み、迷いを打ち消して試練を突破してやろうという気になった。悟り、というものであろう。

銀行時代、東京銀座五丁目の「春日《かすが》」というサンドイッチマンの会社社長春日輝子さんと対談した。

春日さんはこう話してくれた。

「私は三十才を過ぎたころ男の幼児三人を抱え夫に先立たれた。夫の病気でおかねを使い果たしてその日から食べるにも困った。手に職はなし。サンドイッチマンでプラカードを持つぐらいならやれると思って、サンドイッチウーマンになった。稼ぎのない日など重い足を引きずるようにして帰ってみると、火もないところで三人が抱き合って寒さを凌《しの》いでいる。おなかのすいていることはよくわかるが、米粒一つない。外へ出て八百屋の軒先にキャベツの表皮が捨ててある。それを拾ってきて塩で煮、これが夕食といって食べさせたことも何度か。食堂の仕事をしたとき、どんぶりご飯を出してくれたが、おなかが、ぐうぐう鳴るが自分で食べるわけにはいかない。周囲の客の目を盗んでハンカチに包み、急いで帰って三人に食べさせる。

ある夜など、やくざに取りまかれ『だれの許しを得て商売やっている』と短刀をつきつけられて、すごまれた。

『私は、三人の子を食べさせるために働いているが満足に食べさせられない。いっそ、子供をしめ殺して私も死のうと考えたが、それもできない。ドスがあるならちょうどいい。ひと思いに刺し殺してくれ』といったら『せいぜい稼ぎな』と、行ってしまった。

ある夜、仕事もなく、山谷《さんや》の貧民窟《くつ》へ帰る途中『なぜ、自分だけが、こうも苦しまなければならないのだろう』と考えた。『これは前世に悪いことをした罪の償《つぐな》いではなかろうか。もし、そうだとすれば、苦しむたびに償いは減っていくはず。いずれは、償い終ることになる』。そこに考えついたとき、胸のなかにたまっていたものが一度に出てしまったような気持ちになった。それからというもの、苦労に出会うと、これで前世の償いが一つ終る、と考えるようになって、苦を苦と思わないようになった」と。

対談の日「いま南青山のマンションを買い、代金を払ってきた」といっていたが、昔の苦労を彼女の顔から見いだすことはできなかった。

第三章　社長の任務

一　戦略家たれ

「戦略」とは何か。ものの本によれば「相手の力と自分の力が同等、あるいは相手が勝っている場合であっても、相手に勝つために経営資源を見いだし、これを巧みに利用すること」とある。

とすれば、戦略者とは、「相手に勝つための経営資源の見いだせる者、それを巧みに利用することのできる者」ということができる。

ハイテク、ニューメディア、バイオ等、あるいは国際化、競争激化のなかで生き残るためには、それに対応する知恵と勇気が必要なのである。しかも他より一歩先んずることが必要である。十年一日の如くというような化石人間はすべて機械に置きかえられることになる。昭和三十年ごろである。アメリカのある業界のリーダーは、こう警告している。

「われわれ一万三千の同業者は、あたかも蛹《さなぎ》からとび出した蝶のようなものである。ある蝶は蛹からとび出すや地面に叩きつけられ、ある蝶は栄養失調になって空を飛んでいるに過ぎなくなる。その中にあって蜜を十分吸って空高く舞いあがるものもある。

地面に叩きつけられる蝶は将来を甘く考えている蝶と因襲にとらわれた蝶である。栄養失調になるのは他の真似をする蝶である。空高く舞いあがる蝶は、コンピュータから出てくるデータを分析、調査し、予測して対応する蝶である」とのべている。

コンピュータが出始めたころであったため、コンピュータと表現したと思う。これを「時代の変化」と読みかえてみると一層切実さが感じられよう。

当時私は銀行の証券、資金の課長を兼ねていた。さらに時代の進歩に対応するための改革プロジェクトチームが編成され私はそのチーフも兼ねることになった。

そこで、かねてより主張していた銀行の大衆化、それに必要な機械化を進めるべきだ、過去のように特権階級者や一部の金持ち階級を顧客とする考えは古い、いま大衆は貧困であるが将来は有力な取引先となる、と説いた。銀行の経営戦略の大転換である。

その計画の中にＩＢＭの一四〇一という、いまではおもちゃ扱いされるほどのものであるが当時は最新鋭コンピュータの導入を加えた。賛同者は皆無に等しかったが、トップの決断で買い入れた。わが国でも草分けである。

それから三年ほどして企画部長を任命されたときである。今では全金融機関で共通使用しているデータ通信システムを一行だけで開始したが、これにも賛同する者は少なかった。

このシステムを地方銀行協会で導入しようということになり各行に呼びかけたときも賛成は半分程度ではなかったかと思う。

当時の私は、先物食い、珍し物好きなどとよくいわれていたが、時の流れに乗れなかった人々は今どうしているのだろうか。

時代の変化に挑戦し成果をあげることが経営の要諦《ようてい》であり、変化をみようとしない者、対応しようにも戦略が立てられない者は経営者とはいえないのではないか。時代の先をみる、いわゆる先見ということについては後で詳しくとりあげることにするが、社長はこの戦略家としての任務を忘れてはならないと思う。

高度成長時代には造れば売れ、売れば儲かるという状況であったため戦略、戦術に重点をおくより、多く早く造り売ることで経営効率を高めることができた。現代では、商品一つとっても今日の新商品は明日の陳腐化商品ということになっている。従って、どのような商品を造り売るか、売る場をどこにするか、売り方をどうすべきか、まさに知恵出し競争時代といえるほどのすさまじさである。

そうなればなるほど、社長の戦略家としての任務は一層重要となり、企業の本当の強さを考えると、社長だけではなく社内にも戦略家を多く育てていかなければならない。機械は資金さえあれば買うことができるが、人の育成は急場に間に合わせることができない。温厚篤実なまじめ人間というだけで幹部に登用していたのでは、いつかは時代の変化にとり残される企業となろう。

漢の高祖劉邦《りゅうほう》は、戦いに勝つごとに功臣におしみなく賞を与えたが、なかでも最高の賞を蕭何《しょうか》に与えている。本書の第一章ですでにのべたとおり、項羽《こうう》が一人の范増《はんぞう》も使えなかったのに対し、張良、韓信と蕭何の協力を得たから天下を得た、といわしめた蕭何は、いわば内政・兵站《へいたん》部門の責任者であり、最前線で武勲《ぶくん》をあげた他の武将たちは不満である。

「われわれは固く重い鎧《よろい》・兜《かぶと》に身を固め、鋭利な武器をもって戦場を駆け回り、多い者は百余戦、少ない者でも数十回も戦場に出ている。しかるに蕭何はまだ一回も馬に汗をかかせたことはない。それでいながら位も上で、賞も多い。どうしたわけでしょうか」と。

すると劉邦はこう答えた。「諸君は猟《りょう》を知っているだろう。獣《けもの》を追いかけて殺すのは犬であるが、その犬を解き放って、指図して捕えさせるのは人間である。今度の功名を猟にたとえれば、人（蕭何）に指図されて、逃げる獣を捕えたに過ぎない。功は功でも犬の功で、蕭何の功は、諸君を使いこなした人間の功である」と。

名戦略家、知将の名声高い張良・蕭何を使いこなした劉邦こそ、彼らの上をいく戦略家であったといえる故事である。考えてみれば、銀行のコンピュータ化プロジェクトを、一介の課長に任せた、当時のトップもまた、名戦略家であったのではないか。

二　物心の基盤強化

昔から事業は三代で成るというが、会社の社風・社是社則など、どのような変化があっても揺らぐことなく、また、どんな事変にも動じないだけの経済力を築くことは一朝一夕にできるものではない。

「災《わざわ》いを未萌《みほう》の内に除き、勝を百年の先に決する」とは、企業経営でいうと、将来の災いになることを芽の出ないうちに取り除き、遠い将来も勝者であるように経営基盤を固めることが経営者の任務である、ということになる。

ローマは一日にして成らずとか。現代企業にしても一朝一夕にして成そうとすることは、基礎を固めずに巨大な建造物を建てるに等しい。

たとえば、企業の人づくりにしても、一人前の企業マンを育てるのに一年や二年でできるものではない。まして社員の意識改革など機械で物を造るようなわけにはいかないものである。

第二の会社の再建にあたり、借金の返済は二年半で達成したが、これで再建できたと思えるようになるまで十一年間もかかっている。私の怠慢のためでもあるが、社員の意識改革にそれだけの時を要したからである。

会社の財務的な再建などは、例外を除いて、勇気さえあれば誰にでもできるもので、さほど難しいものではない。財務を圧迫するすべてを取り除けばよいのである。

難しいのは、組織内の多くの人の心を入れかえることであって、財務改善だけで会社を再建したと考えることは極めて危険である。倒産の危機も、財務の悪化もすべて人間がおこしたことで、組織内の人々の心に病根が残っていれば、必ず再発することになるからだ。

関係した会社の再建当初に、主力銀行から「貸金元利を棚上げしてやるから、再建を速めよ」といわれたとき、即座に断った。まさに地獄に仏の申し出であったが、これでは会社の帳簿上赤字が黒字になるだけで、社内の安易・依存心を取り去るどころか、ますます増長させることになりかねないからである。

「贅脳《ぜいのう》を落とせ」とは、再建当時よく私がいったことである。

減量経営の意味の〝贅肉《ぜいにく》落し〟はよくいわれていることであるが〝贅脳《ぜいのう》〟とは安易な考え方、自己中心、依存心など厳しい時代にもってはならない心である。しかし、人間は、どうしても苦より楽、自力より他力依存に傾きがちとなる。

人間には意欲型人間と退嬰《たいえい》型人間の二通りがあるという。

贅脳でふくれあがっているのが退嬰型人間の特色で、自らの責任を他に転嫁して省みることがない。対して、意欲型人間は、すべてを自己の責任として反省して改めるから両者の差はあまりに大きい。さらに退嬰型はムードに弱く、意欲型は強い。たとえば、インフレに貯金は弱い、というムードがでれば、すぐ同調して浪費にはしるのが退嬰型。対して、意欲型は何をするにも先立つものはかねだ、と一時のムードに流されない。

いうまでもなく企業の発展を促すものは意欲型人間であり、不振に陥れるものは退嬰型人間である。しかし退嬰型人間は、住みごこちのよい安住の場に育ち繁ってきている。これを一朝一夕に改めることは難しい。早急に改めるには、百の説教よりも安住の場をとり去ることである。

それには、まずトップ自らが意欲的になることである。経営不振を社員のセイ、業績低下を不況のセイにしている向きもあれば、赤字転落をコストアップのセイにしている経営者も少なくない。はなはだしいのは、部下が他のセイにしているのを肯定しているトップがいる。

「どうもこの不況では受注減もやむを得ないと思います」

「毎日ご苦労さん、これだけ環境が悪化すると、それも無理はない」とかえって慰めに回る。

「こう忙しくては勉強もできない」といえば、「無理もない。僕でさえできない」と同調する。不況や多忙のせいにして省みることがない。これでは部下は安易に馴れてしまう。

「景気がよくなったら売れるというなら、不況の期間は月給を辞退しろ」というぐらいでなければ、意欲型人間には育たない。

トップ自らが厳しさに挑戦し、退嬰型部下の言動には決して同調しないことである。

もう一つは、意欲型人間に限って用いることである。他のセイにして己の非力をカバーしようとするタイプは組織内からはずすことである。どんな些細なことでも他のセイにすることは許さないぐらいの厳しさが必要である。

現職時代に、二日酔いで遅刻した者がいた。「昨夜の宴会で皆から酌《しゃく》をされたもので飲みすぎた」というのが言いわけであった。次の会の時に「あいつにはただの一杯でも酌をしてはならない」と厳命しておいた。

彼は独酌で寂しそうに飲んでいたが、やがて私の席にきて「お酌をしてくれない理由がわかりました」といった。「それがわかればよい。私がお酌しよう」と笑い合ったことがある。

さらに安住の場をとり去るには、組織を独立会社に分社してしまう強引なやり方もある。地域・機能別に独立会社化すれば、親会社に対する依存心も払拭され、退嬰型人間の住む場所など、どこにも残されないことになる。

ところで、受け皿会社をもつところが近年目立ってきたが、これと独立分社とは異なるものである。

高令者や能力の限界に達した高給とりを受け入れる会社の存在は、いかにも温情あるやり方のようにみえるが、行かされる人間にとっては、御用済みの扱いで好ましいこととは考えまい。働き甲斐もなくただ時間つぶしということでは、結果は親会社に完全依存となり、負担軽減を狙ってかえって負担増となりかねない。将来の負担増を予測しながらの受け皿会社設立ということは、一考を要するのではないか。

次に、物財による基盤強化である。

会社も生きもの、いついかなる事態に追いこまれるか計り知れない。万一の場合でも、いいわけの許されないのが会社経営である。とすれば、いいわけ無用といわれないために、いかなる場合にも対応できる準備が必要となる。

近年のように内外競争が激しくなるにつれ、利息・配当・処分益などの果実の得られる財産であれば、競争上有利になる。

本書の第七章「社長の財務」で、詳しくその辺のところはのべようと思うが、物財についての基盤づくりも経営者の大切な任務である。しかし、だからといって物財もまた、早期に築こうとすることには賛成しかねる。危険が伴うからである。投機的な土地投資や株式売買は儲けもあるが損もある。この当り前のことが見えず、急いで近道を通ろうとして、かえって遠回りすることになっている。

急がば回れとか。明治時代、横浜の生糸相場、いわば投機に明け暮れた雨宮敬二郎は、後年、東京市電敷設などに活躍したが「蓄財とは急がぬこと」と述懐している。現代の企業にしても、物心両面の経営基盤を強化するには決して急ぐべきではない。着実に、執念深く、根気よく築きつづけることでなければならない。

戦国時代に書かれた荀子《じゅんし》に「驥《き》(駿馬《しゅんめ》)は一日にして千里をゆくが、駑馬《どば》も十日かければそこにつく」とある。

三　衆を養うを先とする

昔から名君といわれる人は、富国、つまり人民を富ますことを先にし、次いで強兵に心がけた。

言志四録に「五穀《ごこく》自《おのずか》ら生ずれども、耒耜《らいし》を仮りて以《もっ》て之《これ》を助く、人君の財成輔相《ほしょう》も、また此《こ》れと似たり」（五穀は自然に生ずるが、人が鋤《すき》で助けないと立派に実らない。人民も自然に生まれるものだが人君が助けないと立派な民にはなれない）とある。

三国志の雄、蜀の劉備は八年間に五回もの大きな遠征をしている。並の指導者なら、国は乱れ人民は苦しみ、内部分裂を起しそうなものだが、それらの記述は残されていない。諸葛孔明という名参謀をえて、よほど治世に心したのではないか。また西漢の創立者である劉邦が、功労者の報賞に際して、内政の責任者である蕭何《しょうか》に、第一等の賞を与えたことは既にのべたとおりである。

このように、衆を養うことを先にして、しかもそれらの中から強兵を養っているのである。

現代の企業においても、大企業に飛躍しようとする者は、まず、人材を求め、育てることに重点をおいている。新入社員の学力・知力に大きな差があるとは思わないが、五年十年とたつ間に大きな差がついてくる。導き方の巧拙《こうせつ》である。

先輩に甲乙つけ難い能力者が二人いた。一人はまことに厳しい人であったが、後輩の教育に熱心で、面倒をみることも惜しまない。もう一人は、能力はあったが、お気に入りの部下を集め、それに君臨して得々としている人であった。いずれも常務の地位にあって、実力者として自他ともに許していた。

その結果をみると、前者の薫陶《くんとう》を受けた者の大部分は役員に昇進しているが、後者からの役員は五指に足りない。

前者の教育は極めて厳しかったが、将たるべき人間を育てるための教育であった。そのため、その部下もそれなりの勉強をすることになる。後者につく者は、勉強よりも、いかにして先輩の意にそうことができるかに腐心している。私は前者に従う一人だったが、夜学を卒《お》えて挨拶に出向いたとき「これから何を勉強するつもりか」ときかれ、「毛筆習字を始めました」と答えたところ、「そんなことはどうでもよい。鉛筆一本で仕事をする人間を志せ」

と一喝されたことがある。

また「活字を読まず行間を読め」といわれて面食っていたら「そこにあるものは誰にも見える。将来現われるものを見る習慣をつけろ」と教えられた。時勢洞察、先見力を養えという意味である。

そうかと思うと「君にも必ず退職ということが来る。退職後、現職時代より収入が減るようであったら、現職中怠けていたと思え」。これは三十才代に言われたことである。

さらに、取締役に就任した五十才のときである。「役員になったら、平素は昼行燈《ひるあんどん》でもよいが、公事に一旦緩急《かんきゅう》のときは自分を捨ててそれに当れ」、などなど記憶に新しい。

それらの教訓はいまも私の心に生きている。言志四録ではないが、上に教えられなければ、生まれながらの人間でしかない。教えられたから人並になっている。しかし、それだけでは先輩の恩に報いることはできない。これを自分の後輩に、より良くしてゆずるのが任務といえるのではないか。

社長は能力に優れ、やる気十分だが、従う者がはなはだしく劣るということでは、エンジンばかり馬力が高くてもタイヤがパンクしているに似ることになる。

ある会社の社長が交替し新社長は「社員教育など費用ばかりかかって効果がない」といっ

ているという。目先の小損を惜しんで、将来の大損を招くようなものだ。たまたま、その会社で講演する機会があり、前職時代の経験から話しだした。

「私が銀行の課長時代、昭和三十年頃の話である。新時代に対応すべく銀行の組織・制度を全面改正するため、プロジェクトチームが編成された。私がそのチーフを命ぜられたが、まず手をつけたのが行員の研修制度の確立であった。当時の金融界では、全社的な研修制度などというものがなかった頃だから、職員組合を中心に反対もあった。なにごとにも反対はつきもの、『人材教育なくして銀行の将来はない』と反対を押しきった記憶がある。

それから数年たち、業界の草分けとしての研修制度が定着した頃に、頭取室に呼ばれた。頭取自ら経費予算の審査をしているところであった。当時は節約合理化の徹底がさけばれ、審査というよりは削減といったほうが正しい。

『どうだ、このとおり一律十%の削減だ。これを見たまえ』といって一覧表を見せてくれた。見ると、行員研修費まで例外なく削ってある。そこで恐るおそるいった。

『研修費だけは削減しないほうがよいと思います。仮に年一千万円節約しても十年で一億円、半分税金で消えますから社内留保されるのは五千万円。これを年十%に運用したところで年五百万円の利益を生みだすに過ぎません。削減しないで、五千人行員の頭脳貯蓄をすれば、その利益ははかり知れないものがあります』

『それもそうだ。これは削らないことにしよう。しかし、これを減らさないことにすると、削減予定額に達しない。どうしたものか』

しばらくして頭取、『名案がある。君の月給、ボーナスをなしにすれば、いくらか補足できる。どうだ名案だろう』。

まさか、タダ働きはさせまいと思ったから『結構です』といって引き下がった。トップの人材教育の熱意を知って嬉しく思ったものである」と。

次に銀行からある会社に移ってからの話を続けた。

「新入社の日、社長から『私は技術屋だから、人事、財務など一般管理部門を任せたい、よろしくたのむ』といわれた。翌朝出勤してみると、課長会の幹事がきて、今朝課長会があるから新任の挨拶を願いたいと突然いわれた。そこで、『昨日社長から人事も任された。課長の皆さんの頭の中が空になったら部長にすることを約束します。挨拶はこれだけです』と話した。十秒ぐらいであったろう。

後刻、そのわけをききにきたから言った。『現在もっている能力を押さえ抱えして課長の地位を守ろう、としている課長に課長の資格はない。自分の能力のすべてを部下にゆずれ。

ゆずれば頭の中は空になる。空にするほどの者は空にしっ放しということはない。次により優れた能力をえて、それをまた部下にゆずるだろう。こうして上司部下とも切磋琢磨して成長することになる』と話しておいた。

それから二年ほどたってからである。人事部長から相談を受けた。

『A課長は最近かすんで見えるようになった。課次長がめきめき能力を発揮するようになったからだ。この際A課長を閑職に回し、次長を課長に抜擢したいと思うがどうか』というものである。

きくと、A課長の能力が落ちたわけでもなく、他の課長と見劣りするようになったわけでもない。課次長の能力が優れてきたからだ、という理由である。

『それでは結論をだそう。課次長を課長に抜擢することには大賛成だが、A課長は閑職とするのは反対だ。むしろ、他部の部次長に昇格させるべきだ。それに、かすみもしない何十人かの課長は逐次閑職にして新進の抜擢に努めてもらいたい』と話した。

理由をきかれたので『A課長は自分より優れた部下を育て上げた能力と功績がある。昇格は当然である。他の課長は、部下を育てていないから自分がかすんで見えないだけだ。課長の資格はないといえるだろう』と話した。

『与えられた権力を乱用するよりも、与えられた権力を行使しないほうが悪徳である』といった人がある。部下の非を諭《さと》し、導く、賞罰を公平にするなど上に立つ者、つまり権力を与えられた者の任務、言い換えれば、権力者の最高の任務は己より優れた部下を育てることにある。それを怠ることは、権力を行使しない悪徳管理者といえるのである」。そして「部下後輩の指導は社長命令で管理職全員であたれということである」とつけ加えた。その社長はどう受けとめたか。

本書の各所でのべているが、私は、何から何まで人材育成に結びつけてきた。企業の公共性とは、人材育成をもって第一とする、とさえ考えているわけである。

さて、ここで私なりに考えていることがある。その前に曲学阿世《きょくがくあせい》の故事を紹介しておこう。

前漢五代の武帝《ぶてい》は天下の賢良の士を求めた。

まず詩人の轅固生《えんこせい》を呼び出した。固生は九十才にもなっていたが帝のお召しに感激して遠路出てきた。

だが、剛直な老爺にこられてはエセ学者たちにとっては煙《けむ》たくてたまらぬ。帝に思いとどまらせようと悪口をいい出したが帝はこれを抑えて登用した。

そのころ、固生と同じ山東の生まれの少壮学者の公孫弘《こうそんこう》も召されていた。孫弘も、このおいぼれ爺《じじ》いぐらいに思っていたが固生は気にもせず、あるとき、こう語った。

「学問の道が乱れ、俗説が一般化している。このまま放っておいたら由緒ある学の伝統は姿を消すことになるだろう。貴公は若いが好学の士ときいている、どうか正しい学問を十分に勉強して、世におし広めてもらいたい。決して自分の信ずる学説を曲げて、世の俗物どもに阿《おもね》ないように」。これが〃曲学阿世〃のいわれだが、孫弘も固生の立派な人格と、その学識、それに節を曲げない心に感じ入り、無礼を詫びて弟子入りしたということである。

いまでも、働くことや、勤倹が悪徳視されたり、浪費が美徳とされたり、はなはだしくは人格までが無用視されている。

ことに近年では、わが国古来の美風までが海外からの非難攻撃などによって損なわれようとしている。これは、海外の他力依存から出た安易な考えや羨望からのものである。つまり、わが国の美風を損ねることによって優位を取り返そうとしているかのようである。皮肉に考えれば美風を霧消しようとする謀略でもある。いわば曲学阿世でしかない。

そこで、いいたいことは、社内教育にあたっても、海外の負け犬のいいぶんを、まともにきいて後輩を育ててはならない、ということである。

四　人は用い方

「群小人《ぐんしょうじん》を役《えき》して以《もっ》て大業《たいぎょう》を興《おこ》す者は英主《えいしゅ》なり。衆君子《しゅくんし》を舎《す》てて而《しこう》して一身《いっしん》を亡ぼす者は闇君《あんくん》なり」（多くの平凡な人を使って大事を成した人は英邁《えいまい》な君主である。多くの優れた人を捨て用いずわが身を亡ぼした者は愚かな君主である）。

言志四録にある言葉だが、現代でも、平凡な人を能力者に育てたり、人事管理を巧みにして大成している人も少なくない。また、天下の能者、知者をかり集めてはいるが用いることができずに一敗地にまみれている人がある。

能者を集める能はあっても用いる能がないからである。

だいたい人間のうち、どうにも始末に困るものは全体の五％ぐらいだろうといわれている。ということは、教え方、仕向けかたによっては九十五％は役立つ人間ということになる。また、当初は無用の人間と思っていた者が有用な人材になることもあるし、用いる人の引き出しかたが悪かったため、能力の発揮できないでいる者もある。

中国戦国時代の故事である。

趙《ちょう》の国は大国秦の大軍に包囲され、首都邯鄲《かんたん》も鼠一匹銭刀三十枚の値を呼ぶほど食糧に窮し、城の運命もここに極まらんとしていた。こうなっての生きる道は、他国の援助を受ける以外にない。

そこで王の一族である平原君《へいげんくん》が楚の孝烈王《こうれつおう》に救いを求めるため出発することになった。平原君は前にもふれたように常に三千人の食客を養っていた。その中から二十人を選んで同行させようと考え、十九人は選べたが残り一人選びあぐねていた。

そこへ毛遂《もうすい》という男が「ぜひ自分を」といって自薦してきた。平原君は驚いてきいた。

「あなたは、ここへ来て三年たつというが、賢士というものは、あたかも、錐《きり》が袋の中にあるようなもので、すぐ、きっ先を外に現わします。それなのに三年もいるのに人の噂にものぼっていないということは、たいした才能がない、といえるのではないか」。毛遂は「もし袋の中に入れて下さっていたら、錐《きり》の柄《え》まで突き出ていたでしょう」（嚢中《のうちゅう》の錐《きり》の故事）。

こうして毛遂は一行に加えられた。先方へ着いて楚王との交渉が始まったが難航していつ決まるかの見当もつかない。

一同からうながされた毛遂は、手を剣の柄にかけながら階段をかけ上がり「半日もかかって決まらないとは何ごとですか」と叫んだ。

孝烈王《こうれつおう》の怒りにもひるまず「王がお怒りになるのは楚の大兵力を後にしているからでしょう。しかし、この場は違います。王と私の間は十歩に過ぎず、大兵力は役立ちません。王の命は私の手にあるといえます。それに、大国の楚たるものが、むざむざ秦の風下に立とうということ自体不可解な話。同盟を勧めるのは趙のためというより、楚のためである」と。

孝烈王もなるほどといって盟約を承知した。こうして趙は危機を脱したのである。

毛遂は同行の十九人に言っている。「公等《こうら》碌碌《ろくろく》たり。所謂《いわゆる》人に因《よ》りて事を為《な》す者なり」（おまえさんたちは、そこらに、ごろごろしている石ころのようなもので何の役にも立たない。いわゆる人の力にたよって事をなすだけの人間である）。

人を見る目を誇っていた平原君は毛遂にこう言って兜をぬいだ。

「毛先生には大変失礼致しました。先生は一度楚に行かれただけで趙の国威を〝九鼎大呂《きゅうていたいりょ》〟より重くしました。毛先生は、〝三寸の舌を以て百万の師よりも彊《つよ》し〟というべきでしょう。これからはみだりに人物評をしないことにします」と、毛遂を絶賛するとともに自らの人物を見抜く力のなかったことを恥じたという。

九鼎大呂《きゅうていたいりょ》とは古代中国に伝わる天下の名宝のことで、九鼎は夏《か》の禹王《うおう》が九州（当時の中国全土）から銅を献上させて造った鼎《かなえ》で、夏・殷《いん》・周三代に伝えられた。大呂は、周の祖先の廟《びょう》にあった大鐘で、その音が大呂という音階であったので名づけたという。天下の名宝も、国難を救った口先三寸には勝てなかったということである。

現代の企業においても、磨けば玉になる人もいるはずなのに社長に見る目がなく、磨いてみようとしない。用いれば袋から柄まで突き出すような人材かもしれないのに、袋の中に入れようとしない。人材不足を嘆いて宝の持ち腐れに気づいていないのではないか。

かつて関係した会社に技術者だが進歩の止まってしまった者と、事務屋だが、これも力の限界を思わせる中年男がいた。会社へ何をしにきているのか見当もつかない。

この人たちに女性一人を加え、分社経営移行を機会に独立会社を建てた。業務は用品の仕入れ、販売で、会社の消耗品、小物器具などが扱い品である。現金仕入れ、現金販売。薄利多売、いわば大きく儲けるより、早く売る方が収益を増やす道となる。その日、その日の利益がわかる。自分たちの月給やボーナス一ヵ月分の経費を、今月は二十日で稼ぎ出した、十日で稼ぎ出した。今月は来月分まで儲けた、という具合に自分たちの努力も評価できるため働き甲斐も出てくる。従来は他の稼ぎで自分たちの給与を賄《まかな》ってもらっていたものが一年後には、すべてを自分たちの稼ぎで賄い、現在では社内積立を増やすほど稼いでいる。居候扱いされていた者が、居候をおく身分になっている。当時私は言ったものだが、ハサミとバカは使いようによって切れるというが、切れるハサミも使える人間もバカが使うと切れなくなる、と。

人間、全くの例外を除いては使えない人間というものはない。どうも役に立たなくなったから窓際に移せ、受け皿会社へ転席してしまえ、と軽々しく言うべきではない。そういう人間こそ先に追い出されるべきなのである。

世に無用というものはない。無用の用、という教えもある。

五　二卵《にらん》を以《もっ》て干城《かんじょう》の将を棄《す》つ

昔の人は、戦いに勝つためには飼いならされた馬に乗るより野生馬に乗れ、と教えている。なれた馬は乗る人の思いのまま動くが、野生馬は荒々しく何をしでかすかわからない。しかしそのぐらいの荒々しさがなければ、矢玉の飛び交う戦場に突入していくことはできない。

人間も同じこと。泥にまみれるのを恐れる者、べからず主義で教育された無難な者は、目立った失敗や欠点のない分、行動力は鈍く、感度はさらに鈍い。一方、個性をむきだしにして荒削りな者は失敗する危険もあるが思いきった発想・行動をするものである。

ところが、そうした個性的な人間はとかく危険人物視される。なるほど可もなし、不可もなし、温厚篤実人間からみると、危なっかしくて信用できないかもしれない。一つの大きな功よりも小さな過失を恐れるからである。

前職時代の上司に、二十余年間無事故運転をつづけていると自慢している人がいた。ところがご本人は殆んど自分で運転したことがないのだから無事故で当り前、過失もなければ成功もないということで、別に自慢にもならない。怪我をするくらいの子供の方が頼もしい、とよくいわれたものだが、多少のやんちゃをし、少々の失敗をしても、なすべきことを成せることの方が大事ではないか。

関係していた会社の社長から、取締役の人選についての相談をうけた。

ある営業所長を取締役に抜擢したいのだが、問題があるという。

「この出張所長は先年、下取り商品を売って交際費に使い、罰俸《ばっぽう》処分を受けたことがある。額も小さく、使途も明瞭だったが、帳簿記入を怠った、という誤りであった。そういう人間を子会社といっても取締役にすることは、という理由で一部に反対者もいるが、どうしたものだろう」というものであった。

そこで私はこう答えた。

中国の故事に「涙を揮《ふる》って馬謖《ばしょく》を斬る」がある。これは三国志に出てくる蜀《しょく》の劉備の軍師、諸葛孔明が将来の大成を楽しみにしていた馬謖を軍律違反ということで斬った故事である。馬謖の過ちによって蜀は一時窮地に陥ったほどの大罪であったからだ。

その所長がむかし犯した過ちを理由に「馬謖を斬る」にならって取締役抜擢を拒否するか、それとも「二卵《にらん》を以《もっ》て干城《かんじょう》の将を棄《す》つ」という故事に従うか。

孟子の師にあたる子思《しし》が衛《えい》に仕えていたときである。子思が苟変《こうへん》という男を将に取り立てようとした。衛公は「あの男は下っ端役人のころ領民から鶏卵二個を物納させて飲んでしまった者だ、そういう人間を取り立てることには反対する」という。

そこで子思が言った「聖人が人を用いようとするときは、丁度大工さんが木を選ぶように短いのは捨て、長いのを選ぶ。長ければ数尺の朽ちたところがあっても削り取ってしまえば使えるからだ。いま君は、この戦国の世に、卵二コのために国を守る大黒柱ともいえる将を捨てようとしている。こういうことは隣の国に聞かせてはならない」と。

過去の小さな過ちを根に思うか、それとも忘れてしまうか、いずれかでしょう。人事は社長の権限です、私は助言だけにしておく、とその判断をお任せしたわけである。

翌日、社長は出勤するなり「昨日のことは卵二つに決めました」といってくれた。その卵二つの彼は現在、子会社の代表取締役として立派な成績をあげている。

部下を容れる心が大きいほど部下もまた大きく育つものである。

関係した会社が分社経営を実行した。創業三十年足らずの若い会社が二年の間に四十人の代表取締役、百二十人の取締役をどうして選んだか、よほど不思議に思ったのかよくきかれたものである。分社経営をテーマにした講演会などで必ずといってよいほどこの質問が出た。

「二百人の社員のなかから百二十人を選ぶのは困難だが男女一千二百人の社員のなかから選ぶので全く困難はなかった」

「能力、体験不足、若過ぎたり、役員としての条件に欠けたりの者も多かろうに」

「完全無欠な取締役を選ぼうと考えては百年たってもできますまい。取締役にしてから勉強して条件を満たしてもらえばよいと考えている」

「若い者に重い責任をもたして危険はないか」

「過ちを犯して会社をつぶしてしまうようなことは万に一つだ。それを恐れては何もできなかろう。危険を冒す勇気を買っているくらいだ。経営者として絶対欠かせないものは部下を信頼することだ。

それに、親より子、先輩より後輩のほうが優れていると私は考えている。優れている者を取り立てているだけのことだ」と説明しておいた。

かつて西漢の劉邦が項羽とはげしく覇権を争っていたころ、劉邦が食糧難で窮地に陥って項羽に和睦《わぼく》を申し入れたことがある。項羽がこれを受け入れようとしたが、亜父《あほ》（父に次ぐ者）范増《はんぞう》が、後日に悔いを残す、ここで打ち果たすべしと反対したため、劉邦の居城である滎陽《けいよう》を包囲した。困ったのは劉邦。和睦を申し入れて、味方の無力を敵に知らせ 加えて 籠《ろう》城《じょう》に追いこまれ、落城を待つばかり。

このとき、劉邦の知将、陳平《ちんぺい》は考えた。項羽が強いのは、范増がいるからだ。両者の間を割けばよい。そこで、楚軍の中へ間者をやり、ひそかに「范増は功賞に不満で項羽を怨《うら》んでいる」というデマをとばさせた。

項羽は、これにあわて、范増に内密に講和の使者をよこした。

陳平は漢の首脳勢揃いで、この使者を歓迎し、最高の料理を使者の前に出し、丁重に言った。

「亜父はお元気ですか」と。

使者たちは、主君、項羽の使者としてきたのに臣の范増のことをきかれ、意外に思った。

「私たちは項王の使者としてきたのです」と。

すると陳平は、わざと、これは、しまったといわんばかりに驚いたふりをして「亜父の使者とばかり思っていたのに項羽の使者だったのか」といって、一度出した料理を片づけさせて粗末な料理と取りかえさせた。そして自分たちもその座を外してしまった。

まんまと、陳平の策に引っかかった項羽は、使者の話をきくと、范増に与えていた権限を奪ってしまった。

このとき、激怒した范増は「天下の大勢は定まったも同然です（天下を得る者は敵の劉邦と決まった）。これからは、王自身でなんでもおやりになることです。私は骸骨《がいこつ》を乞《こ》うて、民間に、うずもれることに致します」と申し出たとある。

現代でも、辞職する際「自分の一身は主君に捧げたものだが、そのむくろを下げ渡して下さい」という意味で〝骸骨を乞う〟といっている。

項羽は、かくして、唯一人の知将を失なって次第に滅亡への道を歩みつづけることになる。

部下を容れる心のない狭量な将は、いかに、智・勇に優れていてもいずれは孤独になるものである。

六　厳しく育てる

「可愛い子には旅をさせよ」とは昔からよくいわれていることである。
山河を渡渉《としょう》し、時には食わず、眠るもかなわず、寒さ暑さに耐えるなど苦難を乗りきる体験は、教科書や人の口からは得られないことである。

「体験こそ学問」の教えも同じで、一頁の経営書をも読まなかったであろう人が大成し、万冊の経営書を読んだ人が失敗している。前者は体験からすべてを学び、本物の動き、人の心まで見抜く微妙な神経を養ったのに対し、後者は、時の変化・人の心・出方などの微妙な点を教科書から学べなかった。ここに大きな差が出てくる。

言志四録に「凡《およ》そ遭《あ》う所の艱難変故《かんなんへんこ》、屈辱讒謗《ざんぼう》・払逆《ふつぎゃく》の事は、皆《みな》天の吾才《わがさい》を老《ろう》せしむる所《ゆ》以《えん》にして、砥礪切嗟《しれいせっさ》の地に非《あら》ざるはなし。君子は当《まさ》に之《これ》に処する所以を慮《おもんぱか》るべし。徒《いたず》らに之を免《まぬが》れんと欲するは不可なり」（我々が出会う苦・悩み・変事、恥辱などの困りごとのすべては、神が自分の才能を老熟させるためのもので、自己形成の資である。これをどう克服すべきかを考えることが大切で、決して避けてはならない）とある。

西郷南洲の詩ではないが「幾度か辛酸《しんさん》を経て志始めて堅し」のように、辛酸の積みあげがすなわち大成、ということになろうか。

言志四録にこうも書いてある。「艱難《かんなん》は能《よ》く人の心を堅《かと》うす。故《ゆえ》に共に艱難を経《へ》し者は、交《まじわり》を結ぶも亦密《また》にして、竟《つい》に相《あい》忘れるに能《あた》わず。糟糠《そうこう》の妻は堂《どう》より下《くだ》さず、とは亦此《またこ》の類《るい》なり」(艱難は人の心を堅固にする。したがって艱難を経てきた者は人と交わりを結ぶにも、緊密で互いに忘れることはない。糟糠の妻は堂より下ろさず、もこの類である)。

私の二十才のときに立てた生涯信条に「厳しさの挑戦」を加えたが、当時の私には、親から残された借金のために、別に挑戦しなくても厳しさを余儀なくされていたわけである。借金を完済して土地の権利書を債権者からとり戻し、先祖の仏前に供えたとき、母が涙を拭《ぬぐ》いもせず「これでご先祖に申しわけが立った」と一言。これをきいて、人生の最高の喜びを知ったものである。もし楽を先にして土地を売り、借金苦から逃れていたら、この感激を味わうことはできなかったろう。

ふりかかる困難を避けて喜びはない。また、単に切り抜けただけでは平凡な喜びにしか過ぎない。最高の喜びとは厳しさを自ら求め、これを克服したときにある、と知らされたわけである。

会社経営にあたって、この最高の喜びを、社員にもぜひ味わってもらいたい、厳しさに挑戦して強く逞《たくま》しくなってもらいたいと念じて、「厳しく育てる」ことを実行してきた。

関係した会社で、無借金経営をたてた際、財務部長に二つの厳しい目標を指示した。一つは、五ヵ年計画の期間内に必ず無借金にすること。期日よりたとえ一日遅れても許さない。そのときは部課長の肩書きを返上してもらう。

二つは、返済にあたり見合預金に手をつけないこと。返済金に窮しても、預金を崩して返したのでは部課長は不要だ。定期預金が満期になれば郵送しても銀行は相殺してくれる。郵送ですむような仕事に部長や課長はいらない。部課長たるもの他に返済資金を求めなければならないという、厳しい注文をつけたわけである。

結局、借金は二年半で完済し、預金はむしろ増えている。しかも、返済に全力投球し、生産期間の短縮からあらゆる経費の節約まで全知を傾けさせることによって部課長の能力も大幅に向上することになった。少しの憐れみも求めず、与えず、まさに鬼となって再建を果したが、安易を求め厳しさを避けて有終の美は飾れないものである。

同じ体験をさせるにも、厳しさに挑戦させることが肝要といえるのではないか。

とかく部下に何かを体験させようとするとき温情が先立つものであるが、これはかえって情のない仕打ちとなる。言い換えれば部下に将来の苦を与えることになる。

この話は主従ではなく父子のことである。

中国の戦国時代、趙の国に歴戦の勇将の誉れの高い趙奢《ちょうしゃ》がいた。その子趙括《ちょうかつ》は若くして兵法を学び天下広しといえども右にでる者なし、というほどになった。

あるとき、この父子で兵法を論議したが、父はやりこめられて一言の反発もできなかった。これをそばで見ていた括《かつ》の母が「少しは褒めてやったらどうですか」といった。それに対し趙奢は「〃兵は死地なり〃（戦いというものは命がけである）。括はこともなげに論じたてているが実戦の体験がない。あれが将来趙の軍を率いるようになったら趙は滅亡するだろう」といった。

果たして父が予言したとおり、趙括が総軍を率いて秦と戦ったとき一戦で四十五万の兵を失ない趙を危地に陥れたという。括の体験のない生兵法《なまびょうほう》が災《わざわ》いとなったのである。

体験のない者には臨機応変の知がでない、勇もでない。これらの知、勇は学問からは学ぶことはできないのである。

現代でも、スポーツ選手、ことに力士はからだで覚えよといわれる、手とり、足とり、口移しにしても微妙な変化に瞬間に応ずる術を会得させることはできないからである。

エジソンは「天才とは、九十九％の汗と一％の霊感」といっている。天才は天性ではなく体験から生まれるといえよう。

前職時代私は、あれもするな、これもするなという教育をやるな、それはノミのサーカス教育だといったことがある。ノミにサーカスを教えるには透明の器にノミと栄養食を入れる。ノミは元気になり、外へとび出ようとするが器に妨げられて出られない。しまいには、あきらめて跳ばなくなる。それからサーカスを仕込むという。形式・体面だけのべからず教育によって画一人間を造っていては、本当の厳しさに挑戦する人材は育たない。

アメリカの著名な商業コンサルタントは、アルバイトで稼いだかねで居酒屋を飲み歩いた体験のほうが学校で学んだよりも役立っているといっている。

基本は学問から学ぶことができるが、応用は体験から生まれてくることを知っておきたい。自らも部下も、厳しさに挑戦し、挑戦させ、その体験から次の飛躍を学んでほしいと思う。

七　赤心《せきしん》を推《お》して人の腹中《ふくちゅう》におく

「恕」相手を思いやる、といっても、恩着せがましかったり、私欲がからんでいるようであってはむしろ逆効果になるだろう。それが自然で、企《たくら》むところがなければ相手は心から感激することになる。

たとえば、部下を叱る場合であっても、部下の非を直してやろうという真心があって叱るのと、部下を憎む心があっての叱りでは相手にはすぐわかる。もし、非を改めるものであれば、その場限りで終り、あとまでつづくことはない。また、叱られた者が逃げ口もない、いいわけもできないほど追いつめることもない。信長は怨みを後に残して光秀に殺されている。街道一の親分清水の次郎長は人前で子分を叱ることはなかった、という。

前職時代のトップは厳しく、雷の落されない者はなかった。しかし、思いやりの怒り、雷は落すが、そのあとは夕立が去ったような爽《さわ》やかさであった。

ある夕方、外出しようとしているトップに出会った。「○○支店長をさっき、どなりつけたが、いまじぶん悄気《しょげ》ているだろうから慰めに行こうと思って」という。

トップが、わざわざ慰めに行ったら、落ちた雷の効き目もなくなりそうだが、実はこのほうが効き目も高まる。思いやりに感激するからだ。

また、先輩常務と席を並べていたときである。

「いまトップに頭が上がらないほど怒られてきた。なにしろ、扇子《せんす》で机を叩きながら怒るので扇子がバラバラになってしまった」

ところが翌朝、トップの部屋から出てきた先輩常務の顔はニコニコ顔。わけをきいたら「新しい扇子を買ってきて、いま届けにいったら〝もう一度、バラバラにできるね〟といって大笑いしていた」という次第。心にくいまで相手の心を見通している。

ある部へ行ったとき部長が若い社員を叱りつけている。「貴様のような人間を生んだ親の顔がみたい」とまで言っている。後で私は部長を戒めた。「私が、部長を、そう言って叱ったら、どう思うかね。部下を叱るのに親まで引き合いに出すことはない。どうせ出すなら、親を褒めるがよい。『君の親は、そういう教育はしていないはずだ』といったら、親の立場を良くすることになる」。

菜根譚に「人の悪を攻むるには、はなはだ厳なることなかれ、その受くるに耐えんことを思うを要す。人を教うるに善を以《もっ》てするに高きに過ぐることなかれ、まさに、それをして従うべからしむべし」(人の悪を責めて善をさせるのにもあまり厳しすぎてはならない。その人が心から服し、実行できるように心がけなければならない)とある。

ところが、トコトンまで追いつめてぐうの音も出なくする者がある。

楚の項羽が部下から見放された理由の一つは峻烈《しゅんれつ》な〝怒〟にあったようだ。

項羽に従ったことのある劉邦の臣韓信《かんしん》が項羽を評して「項羽が怒ると、そこにいる家臣はみな恐怖にかられ、ひれ伏してしまう。しかし彼は部下に任すということを知らない。部下を信頼できない者は、いかに威厳を現わしても、一凡夫の勇で大事はできないものです。また、項羽は表面、礼儀正しく、人の悲しみには涙も流します。ところが部下が大功をたてても賞を与えることをためらいます。あれは、婦女子の情けに過ぎません。そのため私は項羽を見限ったのです」と主である劉邦に告げている。項羽はこの韓信に亡ぼされているのである。いわば、相手の立場も考えない怒りが身を亡ぼしたともいえよう。

「父《ちち》の道は当《まさ》に厳中《げんちゅう》に慈《じ》を存《そん》すべし、母《はは》の道は当に慈中《じちゅう》に厳《げん》を存すべし」(父は厳格の内に慈愛。母は慈愛の内に厳しさがなければならない)。言志四録にある文句だが、職場などでの指導も、これであれば部下も反感を抱くことはない。

「赤心《せきしん》を推《お》して人の腹中《ふくちゅう》におく」は、真心を相手の腹に押しこむ、という意味である。

後漢の始祖劉秀《りゅうしゅう》（光武帝）が銅馬《どうば》の諸賊を討ち、ことごとく降服させた。しかし、部下諸将のうちには果たして心から降服したかどうか信じ難いと考える者があるし、降参した諸賊もこれからどうなるのか不安でならなかった。

そこで劉秀は降《くだ》った将兵を各自の陣営に帰して整列させ、その中を武装もせずに馬に乗り悠々《ゆうゆう》と巡視して回った。これを見て、降服した連中がいうには、「蕭王《しょうおう》（劉秀のこと）は自分の真心を他人の腹の中に推し込んで、少しも疑っていない。どうして、この人のために、死力を尽くさずにおられよう」と。

これは、相手の心を推察し不安を解消させた、いわば、相手の立場になった効果である。こうして劉秀は賊将までも心服させ天下統一に成功したのである。

昔、殷《いん》の始祖湯王《とうおう》があるとき外出すると、猟師が鳥や獣を捕える網を四方に張りめぐらして神に祈っている。「天より降り地より出で、四方より来るものは皆、わが網にかかれ」と。

これを見て湯王は「やれやれ、四方八方からくるものをことごとく捕えたら、すっかり捕り尽くしてかわいそうだ」といいながら、その網の三方を解き放して、改めて神に祈った。

「左へ行きたいものは左へ行け、右に行きたいものは右へ行け。それもいやで、せっかくの私の思いやりを受けないものは、止むを得ない、わたしの網にかかるがよい」と。

これを伝えきいた諸侯は、「湯王の深い愛情は人間のみならず、鳥獣にも及んでいる」と。これら諸侯は、湯王の深い愛情を知っていたので、湯を補《たす》けて、夏の桀王《けつおう》を亡ぼし、殷《いん》の国を建て天子の位についてもらうことにした、と十八史略にある。

湯の徳が無言で諸侯を率いた、ということになる。

現代の組織内でも、怒り、叱るなど過ぎた権力をふるまって部下を腐らせ、前進ラッパをふいている人がある。どれほど高くふかれても勇みたつ人はなかろう。

八　情に過ぎれば

情《なさ》けは人のためならず、というが情《じょう》に竿《さお》させば流されるともいう。要は、情というものは必要だが過ぎてはかえって仇《あだ》となる、ということである。

かねに苦労をした人間は、かねに困っている人への同情心が仇となりやすい。私も乞《こ》われるままに、かねを用立てた時期がある。憐れみを乞う言葉に、つい釣りこまれてしまうからだ。ところが貸したが最後、音沙汰なしが大部分。返さなくて済ましているのだからさぞ裕福にしているかと思うと、その多くは依然その日暮し、貸したかねが役立っているのであれば生きたかね遣いとなるが、ドブに捨てたも同然である。むしろ貸さずにおいたほうが相手に役立ったかもしれない。

同じようなことが、企業についてもいえないか。たとえば、部下の欠点・失敗を訓戒するとき、気を悪くしては、自信を失なっては、失敗しようとしてやったわけではないからと思いやって欠点をそのまま残し、かえって本人のためにならないということが多いようである。部下に対する過ぎた思いやりは害にこそなれ益にはならない。

だいたい、情に過ぎるといっても心からのものは少ない。部下への思いやりというのは表面で、実は己《おのれ》可愛さ、嫌われたくないいわば八方美人が本音、むしろ公に忠実を欠くといえるだろう。

心からの情がある人間であれば賞罰を公平にして会社のためにもなり、部下の将来にも役立つ手段を考え行なうだろう。

アメリカ駐在の日本商社員が休日に競馬場に行くためスピードを出し過ぎた。警察官に呼びとめられ理由をきかれた。「一番レースに間に合うためスピードを出した」と話した。警察官は「それなら私のオートバイについてきなさい。間に合わせてやろう」といってくれた。なんと親切なことだろう、と思っていた。

競馬場へ着いたらスピード違反の罰金の請求書を出した、という。時間に間に合うように先導してくれたのは親切、情である。しかし法律違反とは別なのである。

要するに上司たる者は部下を思う情に欠けてはならない。しかし情に過ぎてはならない、ということである。

昔、中国春秋時代に五覇《ごは》の一人とされた宋の襄公《じょうこう》が楚の大軍を泓水《おうすい》で迎え撃ったときである。

楚軍が続々河を渡り出したがまだ渡りきれないでいた。目夷《もくい》という仁徳に富んだ側近が「敵は多く味方は少ないのですから、敵陣の整わない今のうちに討つべきです」といった。ところが襄公は「相手の弱みにつけ込むではない。敵の整わないうちに攻めるのは卑怯である」といって攻めようとしない。

敵は河を渡り終えたが、十分陣が整備されていないのを見て目夷は再び攻撃を進言した。「敵の弱点に乗ずることこそ兵法の常」といっても襄公は腰をあげない。奇妙ともいえるほどに聖人君子を気取っていた。やっと敵陣が整うのを見てから攻撃命令をだした。しかし弱小な宋軍はさんざんに破れ、襄公も傷をうけ、翌年には死んでいる。まさに無用な情であったのである。

現代でも、経営責任者は会社を守るのが最大の任務である。最大の情でもある。これを忘れて小さな情にとらわれて倒産した例も少なくない。

「大義親《しん》を滅《めっ》す」という言葉があるが、「大情、小情を滅す」ともいえそうである。

かつて倒産寸前の会社から相談を受けた。一度も顔出ししたことのない名ばかりの監査役をしていた会社であった。

昭和四十九年の正月に創業者の長男が訪ねてきた。創業者が死んでから七年ぶりである。珍しく年頭の挨拶かと思っていたが、帰ろうとしない。用件をいおうともしない。

そこで私から話しだした。「お父さんが亡くなられてから七年になる。そろそろ社長になってはどうか」「父が死んだとき会社の幹部や親戚の人たちが私を社長にといったら、井原さん一人が、学問はあるが体験がないという理由で反対した。それが、いま急に社長になれ、というのはどういうわけか」「昭和四十二年当時は高度成長時代で誰が社長になってもつとまった。しかし、いまは石油ショックで企業環境としては悪い時期。こういうときに社長になれば立派な社長になれると思ったからだ」「わかりました。しかし、いまは、それどころではなく会社をやっていくことが難しいことになりました」。

正月早々容易ならぬことをきいたわけである。

実状は一億余りの繰り越し欠損があり、担保余力はなく追加借入は困難になっている。年末の社員ボーナスは一・五ヵ月で組合と話し合いはついたが一ヵ年の分割払いということで身動きもできないありさま。

それでも、会社を潰すわけにはいかない、なんとかならないでしょうか、ということであった。名ばかりの監査役でも、私にも責任があるし、創業者への義理もある。

その月に七度、その会社へ足を運んでいるが最初に訪ねたとき、年若い社員に話をきいた。「われわれが、ボーナスを分割払いで承知したのも会社を潰したくないからだ。しかし、どうしたらよいかわからない」と真剣に答えた。

中間管理者の何人かも同じように答えている。

そのあとで社長以下役員、幹部社員のいる会議室へ入った。一同が首をたれて通夜の晩のようである。一時間ほど実情説明をきいたあとで「風前の燈火《ともしび》という言葉があるがこの会社の燈火は消えたようなものだ」と言ったところ、顔は青ざめ手を震わせている者もある。

「ただし、これから話す私の話をよくきいて、直ちに実行に移すなら再生する可能性も残されている。それには、まず、赤字を黒字にし、累積欠損を解消して借金を減らすことだ。

そのため、従業員二百名を一年間に限って、再建したら呼び戻すということで、五十人減らすこと。パートを含めた年間給与平均二百万円として五十人なら一億円支出減になる。これで累積欠損の大部分が消えるはず」

蘇生《そせい》の可能性があるといっただけでホッとしたのか「いま人を減らすどころではない、新聞広告して募集しようと思っていたところだ」という声が出てきた。「明日つぶれる会社に人を入れてどうしようとするのだ。人が不足なら仕事を減らせばよい。多品種少量生産も赤字になった原因だ。年商十億が八億円になってもよいから生産品目を思いきって減らせ」「売上げが減っては金繰りがつかなくなる」「減らしたほうが金繰りはつくはずだ。とにかく五十人減らせ」。

「次に、雑費が年七千二百万円、月平均六百万円。このうち月七、八十万円が交際接待費になっている。これで会社を潰したとあっては先代に申しわけがたつまい。月十万円に減額すべきだ」「それではゴルフの接待もできない」「皆さんは技術屋で、接待の意味を知らないらしい。ゴルフを接待された人が、心おきなく楽しいプレーをしてはじめて接待といえる。いまのゴルフの接待をうけて気がねなく楽しめる人がいるだろうか。一億からの累積欠損を隠すことはできても十二ヵ月分割払いのボーナスを隠すことはできなかろう。相手は当社のピンチを知り抜いているはず、それでもゴルフを求めるなら、その会社と縁を切れ。それでも潰れるなら先代も許してくれるだろう」「十万円ぐらいで何をするのか」「昼、夜の来客に弁当を出すのは会社の礼儀でもある」「次の大口支出は宣伝費で、費用の大部分を占めるカタログ代月四、五十万円をゼロにする」「それでは町内会のお祭りの寄付もできない」「それでは月一万円を認める」。このようにして雑費を半分程度に削ってしまった。これを即時実行することが再生への唯一の道だ、と。

ところが、小田原評定《ひょうじょう》に終っていたのか最後の七回目になって実行に移さない。「会社の生死をわけることをなぜ実行しないのか。判断・決断・即断を私は〝三断の勇〟といっている。今晩徹夜しても具体案を作り明朝から実行に移れ」と強くいった。夜十時半にもなっていた。「冷えましたが弁当を」と出してくれた。全員に、その土地では最高級の弁当を、である。「この弁当は、あす潰れる会社の人間が食うものではなさそうだ」といって手をつけずに帰ってきた。

それから一年後の正月四日に二代目が訪ねてきた。

「累積欠損は減ったが、二千万円ほど残ってしまいました」「私の計画では二千万円程の黒字になるはずだった。なぜそうなったのか」。

「五十人の減員といわれたが四十人きり減らせなかった。六十才以上の役職員が十人ほどいるが、父と一緒に苦労してきた人だし、いまは、残業をしても残業手当は払えるようになるまで取らない、といっている。それに、分割払いのボーナスを納得させてくれたのも、あの人たちだ。せがれの私から辞めてくれとはいえなかった」

「それはいいことをしてくれた。あなたは、お父さんの気持ちをよく引き継いでいる。お父さんは厳しい人だったが情深い人だった。葬儀のとき僧侶の読経の声がきこえなくなるほど大声で泣き出した女子社員のことを知っているだろう。

昭和三十年の不況のとき親に死なれたその社員が社長のところへ前借りにきた。社長は奥さんの晴着を質入れして届けた。それを後でその社員が知って感激していた。それが社長との別れに爆発したわけだ。その老社員に退職を強いなかったことは結構なこと、累積欠損を残したことを責めるより、辞めさせなかったほうが嬉しい」

「あなたは、生涯社長をやるだろうが、去年一年間の経験を生涯つづけるがよい」

帰るときつけ加えておいた。私は監査役を辞任すること、再び私と会わぬことの二つであった。つれない仕打ちのようであるが、依存心を絶たせるためであった。

以上の話からも真の情、過ぎた情がわかるのではなかろうか。

九　功労者の処遇

生者《しょうじゃ》必滅は世の常、幼あれば老あり、就職あれば退職のあるのも常である。

会社にしても、入っては去り、去っては入る人たちによって保たれている。しかも、手数やかねのかかる幼時は親や国に任せておいて、一人前に働けるようになってから会社に入れて働いてもらう、働けないようになったら定年退職という制度のもとに追い出す。人間のいいところだけを吸いとって経営しているのが会社といえるのである。もちろん、法人税などの形でその代償を払ってはいるが、見方によっては虫のいいやり方といえるだろう。

近年のように人生八十年、働ける期間も長くなると、定年を延長するなど、それなりに救われているわけだが、それでも定年で去る人間にとっては淋しい限りである。

ここでいいたいのは、会社に功のあった者には、会社の恩人としての心遣いをしてはどうか、ということである。言い換えれば、長年の功労者を決められた退職金を払うだけで無縁者扱いしてよいものか、ということである。

従業員の中に、一家で二代、三代と続いて勤務する会社がある。その会社の創業者は無一物で山林業から出発して、いまに残る大会社を築いた人だが、部下を思う心が並ではなかった。

一例が、従業員の立派なお墓である。創業者の墓も立派だが、ともに働いてくれた従業員の墓がこれまた立派である。つまり、功のあった者には死後も、それに報いた。それが子や孫にまで、感謝として伝わっているといえるのである。だから昔の大名に仕えた家臣のように忠勤に励むのである。

第二の会社で、功労のあった定年退職者のために特に一室を設けてもらった。退職後に功労者が会社を訪れたとき腰をかける場所もないということでは申しわけない、専用の机と椅子のある部屋を設けるべきと考えたからである。

それに対し社長は「それでは、なにか肩書きをつけ月々手当を出すことにしよう」といってくれた。退職した人に、さらに会社の仕事に役立ってもらおうということではない。在職の人たちが、退職者へのこういう処遇を知って悪く思う者はいない。会社、そして社長の心を知り、より精進することが大事なのである。

また、分社した後に、各社の代表取締役を前に、こう話したことがある。

「まだこれからの会社だからすぐ制度化するわけではないが、無定年構想をもっている。社内で、定年まであと何年と指折り数えている人を見るほど哀れに感ずることはない。定年その日に退職辞令と退職金を渡し、形ばかりの送別会を開いて、はい、長い間ご苦労様というだけで、企業が高令化社会の義務を果したと考えるならこれほど冷酷なことはない。

定年が迫るにつれて働く意欲が落ちるのでは、相互のマイナスである。定年後も、再就職運動もせずに働くことができるなら、定年不安は解消するだろう。そこで、新工場を建てるとき、貸工場用のスペースを設けてもらいたい。退職者に工場・設備を貸し、請負仕事をしてもらう。販売担当者が定年になれば、歩合販売をしてもらう。事務担当者には、委託で決算事務や事務処理をしてもらうようにしたい」と。

いかにも社員のことばかり考えているようであるが、いずれは会社に大きく、好ましくハネ返ってくるのである。

昔、中国後漢の光武帝は「柔らかなものが、かえって強いものを挫《くじ》き、弱いものが、かえって強いものを挫《くじ》く」と兵法にあるが、自分も柔の道をもって天下を治めようと思うといって、戦争の話さえ慎んだという。

また帝は、建国の大業に功労のあった臣の老後を安楽に過ごさせるために、二度と戦争に関係させず、ことごとく諸侯に封じ、立派な邸宅に住まわせ、政治も三公に責任をもたせ、功臣には政務をさせないようにした。つまり、戦争で戦死させたり、政治で失敗し失脚させないようにしたわけである。そのため功臣、諸将は、晩節をけがさず名誉を全うし、無事に生涯を閉じることができたという。心にくいばかりの思いやりである。

社員の定年日だけは間違わずに、退職辞令と規定どおりの退職金を渡し、長い間ご苦労といってあかの他人になる、どこかの社長とは大きく違っている。

光武帝は、中国史上随一の名君として現代でも評価されているが、その理由の有力なものは、功労者に、功労者としての名誉を最後まで全うさせたことにあるといえるだろう。

前述したように、私は、関係した会社で分社経営を実施した際、無定年制度をとり入れようと考えた。六十才の定年を過ぎた人でも功のあった者にはひきつづいて働くことのできる制度である。これも功ある人に報いる道であると考えたからである。

十　水清ければ魚棲《す》まず

「水至って清ければ、則《すなわ》ち魚無く、木直《ちょく》に過ぐれば則ち蔭無しとは政を為す者の深戒《しんかい》なり」

（水が清いと大きな魚は棲《す》まなくなり、木が直立に過ぎると日蔭ができない。政治もきれいすぎると人は集まらない。これは政治をする人＝指導者の深い戒めである）と言志四録にある。

人間社会でも神のように厳正にふるまう人には近寄り難い。論語から抜けだしてきたのではないかと思われる人と話しても肩ばかり凝《こ》り親しみが全くでてこない。人間味に欠けるからだ、時には、バカ・冗談の一つもいえる人には親しめてくる。

これは企業マンにとっても必要なことでジョークほど相手をなごませるものはない。人柄もわかり、疑いもなくなってくる。相互の心も自然に通うようになる。

その昔、アメリカの銀行業界を視察したとき、ある銀行の人事担当副社長の話をきいた。三十分の説明の中に三回ほどタイミングよくジョークを入れる。話もわかりやすく、楽しみながらきくこともできる。聞く人の立場を考えた話術である。

「当行の女子行員のうち三分の一は一年間に退職していく。私は人事については多くの権限を与えられているが、彼女たちのおなかの大きくなるのをストップさせる権限までは与えられていない」

なぜ退職していくのか質問をする必要はない。ジョークが説明になっている。

私事だが、交渉の行き詰まりをジョークのやり取りで切りぬけたことがある。

輸出価額交渉で初めて中国北京へいったときである。こちらは値上げしたい、先方はされては困る。過去の交渉はかけ引きがはなはだしかったからいわば相互不信であったためか、腹の探り合いで一致点が見いだせない。一日目は平行線、二日目に無言の行になったときであった。相手の責任者が突然、こういい出した。

「井原先生は花木園芸が趣味だときいているが、日本にどのくらいの土地を持っているのですか」ときかれた。相手は私の土地面積をききたいわけではない。話のきっかけを得ようとしているに過ぎない、と考えた。

そこで「土地は持っていますが、中国の領土よりも狭いので話にもなりません」。これで爆笑となり、交渉はとんとん拍子に進んだことがある。

翌年の交渉のときである。価額交渉も円滑に進み、契約書を書くことになった。私が「今度の契約書には一ヵ条加えていただきたいことがある。それは、当社の製品を一番多く買って下さるのは中国ですが、この一位を子々孫々まで続けるという一条を加えていただきたい」。

中国の責任者も早速「それは承知したが、こちらでも一ヵ条加えたい。それは、昨年井原先生は歓迎会でマオタイ酒の乾杯を十六回したが、これから来中する度に一杯ずつ増やしてもらいたい」と応じてきた。

こうなると疑心など全くなくなってくる。最初から私はかけ引きなしで交渉に臨んでいたがそれでも不信は解けそうもなかったが、ジョークなどで心が解け合ってくると自然に解消してくる。

その翌年だったか「御社の機械は良いが、それでも四千メートルを超えるチベットの高山で使うと若干狂うことがある。狂わないようにしてもらえまいか」と頼まれた。

「早速検討して改善します。そのかわり、中国側でも一つ協力してもらえないだろうか。われわれの希望としてはその高い山を削り取って幾分低くしてもらいたい」と。

このときは通訳のほうが笑いだしてしまって、しばし話が途絶えてしまった。

ジョークが通じてくれば心も通じ合う。人柄がお互いにわかってくるからだ。それ以上に人間味というものがジョークのなかから感じとれるからである。

会社内でも権力者から四角四面のやぐらの上で四角四面の顔で、四角四面の説教をきかされたのでは従う者は地獄の苦になるだろう。「小言《こごと》は言うべし酒は買うべし」と昔の人はいったが、時には赤ちょうちんや縄ノレンをくぐるのもよい。ほどよく人間味をふりまくのも相手の肩の荷をおろしてやることになる。つまり、水を幾分濁《にご》らせ、魚のかくれ場をつくってやる思いやりが必要ということである。

「水清ければ」の故事は次のとおりである。

東漢時代のこと、「虎穴《こけつ》に入らずんば虎子《こじ》を得ず」で知られる班超《はんちょう》が西域都護の職を退き任尚《じんしょう》がこれに代わることになった。任尚は先輩の班超に都護としての心得をききにきた。それに答えていうには「あなたの性質は、厳しく、性急のようでもある。水清ければ大魚なしというように、あまり細かくては、住みにくいといって住民にきらわれます。寛大、緩やかに治め、なにごとも簡単、わかり易くしたほうがよろしかろう」と。きいた任尚は知人に「前任の班超さんは長い経験もあることだから普通の人では気づかないような、立派な策でもきかせてくれるかと思っていた。あんなことなら誰でも知っていることです」ともらしたという。そう言った任尚は次第に西域諸国とうまく解け合わず失敗してしまった。

前にものべたが前職時代のトップは扇子を叩いてばらばらにしてしまうほど激怒することもあるが人間味もあった。私が課長時代、命を受けて特別任務につき、それを果たしたあとの慰労会を開いた。宴も酣《たけなわ》のとき突然トップが酒持参で入ってきてねぎらってくれた。

しばらくして階下へ降りたトップが私を呼んでいる。「三百円貸してくれないか。いまパチンコをやろうとしたらかねがない。自動車の中においてあるが運転手が食事にでもいったらしい」。

翌朝わざわざ私の席まで三百円を返しにきた。私が利息は、と冗談にいった。「借りたかねでパチンコやっても出ないものだ。利息は勘弁しておけ」と哄笑《こうしょう》しながら出ていかれた。幾日かあとでトップに会った。「きのうは結婚式の帰りにパチンコやったがダメだった。モーニングじゃパチンコは出ない」。閻魔《えんま》顔も恵比寿《えびす》顔に見えてくるから不思議である。

かつて子会社の代表取締役を決めるとき一人の社長候補者に異議が出された。あの男は、どことなく釘《くぎ》が一本抜けた感じがするので代表には不適当、という理由。そこで私がいった。「私のように二本抜けては不適格だが、一本ぐらい抜けているから最適ではないか」ということで押し切った。その代表、子会社の業績ではいつも五指に数えられている。

釘でビシッと締めつけられているよりも一本ぐらい抜いてある人のほうが上下の意思も通じるのである。

十一　権限のゆずり方を間違うなかれ

権限委譲には経営上きわめて深い意味がある。

その一つは、企業の責任者の管理の限界にある。限りある力ですべてを行なうことは困難で、規模が大きくなるにつれて行き届かない点がでてくる。当然に新天地を開拓する余裕もなくなり、時代の変化に対応する暇さえなくなる。すべてが中途半端になり、部下の統率もできなくなる。

よく企業規模が一定水準までいくと行き詰まったり、衰退していくことがある。また、最高指導者が、過去の実績を誇り、自分一人の能力に頼って気鋭の才能を得なかったため他の後塵《こうじん》を拝せざるをえなくなった例も多い。

時代は進み、企業規模は大きくなるが、独裁者は老い、能力・活力も衰えてくるということでは人後に落ちるのはむしろ当然である。

その二は、部下が育たない、ということである。

私は、権限委譲の最大目的は後継者の育成、人材教育にあるとしている。

会社経営の目的が、組織の活性化と人材育成にあることは、すでにのべたところだが、分社して任せれば、与えられた権限を果たすためにも自ら学ばざるをえなくなる。

課長が子会社の代表取締役になると、本社の課長であれば、自分の課の業務に精通すればこと足りるが、代表となれば経営全般を学ばざるをえなくなる。責任の自覚が、親がかりのときとは雲泥の差になるからである。

人材教育の場を特に設けなくても、権限委譲そのものが人材教育となる、ということである。

権限を委譲することは、いかにも自分の権限が縮小されるかのように考えがちだが、部下に任すことで度量ある上司としての尊敬が得られる。任すことのできない者は小心、臆病のそしりをまぬがれまい。また、己より優れた部下を育てる上司としての最大の任務を怠っていることになるだろう。

前職時代、私は幹部役職員に「われわれには定年退職もあれば天命ということもある。しかし、会社の寿命は永遠でなければならない。限りある人間が限りない会社の寿命を維持する道は、己より優れた後輩を育てあげるだけである。そのためには、それぞれがもつ能力のすべてを部下にゆずれ、次に仕事をゆずれ、魂もゆずれ、最後に会社の財産をゆずれ」といってきた。

会社を退くとき子会社の代表会で挨拶して、突飛《とっぴ》もないことから話し出した。

「唐の詩人、李白は〝酒を把《と》って月に問う〟と題して、こう詠んでいる。〝白兎《はくと》薬を擣《つ》いて秋また春、嫦娥孤棲《こうがこせい》して誰と隣《となり》せん、今人、古時の月を見ず、今月曾経《かつ》て古人を照らせり、古人今人流水《りゅうすい》の如く、共に明月を看《み》て皆此《かく》の如し……」（月の世界では白兎が春、秋を通じて薬を擣《つ》いている。嫦娥《こうが》――夫の仙薬を盗んで月に逃れたという伝説の女性――がただ一人そこに住んでいる。今の人は昔の月を見ることはできないが、今の月は昔の人をも照らしていたのだ。古人も今人も水の流れるように流れ去りつつ、みなこのように月を見ていたのだ……）。

さて、去ろうとしている私が、この詩から話しだしたわけは幾つかある。

一つは、月は昔から地球を照らし、将来も変わることはなかろう。しかし、時代は進歩して止むことを知らない。昔も今も人間に変わることはないが人知は進んでこれにも終着駅はない。

たとえば、飛行機が開発されて実用化されるまで十四年、テレビジョンは十年、宇宙通信衛星は五年とスピードアップされている。自動車が四十年を要したのに比べれば、その変革の著しさに驚く。将来の進歩はさらに加速されるに違いない。つまり、進歩の激しさを認識してもらいたい。

二つに、皆さんは販売会社の代表であるが、ここで最高の任務を認識してもらいたいということだ。

販売会社の最高責任者であれば、売上げを増やし、年々業績を高めることが最高の任務と考えているだろうが、最高の任務の上にある任務を忘れては困る、ということである。

いま月の話をしたが、ソ連が人工衛星を打ち上げてから十二年後に米国は月着陸に成功している。近く日本人が乗った衛星が打ち上げられることになっているが、それに乗せる健康管理機の一部は当社開発の機械である。機械が宇宙まで上げられるわけだが当社がそれほど高く飛躍するためには、現在のわれわれの能力では及ばなかろう。みなさんが、部下をみなさん以上に優れた人材に育てあげることによってはじめて可能になる。

ということは、みなさんの最高の任務が人を育てることであることを知るだろう。そのためには、みなさんは本社社長の絶大な信任をえ、一社経営の権限を与えられたが、皆さんも可能な限り部下に権限をゆずりなさい。ゆずることは獅子《しし》が子を谷に蹴落《けおと》すにたとえられるが、それでこそ子は逞《たくま》しく育つものである、と話した。

さて、この項の終りにのべたいことは、トップが権限を委譲するにしても、一人の部下への全権委任は避けるべきではないか、ということである。

韓非子は、一人の部下に任せることは危険であるとして次の話をのせている。

史上の名君として知られる斉の桓公《かんこう》が、国政の最高責任者として、これも名宰相といわれた管仲を用いようとして重臣に語った。

「管仲に国政を任せたいと思う。ついては賛成する者は門の左側、反対な者は右側に並んでもらいたい」

それぞれ並んだが、東郭牙《とうかくが》という重臣は門の真ん中に立った。

「真ん中に立った理由はなにか」

「管仲は天下を経営するほどの知謀をもっていると思いますか」「そう思っている」

「それでは、管仲は大事を任せられるほどの決断力をもっていると思いますか」

「思っている」

「それでは申しあげます。管仲は天下を経営するほどの知謀と、大事を処する決断力のもち主。それに国政の実権を与えようとしておられる。そうした能力のあるものが、国王の権勢を借りて、この国を治めれば、公自身の地位が脅《おびや》かされることになりかねないでしょう」

桓公は、これで、国の政治は管仲に、朝廷内の政務は隰朋《しゅうほう》にまかせ、国政を二人に分担させた、という。

といって任せる者が複数であれば、それでよいともいいきれない。次のような例もある。

秦の始皇帝は、丞相《じょうしょう》の李斯《りし》と側近の趙高《ちょうこう》に後を託し、太子の扶蘇《ふそ》を位につけるよう遺言して死んだ。しかし、李斯《りし》と趙高《ちょうこう》は、遺言を無視し、弟の幼い胡亥《こがい》を立てて皇帝にした。賢い扶蘇を皇帝にするより、凡庸《ぼんよう》な胡亥を立てたほうが、あやつりやすかったからだ。

胡亥は帝位につくと「朕《ちん》は天下のあらゆる快楽を尽くして一生を送りたい」といったというから一物ある者にとっては、まことにもって御《ぎょ》しやすい。

趙高はこれに答えて「まことに結構なお考え。それには法を厳しくし、刑を苛酷にし、法の恐ろしさを知らしめるのが第一。第二に旧臣を全部除き、陛下の好きな者を重く用いれば、それらの者は身を粉にして政治に励みますから安心して楽しみつづけることができます」と。

こうして趙高《ちょうこう》はライバルの李斯《りし》を殺し、先帝以来の功臣、忠臣を殺して丞相《じょうしょう》に登り、実権を握った。そうなると皇帝の地位が欲しくなる。

しかし、宮廷の臣たちがどう考えるか、胡亥《こがい》に味方しているのか、自分についているかを確かめなければならない。

そこで趙高は、ある日、鹿を皇帝に差し出し「馬を献上致します」と口上をのべた。胡亥は笑って居並ぶ家臣に向かって「これは鹿か馬か」と尋ねた。馬と答えた者は自分の味方、正直に鹿と答えた者は胡亥の味方として区別し、鹿といった者を記憶しておき、無実の罪をきせて殺してしまった。それのみか、趙高は胡亥まで殺し、扶蘇の子である子嬰《しえい》を秦の三世とする。ところが、趙高はこの三世に殺され子嬰は劉邦に降《くだ》り、そのあと項羽に殺されている。始皇帝から三代、十五年で滅亡しているが、突きつめれば悪臣趙高に後を託したために、滅亡を早めたともいえるのである。

現代でも、任せる人を選ぶことは極めて難しいことで、誤ることのない人選びもトップの重要な任務といえる。

十二　社長の自覚

三国志に登場する三雄、曹操《そうそう》、劉備《りゅうび》、孫権《そんけん》は、いずれも将の将たる人物であるが、学ぶべきではない共通点がひとつある。

その一点とは、後継者づくり、である。

魏の曹操の後を継いだのは曹丕《そうひ》であるが、二人の実弟を窮地に追いやるほどの狭量人物。蜀の劉備玄徳は地位を息子の劉禅《りゅうぜん》にゆずったがその器といえず、呉の孫権の子は相続争いを起している。親の責任か子の怠慢かは別として、いずれもその責を果たしていないといえる。

現代の企業にしてもトップの座にある者の最高の任務は後を継ぐ者を育てることにある。これを私は駅伝競走の選手にたとえているが、一人の失格選手が現われても、チーム全体が負けとなるか、失格となるはず。過去にどれほど輝かしい成績をあげつづけてきたとしてもすべて無になるだろう。

永遠に企業の生命を保つためには一人の選手の失格も許されない。社長たる者はこの自覚を強くもつべきだ、ということである。

中国の歴史をみても、夏《か》は名君禹《う》によっておこり、十七代四百余年にわたる長期政権を保ったが桀王《けつおう》の悪政により民心を失なって殷《いん》の湯王《とうおう》に亡ぼされている。その殷も、三十一代、六百二十九年の長きにわたったが紂王《ちゅうおう》の悪虐無道の政治が災いして周の武王に亡ぼされている。

いずれも代々名選手がつづいたため長期政権を保つことができたが一人の失格者が現われ

たための断絶である。

史上まれにみる強国といわれた秦は三代十五年の短命、後の隋《ずい》が三代三十七年で終っている。早々に失格者が現われたからである。

わが国でも豊臣は二代の短命、徳川は十五代三百年の長期。この差も名選手が出現したかどうかによって定まっているのである。

いまの企業にしても、人命には限りがあるが、企業の生命は永遠でなければならない。限りある人間が限りない企業の生命を保つためには、後継者をより優れた選手に育てることを欠くことはできない道理。そうした意味から、現職社長の最高の任務は後継者育成にあり、としたわけである。

現社長が子を後継者に選ぶ例は多い。決して非難すべきではない。代々の蓄積を子にゆずることはむしろ当然といえるだろう。

しかし、これは無条件で許されることではない。

前記の三国志に出てくる蜀の劉備は、死に臨んで、補佐役ともいえた諸葛孔明に後を託し「子の劉禅《りゅうぜん》が後を継ぐにふさわしい、と考えたら継がせてもらいたい。もし、任に耐えないと判断したら、貴公が後継者となって国を治めてもらいたい」といい残している。内心はどうか計り知るよしもない。親として当然子にゆずりたいと願うだろうが、国を守ることは公であり、子を思うことは私である。私事をもって公事を害すことは許されない。

孔明は劉禅が君主の資格なし、と知りながら劉禅を補佐しようとしたが病に倒れ蜀漢《しょっかん》は亡びることになる。

以上から、ここでいいたいことは、事業を子にゆずるなら、後継者に相応《ふさわ》しい人物に育てるべきだ、ということである。

事業と財産をゆずればよい、と考えるほど無責任なことはない。企業経営者たるの能力と魂をゆずれ、ということである。相続税など恐れるに足らない。恐るべきは無能な後継者なのである。

賢明な経営者は子を後継者と定めた場合、社員以上の厳しさで教育し、社員から、親の七光的に見られないように努める。言い換えれば、あの二代目ならあとについていけるといわれるほどの能力者に鍛えあげるのである。親の威光で地位を得ている後継者に心から服する者はないからである。

よく、二代目、三代目が企業の危機という。

二代、三代目は創業者より近代的な学問も終え、築かれた有形無形の財産もある。創業者の無とは全く違い、恵まれているはずである。にもかかわらず、なぜ危機が忍びよるのか。一言でいえば、心の緩みである。二、三代目がこの緩みを起さぬよう、心を鍛えてやることが先任者の任務といえるだろう。

唐の太宗《たいそう》の故事に「創業守成《そうぎょうしゅせい》」がある。

唐の始祖太宗が、重臣たちにこう下問したことがある。

「創業と守成といずれが難きか」（業を始めるのと、それを守り存続させるのとではいずれが難しいか）と。

これに対し重臣の一人、房玄齢《ぼうげんれい》は答えた。「天下は乱れ群雄を攻め破って降服させて天下を統一するのですから創業のほうが難しいと思います」

しかし、魏徴《ぎちょう》はこう答えた。

「昔から帝王の位を艱難《かんなん》の間に得て、これを安逸《あんいつ》の内に失なっていますから、守成のほうが難しいと思います」

太宗は、これをきいて「玄齢は自分とともに百死に一生を得るような思いで天下を得たので、創業の難しさを知っている。魏徴は自分とともに天下を治め、驕奢《きょうしゃ》は身分が高くなったり財産ができることから生じ、禍乱《からん》はものごとをいい加減にするところから生ずることを知っている。すなわち守成の難しさを知っている。もはや、創業の難しさの過ぎたいま、守成の難しさを知って、諸公とともに慎もう」と。

この太宗の二十三年の治世を貞観《じょうがん》の治《ち》といい、次帝の高宗の永徽《えいき》の治《ち》、玄宗の開元《かいげん》の治《ち》とともに初唐三代の治といわれ後世の鑑《かがみ》とされたものである。

徳川家康が三百年の基礎を築いた施政の手本としたのは太宗の貞観政要《じょうがんせいよう》といわれている。このような名君も人の子。太宗は東征を諫められても聞かず、次第に奢侈《しゃし》にながれ、三代目高宗は自分の妻の則天武后《そくてんぶこう》に背かれ、六世の玄宗は楊貴妃《ようきひ》の色香におぼれ、安禄山《あんろくざん》の反逆から城を捨て成都まで落ちのびている。

この悲しみを詠んだのが杜甫《とほ》である。有名な句があるので参考に書いてみる。題は「春望《しゅんぼう》」として、

「国破れて山河在り、城春にして草木《そうもく》深し、時に感じては花にも涙を濺《そそ》ぎ、別れを恨《うら》んでは鳥にも心を驚かす、烽火《ほうか》三月《さんがつ》に連なり、家書万金《かしょばんきん》に抵《あ》たる。白頭《はくとう》を掻《か》けば更に短く、渾《すべ》て簪《しん》に勝《た》えざらんと欲す」（国都は破壊しつくされたが、山や河の姿はもとのままであり、長安城にはまた春が巡ってきて草木は青々と繁っている。この変わりはてた時世に感じては花を見ても涙をそそぎ、家族との長い別れを悲しんでは鳥の声にも心を驚かせる。戦いのノロ

シは三カ月もつづいており、家族の便りは万金に値するほど待ち遠しい。心配のあまり、しらが頭を掻けば、短い毛ばかり残っているだけで、いまでは冠を支えるかんざしもさせなくなってしまった)。

現代でもこれに類した例が少なくない。守成の難しさを後継者に教えることも欠かせないことである。

隆盛をきわめた会社の跡を訪ねてはこの感を味わっている人もあるのではないか。

十三　独走とリレー

十八史略の太古《たいこ》に、天皇氏《てんこうし》の統治期間が一万八千年で、十二人の兄弟が順に同じ年数を治めたと前にものべた。兄弟全部で二十一万六千年統治したことになる。もちろん、神話である。国亡び、人は死んでも山河は在る。次に治める者が現われて絶えることがない。

企業にしても、経営する者は変わっても企業は残る。残さねばならないものである。

しかし、同じ条件で出発しながら、百年もの歴史を誇り、将来一層の発展が期待されているものもあれば、すでに消え去ったものもある。また、過去の繁栄から気息奄奄《きそくえんえん》の状態に陥っているものもある。

また、十年一昔どころか、二代、三代と代は変わり、年を経てもうだつの上がらない向きもある。

この違いはどこから生じてくるか興味ある問題である。

これには、いろいろな要因が考えられるが、私は、五十キロを一人で独走するのと、十人リレーで走るのとでは、どちらが速いか、という発想をしてみた。

本書の第一章でものべたが、中小企業の多くは、二十年、三十年と長期にわたって一人で社長を務める。大企業になると、二年一期として一人の任期は、長くて四期八年程度である。一般的には二、三期、四、六年である。

中小企業の多くは一人で長距離ランナーとなるが、大企業では、新進気鋭の継走者が次々に現われる。もし、独走者が、大企業の継走者と同等の学力、能力を補給しつづけられるなら競走に負けることはない。

しかし、これは言うべくして実行は困難といえる。むしろ体力的にも衰え、補給も及ばなくなる。

一方、先任者から早く引き継ぐ者は、社内から選びに選びぬかれた者で、時代の変化に対応できる能力もあれば、近代感覚にも優れた者といえる。因襲にとらわれることもなければマンネリに陥ることもない。

しかも、後継者に万一のことがあっても、それに代わる者も少なくない。

これでは、企業経営という長距離競走の勝敗は明らかといえるだろう。

そこで、言えることは、もしこの弊を避けるに、一つは、長期独走を考えるなら、時代の進歩に遅れないだけの勉強をすることである。

もし、これを厭《いと》うなら早く後継者にトップの座をゆずることである。

己を知って、後継者にゆずるなら、企業にとっては大きな功績を残したに等しい。己を知りながら、権力の座に居すわる者は、企業の発展を阻害した不忠の経営者といえよう。

さて、そうはいっても、ここに困ることがある。それは、己の因襲、時代感覚のズレなど自身の足らない点を知れ、といっても、過去の成功を誇って、唯我独尊《ゆいがどくそん》になり、自分の知恵だけに頼るということである。さらに、己を知りながら改めない者もある。これは、長期滞留病とでもいえるもので不治の病といえる。周囲が知恵を巡らして神棚へあげ、実際の経営から遠ざける以外にない。

ある会社では、死ぬまで社長をやると頑張っている社長を、地方の名誉職に祭りあげたり、ゴルフ会の会長など会社以外の仕事を与え会社の経営から遠ざけて成功した。父の社長は創業者で頑固一徹でまさにワンマン経営者である。長男は、見識もあり近代的経営に徹したいが、父というカベがある。そこで、父の旅行趣味を利用しようと考え、海外視察の名目で旅行に出すことにした。子のほうは、せっせと資料を集め、スケジュールまでたてて父を誘って経営介入から遠ざけた。三年後には長男に経営権までゆずっている。

またある会社では、社長の父の経営がいかにも時代遅れ、さればといって社長退陣を迫るわけにはいかない。そこで、父の胸像をたてた。父も人生のひと区切りと考えて経営を任せてくれるものと考えて。

除幕式の当日、当の父が挨拶した。「社長という権力の座というものは、なかなか去り難いものだが、こうして、銅製の像になってしまうと、経営には手足、口出しはできなくなる。いい退き時をせがれが与えてくれたことは、せがれが経営に自信をもったからだと思う。これからは、だまって見守っているだけだ」と。

あとで、子の二代目社長いわく「子を見ること親に如かず、というが、おやじは俺の腹の中までお見通しだった」。

十四　忙中閑をもつ

人体ほど精巧にできている機械はないというが、機械は機械で長い間使いつづければ、疲れもでるし、故障もするようになる。物を造る機械には感情というものがない。そのため心労ということがない。ノイローゼをはじめ、神経性の病気などは人間特有の病《やまい》である。

その代わり、人間には、それらの病気を癒《いや》す、楽しい、美しいなど、忘我という妙薬がある。

ことに、働き蜂、仕事の鬼などといわれているビジネスマン、とくに企業経営者は、この薬を常備薬とすることが肝要といえる。この常備薬を服用している人は、肉体の疲れはあっても心の疲れはない。疲れれば、すぐ服用して治してしまうからだ。

ある人は、休日ともなれば、魚釣り、盆栽、野菜作り、ゴルフ、散歩など、好きなことに時間を費やす。その間は、それに没頭して無我の境地に入る。頭にあったもろもろの感情は、いずくともなく散ってしまう。碁、将棋に熱中すると親の死に目にも会えぬ、といわれているが、なるほどと思う。

かねを出して魚を釣り、釣った魚は放してしまう。バカなまねをしていると思うが、魚よりもストレス解消という獲物《えもの》のほうがよいのである。

ある大証券の社長（故人）と話し合ったとき「私は休日は一人で海釣りに行くが、船頭さんに、こちらから話かける以外は口をきかないでくれ、とことわって舟に乗る。ほんとうは、海の中の脚立の上で唯の一人で釣るほうがよいのだが」といっていた。船頭さんとでも話しながら釣ったほうが楽しいと思うのだが、全くの孤高の境地に自分をおきたいのである。

果物、しかも南洋果実を作っている人がある。

また、野菜作りを楽しんでいる人もある。

バナナ一本何千円につくのか、大根一本何千円にもつくのではないかと思う。散歩のついでに八百屋さんに立ち寄りしてもよさそうだが、頭脳洗濯代と考えれば大根は一本一万円でも高くはないのである。

前職時代の先輩が、盛んにゴルフを始めろといって奨《すす》める。そのわけをきいたら、君が始めてさえくれればブービー賞がもらえる、といっていた。その先輩は、いくつ叩いたかわからなくなるからマッチの棒を一打一本ずつ右のポケットから左に移すことにしているというから、「ここにマッチの大箱があります」といって笑い合ったことがある。なんといわれようと、それで食うわけではない。食うものを得つづけられる元気を得ればよいのである。

「ゴルフをやるやつは国賊だ」といっていた友人から三年ほどして葉書がきた。「ゴルフをやらずに死んでいくほど人生不幸なことはない」と。よほどご利益があったに違いない。

ある社長は「魚釣りなどやるやつは、よほどのひまな人か、のんき屋がすることだ」と吐き捨てるように言っていた。

それがいまでは、社長室は魚拓《ぎょたく》で飾られている。社員と旅行に行き、釣堀で虹マスを釣ったのが病みつき、いまでは何万円もする竿を何本も持っている、と。

「よほどのひま人になりましたか」とからかったら「忙しいから行くんで、ひまだったら行きませんよ」。

忙しければ忙しいなりに、頭も疲れる。それを一時の閑を得てとり去れば、仕事も能率よく運ぶ。

そのこと私も家にいるときは、朝は野鳥とともに起床し、イワシを必ず食べるから、朝はイワシ定食と決めてある。その後は夕食までフル操業で、読むか、書くか、植木畑か野菜畑へ出る。植木の手入れも季節に関係ない。もっぱら、読み書きに疲れるととび出す。

原稿など熱中して書きつづけていると、簡単な字が書けない。いわゆる、胴忘《どうわす》れというものである。そこを空白にしておくわけだが、疲れがたまってくると空白も多くなる。

ところが、剪定鋏《せんていばさみ》を持って植木畑へ行き、三、四十分間剪定してから原稿用紙に向かうと辞書を見ないで空白が全部埋まる。なんとまあ情けない頭だろうと考える。

現職時代は植木の手入れなど休日に限られる。昼が長くなると、帰って、背広を脱ぎ、作業服に着がえる。よく、芝居の早変わりよりも早い、といわれたものである。

休日に、植木畑にいたら、なにかのセールスマンが近寄り、「井原さんはご在宅でしょうか」ときかれた。こちらは僅かでも時間が惜しい。「ご在宅ではありませんね」といったら、名刺とパンフレットを手渡され「お帰りになりましたら、よろしく」といって立ち去った。あとで女房から異議を申し立てられたが、それほど没頭するわけだ。精神衛生上、没頭ほどの妙薬はない。

それに、翌朝まで前日の、悩み、気がかりごとを残すこともよくない。私は、これを前日の借金といっているが、そうした借金はすべきではない。借金利息以上の負担増になる。

その点私は、先憂後楽主義で悩みごと、困難などは先に始末してしまうことにしている。決済、相談を求められれば即断にし、負担を後に残さない。

それが高じたためか、魚料理を食べるときも、食えない骨など全部取り除いてから食べ始める。先年、家内と二人での夕食を見ていた幼い孫が「おじいちゃんは、おばあちゃんのお魚の骨をとって食べさせている」と母親に話したという。私としては、目ざわりだから二人分の骨を取っただけであるが、孫の目にはそう映《うつ》ったらしい。

活動している人でないと休む楽しみは味わえない。

「世の中に寝るほど楽があればこそ、浮き世のバカは起きて働く」とある。

いかにも怠け者のようであるが、寝るほど楽、といえる者は、働いて疲れた人に限られる。寝る楽しみが味わえることは、働けず、寝ている人よりもはるかに幸せなのである。

近年私のベッドにいる時間は冬は夜八時から朝六時の十時間だがよく眠れる。昔は、五、六時間の睡眠ですんだが八十才近くにもなると疲労の回復が遅いらしい。

そのかわり、昼の仕事中ねむくなることは全くない。これを貧乏性、仕事の鬼とでもいうのであろう。

第四章　果断の勇

一　疾きこと風のごとく

「其《そ》の疾《はや》きこと風の如《ごと》く、其の徐《しず》かなること林の如く、侵掠《しんりゃく》すること火の如く、動かざること山の如く、知りがたきこと陰《かげ》の如く、動くこと雷霆《らいてい》の如し」（軍を動かすにあっては、攻めるべき時は、はやてのように敏速に行動し、動けば不利とみれば林のように静止し、攻めるには火が燃え広がるように動き、行動しないときは山のように不動の陣をしき、敵に動勢を知らせぬときは陰のようにかくれ、いったん動けば雷のように行動するものである)。

武田信玄の旗印「風林火山」で知られるこの文句は、孫子の兵法(軍争篇)にでてくるが、正と奇、静と動の組合せを現わしたものといえる。また進・退・休・止を現わしているともいえよう。

さて、攻めるか守るか、行くか帰るか、止まるか潜《ひそ》むか、その機に臨《のぞ》んで決断し行動しなければならない。それには果断の勇を必要としている。決断をためらって時を失なえば負け、正しく決断すれば勝つ。

秀吉は信長の訃報《ふほう》をきくや、間髪をいれず毛利と和を結び、備中から十三日目には戻って明智光秀を討っている。毛利側は信長の訃を知らず切歯《せっし》扼腕《やくわん》したという。秀吉の先手勝ちである。

また、秀吉は柴田勝家と戦ったときも、勝家側の佐久間盛政の軍が味方の中川清秀の軍を破ったと聞くや、盛政の軍隊が自分の陣地に戻る前に、秀吉はこれを攻めて勝っている。その攻めるとき秀吉は馬上から百姓たちに、後から兵隊がどんどんくるから握り飯を食わせてやってくれ、と叫びながら走ったという。

こうした、時に応じ変に臨んでの思いきった行動は判断、即、断行の勇気がなければできない。

信長もまた、今川義元を襲うとき「人生五十年、下天のうちにくらぶれば、夢、まぼろしの如くなり、一度生を得て、滅せんものはあるべきか」と謡曲を歌い、舞って一騎出城したという。死を決して時を争ったのである。

現代の企業間戦争では人の生死を争うことはないが、それに次ぐ名利を争うもので、経営者にとっては死闘にたとえられよう。人命を失なうことはないが名誉と財を失なう、いわば生ける屍《しかばね》とされる。経営とは死地なり（会社経営は命がけである）と前にのべたが、死地のなかに凱歌《がいか》をあげるには知と勇は欠くことのできない必須条件といえるのである。

にもかかわらず、現代経営者のなかには人格に優れ、創造性に富み、財力がありながら勇気に乏しいものが多い。私心を捨てることができないからである。あるいは自信に乏しいからのいずれかである。

また、せっかく判断しながら行動に移しかねている者がある。判断、決断しなかったのと同じで結果は得られない。

結果の得られない経営者は「経営は結果なり」に従えば経営者としての資格に欠けるといえるだろう。

「論語読みの論語知らず」は「論語を読んでも行なわなければ論語を知らないのと同じ」ということであるが、いかに、経営学を学び、通じていたとしても、これを行なって成果を得なければ、通じていないのと同じである。

よく会社などにも、名論卓説をのべて行なおうとしない者がある。勇気がない、自信もないのである。

「生兵法《なまびょうほう》」という言葉がある。未熟な武術、なまかじりの知識という意味だが、つきつめると勇気が伴わないことといえる。生兵法は怪我《けが》のもと、といわれているが、ためらいが怪我のもととなることが多いからである。

経営の失敗にしても、あのとき、こうしておくべきだったとか、こうしておけばよかったと後悔している。また、歌の文句ではないが、こうすりゃ、ああなるものと判っていながら後に悔いを残す。なかには、判っていいたんだが、やれなかった、という人がある。判っていなかったのと同じなのである。

経営者ばかりでなく、サラリーマンも勇気のない者は高い地位につくことはできない。

若いうちから窓際に座らせられる人、補助的仕事きり与えられない人の大部分は行動する勇気に欠けているもので活力ある組織のためには用なし人間なのである。

こうした中には御身ご大切人間も少なくない。なにごとをするにも、責任逃れから考える責任回避族は、管理職の風上《かざかみ》にもおけない人種といえる。受け皿会社でも始末に困る存在だが、上がこうした臆病にとりつかれていると部下も、ただ平穏無事に一日が終ればよいということになる。

かつて私の息子が、ある会社に入って一年ほどして言うには、「上司がいつも責任追及を恐れてか、こうしては自分の責任になるからやめろ、ああされては責任問題だ、という。小心翼々《よくよく》としていては何もできなくなりそうだ。上に立つ者が、これでいいのだろうか」と。

読んでいた夕刊の余白に、「無蓋《むがい》の柩中《きゅうちゅう》に座《ざ》せ」と書いて、こう説明した。

「新米のお前が気がつくようでは、幹部の多くが責任追及を恐れているのだろう。正しいことではないが、新米が口出しするのはまだ早い。ただ、自分がその立場になったら、決して責任を恐れるな。無蓋《むがい》の柩中《きゅうちゅう》に座《ざ》せ、とは要するにフタのない棺桶《かんおけ》の中に座れ、という意味だ。棺桶の周囲と底の板は、法律、人間常識、社是社則のことで破ることは許されない。棺に入るのは一人だけ。入ったら死ぬ覚悟で目的に挑戦する。自分が果たしたことに対する責任は自分一人でとる。

ただし棺にフタはしない。これと信じたことは勇をふるって実行する。主張すべきは主張し、思いきった創造を行動に移す攻撃姿勢に自己をおくためである。他の批判や責任追及を恐れてはたいしたことはできないものだ」と話した。

そばで聞いていた女房、「入社早々のせがれを棺桶に入れなくてもよさそうなもの」というから、「これは男の度量をつけるためにたとえたもので、別に縁起の悪い話ではない。清水の次郎長の子分の桶屋の鬼吉が敵方へ果し状をもっていくとき、棺桶を背負って行ったという話がある。行けば敵は鬼吉を血祭りにあげるだろう。だから棺桶を用意して行った。しかし、鬼吉は斬られずに任務を果たしている。相手もその度胸にのまれたからで、その棺桶には男の度胸が入っている」と話した。

二　果断《かだん》の勇はどこから

「果断《かだん》は義より来《きた》る者あり。智より来る者あり。勇より来る者あり。義と智とを幷《あわ》せて来る者あり。上《じょう》なり。徒勇《とゆう》のみなるは殆《あやう》し」

（思いきった決行は、人間として当然行なうべき正義からと、知恵から生まれるもの、勇気から生まれるものとがある。正義と知恵と合わせたところからでる果断が最もよく、いたずらに勇気だけの果断には危険が伴う）と言志四録にある。

なるほど、義にかなったことをする場合、知恵を加えて、そのやり方を上手にすれば、誰はばかることはない。正々堂々と決行できる。また、そのため失なうことがあっても誰もとがめだてすることはない。従って思いきって行なうことができる。

昔、司馬温公《しばおんこう》が幼少のころ、水の一杯入った大瓶の上で子供が遊んでいて、瓶の中に落ちた。見ていた大人たちはどうしたらよいか判らず騒ぐばかり。そのとき温公は、ためらいなく石で瓶を割り、落ちた子供を助けたという。割れた瓶を惜しむ者はなかったろう。

「義をみてせざるは勇なきなり」というが、当然行なうべきことを知っていて行なわないのは勇気がないからである。しかし勇気だけはあっても、中にとび込んでともに溺《おぼ》れては徒勇に終り、瓶を割るという温公の知恵がなければ、正しい果断にいたらない。

現代の経営者が果断の勇をふるうにも、この義と知恵が必要といえよう。

第二の会社に入って早々驚かされたことは、会社の業績不振もさることながら、労使の激しい対立である。私も経営陣の一人として入った以上、組合の幹部にひとこと挨拶をと、会見を申し入れたところ、凄《すご》い剣幕《けんまく》で拒絶してきた。近隣からも〝赤旗会社〟の異名をつけられているだけに、労組が経営陣に強い不信感をもっていて、ストがひっきりなしの状況であった。

私が入社すると、早速、内外にアジビラが貼られ、工場のカベに電柱に私の似顔絵が目立つ。ビラにいわく、「ケチを追い出せ」「ハゲケチを追放せよ」などの迷文句。出勤する社員に入口で労組幹部がビラを渡している。見ると私の悪口が一面に出ている。効き目があるとでも思っていたろうが、私としては闘志をかりたてる妙薬としていた。業績不振の原因のひとつとして、この労使対立がある以上、こうした人間を恐れて再建などできないからだ。

だいたい労使の対立は相互不信にある。加えて経営者に毅然《きぜん》たる経営姿勢がない。いわばバカにされていたのである。労組の不当な要求をハネのける勇気がなかったのである。

「義に刃向《はむ》かう敵はない」といわれているが、義に背けば味方も敵になる。義に従えば敵も味方になる。義の強さはここにあるのである。経営者として会社の危機から脱出をはかることは〃義〃である。

そこで私は、労使の相互不信をなくするために、経営側には、組合の諸要求に対しかけひきなしに最大限の回答をすること、その後は、いかなる追加要求にも断固、応じてはならないと指示した。ヘタな腹のさぐり合いをやめ、義にもとづいて、従来の不信感をなくすことと、経営者としての毅然たる態度を示すためである。

最初のうちは真意も理解されず、ストも一層激化し、会社が一歩でも譲歩しない限り無期限スト突入は必至ということもしばしばあった。

無期限ストになれば、会社は潰れると会社幹部からも迫られたが、その度に私は「会社が給料払っていたから貧乏会社になったのだ。ストになれば給料は組合が払うことになっている。できるだけ多く組合に払ってもらえ」といって組合から咬《か》みつかれたこともある。組合指向で動いている幹部社員の顔を会社に向かせようとしてのことであった。

また「当社はストをやらなくとも潰れる会社だ。潰れてもともとだ」と公言して物議をかもしたこともある。

さらに態度で示すことも必要と考え、スト中だったが、年末休暇のある日、専門職に頼んで工場の最も高い場所へ大きな日の丸の旗を掲げてしまった。誰がたてた、というから、「赤旗だけでは殺風景と考えた天の神がたてたのだろう、そうでもなければ、あんな高いところには立てられまい」と言っておいた。

これらにしても、勇気のない者からみれば、向こう見ずな振舞《ふるまい》、頑固すぎると思うに違いない。しかし、会社発展の道をふさぐ者を取り除く〝義〟であると考えれば、むしろ当然といえるだろう。労組の要求に対し、なんとか削ろうということではない。現状からみて最大限を回答しているわけで神明に誓ってやましいことはないのである。やましくないからこそ勇気がでてくる。

不況を克服するために、ゼイ肉落しを徹底しようという場合、社長が率先して合理化、節約に徹して会社を守ろうとするなら、社員も、その義に感激して協力するだろう。もし社長が、自分の財産、所得を守るためのものであったとすれば協力する者はなかろう。

三国志に出てくる劉備玄徳《りゅうびげんとく》は、人民の安泰という大義名分を掲げ賢臣勇者もよく従い、人民も親しんで一方の雄の座を保った。義に従っていたからといえるだろう。

ところが、勇将、関羽《かんう》が呉に討たれたときは、周囲の反対を押しきって仇討《あだう》ち戦《いくさ》を挑んで大敗している。劉備と関羽は義兄弟の間柄というが、これは私事に過ぎない。私事に公の軍を動かしたことになる。これでは勝味がない。

「敬は勇気を生ず」（尊敬の一念から勇気が出る）と言志四録にある。敬は己を慎み、人を敬うことであるが、敬の深い人には味方が多い。敬はまた義に通じ、刃向かう敵はない。天下無敵となれば恐れるものはない。これが自信となって勇を発することになる。

維新の倒幕にしても、最も威力を発揮したのは薩長の勇士でもなければ新鋭兵器でもない、錦の御旗《みはた》ではなかったろうか。幕府側は、義に背いた弱味によって倒れたといえよう。

現代組織の運営にしても社長が、真剣に会社の発展にだけ全力投球しているものと、なおざりにして、他の仕事に傾いているものとでは大きな違いが出てくる。同じ規模で同じことをやっているものでも差がでてくる。義に共鳴する社員の度合が違ってくるからである。

三　果断を求めるなら自ら示せ

いまでもよく使われる言葉に「虎穴《こけつ》に入《い》らずんば虎子《こじ》を得ず」がある。

後漢のはじめ「漢書」を著した班彪《はんぴょう》の子として生まれた班超《はんちょう》は二人の兄妹とともに清貧の

家に育った。家計を助けるため役所勤めをしていたが、なんとか手柄をたてて世に出たいと考えていた。

そして、西域の鄯善《ぜんぜん》という国（楼蘭《ろうらん》）を屈服させて手柄にしようと同志三十六人とともに出かけた。

最初のうちは鄯善王の広《こう》も大国漢の使者ということで手厚く遇《ぐう》してくれたがある日突然待遇が悪くなった。鄯善は西域交通の要衝《ようしょう》にあり、匈奴もつねづね支配下に狙っていた。われわれには秘しているが、匈奴の使者がきたに違いない。早速、壮士の一人にさぐらせてみると想像どおり。

そこで班超《はんちょう》は同志三十六人を広間に集め、ことの次第を告げて宴を張った。

「このまま手をこまねいていては鄯善の術中におちいり、匈奴の国に送られ、狼《おおかみ》の餌食《えじき》にされるだろう。〝虎穴に入らずんば虎子を得ず〟。匈奴の宿舎に火を放って夜襲をしかけよう」ということで宿舎に火を放った。そして三十六人、鼓をならし、鬨《とき》の声をあげて突入し、数倍の敵を皆殺しにしてしまった。このため、鄯善までが屈服してしまったという。

後に班超は西域政策に多くの功を立て西域総督に昇進している。果断の勇がもたらした功といえるだろう。

次に三国志を飾る故事に「赤壁《せきへき》の戦い」がある。

三国志は、魏《ぎ》の曹操《そうそう》、蜀《しょく》の劉備《りゅうび》、呉《ご》の孫権《そんけん》が相争った史書である。

魏の曹操は、劉備、孫権が同盟を結んだのを知ると水上軍八十万の大軍を率いて、呉において一大決戦をしようと申し入れてきた。

孫権がその手紙を多くの臣に示したところ、一同恐れて顔色を変えない者はなかった。張昭《ちょうしょう》という臣などは、ここは戦わないで、曹操将軍を歓迎して和睦しようと主張した。これに反対したのが魯粛《ろしゅく》。そのまえに周瑜《しゅうゆ》将軍の意見をきいてはどうか、ということになって周瑜がよばれた。

周瑜は「どうか私に数万の精兵を与えて下さい。これを率いて夏口《かこう》に進軍し、孫権将軍のために、これを討ち破ることを誓いましょう」と。これをきくや孫権は、断乎《だんこ》曹操を迎え撃つ決心を固め、腰の剣を抜くや奏案《そうあん》（上奏文を置く机）を断ち割り「諸将や役人たちで、どうしても曹操を歓迎しようという者はこの机と同じく切り捨てるぞ」と叫んで周瑜に精兵三万を与え赤壁《せきへき》に向かわせた。周瑜は部下の黄蓋《こうがい》の計を用いて魏の艦船を焼き討ちにして全滅させた。

その後曹操は度々出兵したが呉を征服することはできなかった。曹操がため息をついて言ったことがある。

「子を生まば当《まさ》に孫仲謀《そんちゅうぼう》の如《ごと》くなるべし」（もし、子を生むならば孫権のようなのを生みたいものだ）と。

乱世の姦雄《かんゆう》といわれた曹操も孫権の果断の勇には及ばなかったわけである。

難事にあたって、突破する勇のでないものは死を選ぶようなもので後々の笑い草になるだけである。

銀行時代に、ある鉄鋼会社から融資の申込みをうけた。社長直々の来行であったが話をきくと、「財務部長からいわれたから来た」と呑気《のんき》なことを言っている。ところが、銀行のみるところ、容易でない事態に陥っている。とことんまで追いつめられてから社長の耳に入れたらしい。緊急対策を講ずべきだと話した。

社長はことの急を知って会社へ帰り、役員を召集して緊急取締役会を開いた。「当社の非常事態宣言をする。直ちに、対策を決定し実行に移す」といって、本社ビルを敷金をとって賃貸することにし、本社機能を地方工場に移すことにした。その早わざが効を奏してピンチをきり抜けている。

後日、その社長曰く「銀行の融資拒絶は村正《むらまさ》の名刀よりも鋭い」といっていたので「銀行の融資、社長の決断に如かずですよ」といって笑い合ったことがある。

熟慮断行ということがある。まかり間違えば会社の存立にかかわる、という場合は熟慮も必要だが日常業務では、まずそういうことはない。間違っても取り返しのつくこと、やり直してもたりることとである。しかも権限は自分の手中にあるにもかかわらず熟慮、念には念を入れての美名にかくれて一日延ばしにしている者もある。それ以上に困るのは熟慮不断行である。このようなトップのもとでは幹部もまた権限内の決済を自ら決められない者が多くなる。


与えられた権力を行使するのが長のつく者の任務である。組織内の長に果断の勇を求めようとするなら、まず社長自ら範を垂れるべきである。

この勇が組織の活性化の先達《せんだつ》となることを知っておかねばならない。

歴史上のあらゆる瞬間は短いものであるが、この短い瞬間を巧みに生かした者のみに勝利の栄冠は与えられるのである。

また次の言葉も銘記しておきたい。

「士気振《ふる》わざれば、則《すなわ》ち防禦固《ぼうぎょかた》からず。防禦固からざれば、則ち民心《みんしん》も亦《また》固きこと能《あた》わず。然《しか》れどもその士気を振起《しんき》するは、人主《じんしゅ》の自ら奮《ふる》いて以《もっ》て率先をなすにあり」（士気衰えては防禦も堅固にできず、堅固でなければ団結心も強固でなくなる。士気を盛りあげるには統率者が自ら奮い起《た》って先頭に立ち手本を示す以外にない）言志四録。

この言葉を地でいった名将がある。

北宋の狄青《てきせい》である。

宋時代は南北合わせて三百年以上の命脈を保ったが、漢民族の劣勢、匈奴、異民族の隆盛時代といえる時であった。

ここでのべる狄青は、一兵卒から身を起し、ついに軍事長官にまで昇った人である。当時としては例外中の例外といえるほどの昇進は、偶然ではない。それを可能にしたのは、二度の戦いで、抜群の功をたて全軍に知られるようになったからである。

学歴、地位も財もない一兵卒が上から認められるには功績をあげる以外にない。言い換えれば、知を用い、勇をふるうことが昇進への道なのである。

あるとき、南方で大規模な反乱が起った。これを鎮圧する大役を買って出たときである。都からひきつれていく部下は数百騎と近衛軍の一部に過ぎず、現地の政府軍を指揮下におくことになる。

ところが、現地へ行って驚いた。反乱軍の勢いに恐れを抱いて全く戦意を失なっている。

これでは、率いる者の戦意が旺盛《おうせい》でも勝つことはできない。そこで、狄青《てきせい》は一計を案じた。まず、住民が信仰している廟《びょう》で部下とともに戦勝を祈願した。そのあとで、こう話した。

「ここに銅銭百枚ある。これを地面に放り投げる。一枚残らず表が出たら、われわれの勝利、疑いなしじゃ」。聞いていた部将たちは「そんな子供だましのことはやめて下さい」といったが、狄青は「いや、せっかくの機会だから神のお告げを確かめてみたい」といって銅銭を地面に投げた。

ところが驚いたことに百枚とも表と出た。将兵も、見ていた民衆もいっせいにどよめきの声をあげた。その日のうちに広くうわさが拡がり「神様のお告げで官軍が勝つ」ということで、将兵、住民の士気は一気に高まった。

そのあとで狄青は、投げた銅銭を釘《くぎ》で固定させ、凱旋《がいせん》した後にそれを回収する、と告げた。反乱軍を鎮圧し、帰途のとき、桂州に寄って廟にお礼の祈りを捧げて、銅銭を回収したが、その銅銭には裏、表も同じ文字が刻まれていた。演出効果満点ということになる。

このような昔話を書くと、いかにも、いまどき、そんなことを信ずる者はない、というが、大学志望の若人が神社に絵馬を奉納し、国民の代表を任じている国会議員がダルマに目を入れている。人の心は何千年たっても変わっていないようである。

狄青《てきせい》はまたよく学んだ。

宰相の范仲淹《はんちゅうえん》から「将、古今を知らざるは、匹夫《ひっぷ》の勇のみ」といわれて「春秋左氏伝《しゅんじゅうさしでん》」という春秋時代の治乱興亡をまとめた歴史書を与えられたとき、学のない自分を顧みて、素直にそれを受けた、とある。

「節を折りて書を読み、悉《ことごと》く秦漢以来の将帥の兵法に通じ、これに由りて益《ます》ます名を知らる」と。つまり、意地や、独りよがりを捨てて書を読み、歴史を学ぶということで、敵も恐れる勇将の一面、きわめて謙虚であったといえる。

また、狄青の顔には入墨《いれずみ》があった。宋代には兵の逃亡を防ぐため入墨をする習慣があった。名誉なことではない。とくに将軍ともなればかくしたくもなる。

これを心配した皇帝が、薬で入墨をとり去るよう命じた。

狄青は「陛下は功によって自分を抜擢してくださった。低い身分など問題にしないで、自分が今日あるのはこの入墨があったからこそです。入墨はこのままにしておき全軍の手本として勧めたい」といってあえて詔《みことのり》を奉じなかった、という。いまどき、エリートを鼻にかけている人間には耳のいたい話である。

狄青とともに、ある地方の平定作戦を指揮した孫沔《そんべん》は「私は狄青に、始めはその勇気に感服し、のちには、その人柄のよさに打たれ、自分など足もとにも及ばない、と感心した」といっている。

それに狄青の第一に重んじたことは「先ず部伍《ぶご》を正し、賞罰を明らかにす」ということで、軍の綱紀《こうき》を確立することにあった。

その反面、飢え、寒さの苦をともにし、たてた手柄はことごとく部下にゆずった。このため部下は狄青のためならばと奮い立ち、勇敢に戦ったという。さきに「将、古今を知らざるは、匹夫の勇のみ」とのべたが、古今の歴史のなかに、勇将のすべては部下を思いやる心の持主であったことを知るだろう。

四　己を捨てよ

「己を捨てきれない者は、会社を捨てるか、己が会社に捨てられる」

これは、第二の会社に入ったとき、自分にいいきかせたことである。己を捨てる、の意味は、会社の利を先にし、私の利を後にせよということで、いわば「私事を以《もっ》て公事を害せず」の精神といえる。

なぜ、自分を捨てよ、といいきかせたのか。

それは、勇気を出すためである。自分が名にとらわれれば御身《おんみ》ご大切になって、勇気がでなくなる。私利を先にすれば、公利は後になって企業の発展は妨げられよう。第二の会社に入社した当日、社長にこう話した。

「何年ご厄介《やっかい》になるかわかりませんが、社長の自宅訪問はいっさいいたしませんから悪しからず」と。会社経営に私情は禁物と考えたからである。また、こうも話した。

「この会社には、子会社を含めて三社ありますが、命ぜられても社長にはなりません」

副社長で入社して社長の座を狙っては、混乱のもとになる。混乱しては、会社の再建など思いもよらない。だから、在職中、社長から直接に次の社長を引きうけてくれといわれ、子会社の社長に、ともいわれたが、入社時の約束だからと謝辞させていただいた。ただし代表取締役だけは引きうけてほしい、といわれた際は即座に引きうけた。経営の全責任を社長と同じくとることについては何の異存もなかったからである。ただ、名刺に〝代表取締役〟と印刷することは最後までなかった。

銀行時代も、私より地位の上の人については自宅をいっさい訪問していない。私の片意地からである。もし可愛げないと思われようとも、男一匹、権力にすがって出世しようとは思うまい、と考えたからである。そのかわり、お互いに現職を退いてからは、盆暮れに挨拶に伺うことを欠かしたことはない。これは人としての礼儀だからである。

ところで、己を捨てる、捨身の勇といっても、いわゆる「暴虎《ぼうこ》馮河《ひょうが》の勇」であってはならない。

暴虎《ぼうこ》馮河《ひょうが》のいわれは、こうである。

孔子があるとき高弟の顔回《がんかい》に向かって、こう話かけた。「王侯に仕えて人の道や国の政治などについて話をするが、もし容《い》れられないときは顔にも出さず、じっと胸中に収めておくことのできるのは、顔回、お前と私ぐらいのものだろう」と。

これを側《そば》できいていた子路《しろ》という弟子は、どうも面白くない。そこで孔子に問いかけた。「道を行なう話は別にして、大軍を率いて戦いに臨もうとするとき、先生は誰と行をともにされますか」と。武勇については弟子中随一。ためらうことなく、子路、お前以外にはないではないか、と孔子が言ってくれるものと思っていたからである。

案に相違して「暴虎《ぼうこ》馮河《ひょうが》、死《し》して悔いなき者は、吾《われ》、与《とも》にせざるなり」（荒れ狂っている虎に素手でたち向かったり、大きな河を歩いて渡るような、むだ死にを悔いない者とは行動をともにすることはできない)。

一見、己を捨てた勇気ある行動にみえるが、自分の手柄を考えにいれた、血気にはやった勇を戒めたのである。

現代の組織内にも、己を捨て公利を先にする者もいれば、捨てきれずに自分を庇《かば》い忠臣を装う者もいる。さらには暴虎馮河の勇をふるう者もいる。これを判別することが、人を用いる者の課題といえるだろう。

前職時代、これは骨のある男だ、といえる者が次第に遠ざけられ、ニセ忠臣だけが重く用いられた時期があった。こうした指導者は己の権力保持に汲々《きゅうきゅう》としているだけで、永遠の孤独を余儀なくされるものである。

「身を捨ててこそ浮かぶ瀬もある」ということがある。

身を庇《かば》うから敵につけ込まれ、勇気もでなくなる。「刎頸《ふんけい》の交《まじ》わり」の藺相如《りんしょうじょ》は捨身になったからこそ和氏《かし》の璧《へき》を全うすることができたし、前漢の朱雲《しゅうん》は、身を捨てて成帝《せいてい》を諫《いさ》めたから忠言をきいれられた。そこに、何とか自分一人だけでも生き残りたい、良い思いをしたいというような考えが少しでもあったら、ことは成らないのである。

トップとして自らが、捨身の勇を発揮できるようになることはいざという時に大事なことであるが、部下もまた己を捨て、公利を先に、勇気をふるうようになれば、こんな頼もしいことはない。

いまよく用いられる言葉に「背水《はいすい》の陣《じん》」がある。

この故事は、西漢の劉邦《りゅうほう》の臣、韓信《かんしん》が一万余の兵で趙《ちょう》の二十万の大軍を攻めたときのことである。韓信は綿曼水《めんまんすい》という河を背にして陣して（背水の陣）これを破っている。戦い終って部将からきかれた。「兵法には、山を背に、水を前にして戦えとありますが、今回は水を背にして勝っていますが、これはどういうことなのでしょうか」。

「いや、これも兵法なのだ。貴公たちが気づかなかっただけだ。別の兵法書に（これを死地において後に生き、これを亡地において後に存す）、味方を絶体絶命の場に追いこんで後に生きる、と書いてある。わが軍は遠征で疲れ、兵の多くは補充兵である。万一の場合、逃げられる場所に陣を敷いたら、逃亡する者も出てくる。しかし、逃げたところで河でおぼれ死ぬことを知れば、死力を尽くして戦うことになるからだ」と答えた。

この故事を、私は分社経営を決断したときの参考にした。

前にものべたとおり、関係した会社がピンチに陥り、十四％、百五十人の削減案を示して協力を求めたのもつかの間、その翌年に第一次石油ショックである。日本経済は破産とまでいわれ、総需要抑制策が強行された。

それでなくても存続が危ぶまれた会社である。百五十人の人員削減では、とても追いつかない。そこで削減数を十四％から二十八％、百五十人を三百人に倍増する。どんなに苦しい時も、安易な人減らしはやらないという私の信念を貫くために、三百人の削減を退職勧告なしに達成すると約束した。新規採用を中止し、自然退職によって削減しようというわけである。ところが、石油ショックで、退職する者は皆無。他社でも人員整理に入り、中途採用なし、という状況。これでは計画倒れに終る。それなら分社することによって本社人員を減らそうと考えた。

この会社の規模が数百人の頃は順調に発展してきたのに、千人を超す頃になって傾きはじめている。セクショナリズムがはびこって、大企業病が早々に現われたと考えていたからでもある。しかし、立案した私としても初めての体験であり、文献も見当らない。全くの自作自演となる。

特に頭を悩ましたのは、販売店を中心に四十社の独立会社として細分化する点である。常識的には、対外競争力を強化するために、合併して規模を大きくする道を選ぶものである。分社はその逆のいき方であり、一挙に四十社の中小零細企業をつくるのだから、表面的には強化どころか弱体化となる。大変な冒険である。

しかも、石油ショックの翌年、混乱の中で敢行《かんこう》しようというのであるから、無謀のそしりはまぬがれなかったろう。

当時、社内でこんな話をしたことがある。

「日露の日本海海戦で、連合艦隊司令長官、東郷大将は、バルチック艦隊が一列縦隊で進んでくるのに対し、敵前回頭のT字戦法で戦いを挑んで勝った。この戦法は、敵に船の横腹を見せて突っきっていくわけであるから危険この上ない。常識を逸したものといえる。

当社の分社作戦も形は小さいが、これに似た冒険である。しかし海戦は大勝している、当社の作戦も成功するに違いない」と。

そうは言ってみたが、第二次大戦では、わが国の兵力を、大陸、太平洋諸島に分散して惨敗している。孫子の兵法に十を以《もっ》て一を攻める、ということがある。敵の十の力を十に分断すれば一となる。味方を分断せず集中して攻めれば十で一を攻めることになる。必勝の作戦といえるだろう。第二次大戦は、アメリカが孫子の兵法を習い、わが国は無視して敗れたともいえそうである。

分社経営も、組織を分断するわけで、この兵法に逆らうことになる。内外の強敵に対し、この案が是か非か、最も悩んだところである。しかし、「背水の陣」の故事が、私の果断の勇を引き出した。

分社すれば、頼れるものは小人数の自分たちだけとなる。自分の会社を潰さないために、必死の努力をすることになる。大組織にいた時の依存心、責任回避は許されない。自利にとらわれ、困難を避けようにも、小人数では、そのまま自分にはね返ってくる。

一蓮托生《いちれんたくしょう》、他の人と行動も運命も同じくする考えになり、協力一致の実もあがる。私は、その頃「小舟小社」「一舟一社」などと言ったが、運命共同組織にして危機を乗りきろうとしたのであった。

孫子《そんし》に「呉越同舟《ごえつどうしゅう》」という故事がある。

呉王の夫差《ふさ》と越王勾践《こうせん》が二十年以上も争ったため、呉の人と越の人もいたって仲が悪かった。しかし、どれだけ仲が悪くても、同じ小舟に乗り合わせているとき、突風が吹いて舟が沈みそうになると、お互いに力を合わせて沈没を防いだ（その舟を同じくして済《わた》り、風に遇《あ》うにあたりては、その相《あい》救うや左右の手の如し）。

韓非子《かんぴし》にも、次のような寓話がある。

肥《こ》えた豚にたかっている三匹のシラミが、ケンカをしていた。そこへ通りがかった一匹のシラミ。なんでケンカしているか、ときくと、肥えた場所の奪い合いからだという。

するとー匹のシラミがいうのに、肥えた豚なら十二月のお祭りに茅《かや》の火で丸焼きにされるだろう。豚が丸焼きになれば、たかっている我々も丸焼きになる。ここのところは争いなどやめて、ともに丸焼きにされるのを防ぐことが先決ではないか。一同、なるほどということで四匹が協力して血を吸いつづけた。そのため豚は痩《や》せてしまい焼かれずにすんだ、とある。

協力一致の妙手は、同じ危機感のもとに、利害を一致させることにある。

分社によって大舟を小舟にし、それまで他事《よそごと》のように感じていた危機を一人一人にもってもらえば、己を捨て、私利を捨て、公利を先にして、一層の協力が得られる。命知らずほど恐ろしいものはない、といわれているが、昔も今も変わることはない。全員が、己を捨てたときに生ずる勇気ほど強いものはないといえよう。

五　知、行一体

明の王陽明《おうようめい》は、知行合一を説いている。

「知は行の始め、行は知の成るなり。知行は分かちて両事と作すべからず」(知は行を予定し、行は知を前提として成り立つ。知の実現が行である。それ故、知と行は一体のものとして理解されなければならない)。

それをさらに理解させるため「そもそも知るということは、必ず行なうことに結びつくもので、知っていながら行なわないのは、まだ知っていない、ということである」としている。

極端にいえば、知識を口にだして言うだけでは知っているとはいえない。たとえば、会社経営をいかに理論的に論じ立てても、経営の経験がなければ経営を知っているとはいえないということになる。

同じ経営の話をきいても、体験のある人の話をきくと「あれはほんものだ」というが、経営に本物、偽物《にせもの》の違いはない、体験の裏づけのあることを評価しているのである。

さらに、知だけのものと知行一体との大きな違いは、勇気があるかないかにある。知識だけでは勇気を必要としないが、知行には行なう勇気が要るということである。

宋時代の話である。

宋は、北方から興った金の張大に押され、南下を余儀なくされていた。そのとき宋都を死守していたのが宗沢《そうたく》であった。その臣に若い岳飛《がくひ》という将校がいた。農民の子であったが剛弓をひき、果敢《かかん》に行動してよく功をたてていた。

この青年将校をさらに伸してやりたいと考えた宗沢《そうたく》は、ある日、軍陣をしく方式をのべた陣図を示してこう言った。

「おまえの勇気、才能は、昔からの名将でも及ばぬほどだ。しかし、一つだけ注意したい。おまえは、よく好んで野戦をするが、これでは万全とはいえない。これを見るがよい」と。

このとき岳飛《がくひ》は「陣をしき、その後に戦うというのは、戦術の常であります。しかし、運用の妙は一心にあると存じます」と答えた。

戦術は方式であって、その型だけでは役にたたない。これを活かして成果を得るかどうかは、その人の心一つにかかわることで、活用しなければ、型にはなんの値打ちもないものです、という意味である。これをきいて宗沢は満足した、という。

これを端的にいえば知だけでは敵に勝つことはできない。行なってはじめて知の値打ちがである、ということになる。

よくのべることだが、創業者のすべては知行一致で功をあげている。後継者は、知だけで会社を潰している。学問では学ぶことのできない勇気に欠けているからといえよう。

先年ある地方の同族会社の専務から相談を受けた。

「値上り見越しで土地を買って三年ほどもっているが、その利息と、不良商品在庫の借金利息で毎年数千万円の赤字になっている。土地は、いま売れば二億円ほどの売却益がでるが、それ以上の地価の値上りはみられない。なんとか、会社を建て直したいと思うが、どうしたらよいか」ということであった。

そこで「もし事情が許して私に一年経営を任せてくれたら、数千万円の赤字を、数千万円の黒字にすることができます」。

「その方法を教えて下さい」「その方法を教えることは私にはできませんし、どんな立派な経営学者でも教えられないでしょう」「それは一体、どういうことです」

「それは果断の勇気というもので、こればかりは、書物で学ぶことも人から教えてもらうこともできないことです。お宅の再建は勇気さえあれば誰にもできます。まず、土地を売って借金を返します。土地売却益で不良在庫の償却をします。それで会社の重荷はなくなり、本業の利益がそっくり計上されることになります。

土地をもっていれば、まだ値上りするかもしれない、と考えているでしょうが人口の増えない地域の地価の値上りは期待薄です。幸い値上りしても利息で帳消しされるでしょう。

また、社長が同業者の組合の理事長をしていて、土地を売ったとなると信用をおとし、名誉に傷がつくと気にされているが、倒産の不名誉を考えれば、土地売却の不名誉など些細なことでしょう」と話しておいた。

二、三日たって長距離電話が入った。「帰っておやじと相談した結果、土地を売却することにしました」と。それから約三年たつが音沙汰《おとさた》はない。

結果が良くて電話をかけてくれる人はほとんどない。多分成功したのだろうと私のほうは思っているわけだが、悪くすると計画倒れに終っているのかもしれない。

マキタ電機製作所の創立者故後藤十次郎氏と対談したとき話してくれた。

「昭和三十年にマキタを引き受けたが、大手会社と競合する小型モーターなんか造っていたら、いつになってもうだつがあがらないと考えて電気カンナに切り替えた。

昭和三十七年には商品在庫が山積みになってしまった。在庫整理は売る以外にない、と考え全国へ販売店を三十ヵ所出せと指示した。抵抗が強かったが強行したおかげで翌年には在庫を一掃してしまった」等々。まさに決断経営ともいえるものである。

知ったら行ない、行なって知れ、経営の基本を知るためにも必要なことである。

いわゆる、体現、体得を重んぜよ、ということである。

部下を説得するにも、体験して成果を得た人のそれには迫力がある。見聞だけの知識ではいかに名調名解であっても説得力がない。峻険《しゅんけん》をよじ登った体験者の話には引きこまれるが、映画で見ただけの人の話に感銘を受けることはない。これと同じく、実際に体験した人の話には魅《ひ》かれるが、知識だけで体験のない人の話に魅かれることはない。

人を率いる場合も同じで、知恵もあり、体験のある人の命令には安心して従うことができるが、知識だけの人の命令には不平が伴う。昔の軍隊では、士官学校や大学卒業者は、見習士官といって少尉の下の位であった。二等兵から昇進していった者は歴戦を体験した者でも特務曹長が最高とされていた。見習士官より階級は下であったが兵隊は特務曹長を頼もしく考えていたものである。

「百聞は一見に如《し》かず」という言葉はいまもよく使われている。

漢の宣帝《せんてい》のとき、趙充国《ちょうじゅうこく》という七十才を過ぎた、歴戦の勇将がいた。

宣帝は匈奴《きょうど》討伐の将を誰にするか決しかねて趙充国に相談した。そのとき帝は「将軍がもし、匈奴を討つとすれば、どのような計略を用いるのか。また、どれほどの兵を用いればよいか」と尋ねた。充国はそれに答えた。「百聞は一見に如《し》かず。百回きくより、一度みるほうがよくわかります。およそ軍のことは、遠くからははかり難いもの。願わくは、現地に赴《おもむ》いていただきたい、そこで図面を開いて説明します」と。帝はそれに従ったという。趙充国は現地の状況から屯田《とんでん》を上策と考え上申し、それを実行して一年その地にとどまって匈奴征服に成功したという。実践からでた計略が功を奏《そう》したわけである。

知だけがあってでる勇気には少なからず危険が伴うが、知、行一致からでた勇には心配がない。部下の勇も安心感のうちにでるだけに強いともいえるのである。

六　ためらいと勇気

「已《や》むべからざるの勢《いきおい》に動けば、則ち動いて括《くく》られず。枉《ま》ぐべからざるの途《みち》を履《ふ》めば、則ち履んで危《あやう》からず」（熟慮した上、これが最善と信じ、やむにやまれぬ勢いで行動すれば行き詰まることはない。曲げることのできない正しい道を進めば危険もない）言志四録。

義に従って、誰はばかる心がなければ千万人といえどもわれ行かんの勇気もでる。

しかし、そこに、心にためらいがあれば勇気は半減するだろう。

そこでいえることは、勇気の門を全開しようとするなら、ためらいの元から絶つべきだということである。人間の神経というものはきわめて微妙である。かすかな神経の作用で信条を大きく左右することもある。

いまから千七百年ほど昔になる。晋《しん》の国に楽広《がくこう》という人がいた。

この楽広が河南の長官であった時、親しくしていた友人がしばらく訪ねてこない。

そのわけをきかせたところ「このまえ、お宅へ行ってお酒をいただいたときでした。飲もうとすると、杯の中に蛇が見えました。気持ちが悪いと思いましたが、飲んでしまいました。それから、どうも体の具合が悪いのです」という返事。

これで楽広はすぐ、うなずいた。あの部屋の壁には弓がかけてある。弓には、うるしで蛇の絵が画いてある。それが映ったに違いない。そこで再びその友人をよぶことにした。

同じ場所に座らせ、酒を注ぐと、やはり、蛇が杯に映っている。

「その蛇は、あそこにある弓の絵ですよ」

これをきいて、知人の病はたちまちなおったという。「杯中《はいちゅう》の蛇影《だえい》」のいわれである。

「幽霊の正体みたり枯れ尾花《おばな》」ではないが、「疑心暗鬼《ぎしんあんき》を生ず」で、なんでもないことが神経をたぶらかし、勇気を妨げるどころか腰まで抜かすことになる。

次に勇を挫《くじ》くものは、過去のにがい体験で、「過去の失敗で懲《こ》り懲《ご》りした」の類《たぐい》である。

「失敗は成功のもと」というが、失敗に懲《こ》りてしまっては成功はない。

「七転八起《ななころびやおき》」の教えもある。七度失敗してもそれに懲りることなく八起に挑めば成功の道は開かれているのに、七度も失敗すれば、もうたくさんといってしまっては成功軌道に乗ることはできない。

楚の詩人、屈原《くつげん》の詩に「熱羹《ねっこう》に懲《こ》りて韲《せい》を吹く、何ぞ此の志を変えざらんや、階《かい》を釈《す》てて天に登らんと欲す、なおさきの態《たい》あるなり」(あつものに懲りてあえものを吹くは、世の人の愚かさ、われひとりは天にも登る心で、節操だけは変えない。〔羹《あつもの》は熱い汁。膾《なます》は細かく切った生肉、韲《あえもの》は、酢や醤油であえる細かく刻んだ野菜のこと〕)。祖国愛に燃えた屈原が、昔の失敗に懲りて自分の信念を曲げるものではないということである。

この文句は、以前に熱いものを口に入れて火傷《やけど》をしたのに懲りて、冷たいなますやあえものを食べるにも吹いて食べる、ということで、一度の失敗に懲りて過ぎた用心をすることである。

日常の業務、とくに、難事、大事に再び挑戦しようとする際など、なますを吹くことが多い。

「だいじをとって」とよくいうものである。

「だいじをとって一年計画を二年計画にした」という。別項でものべたが、過去に失敗しているから大事をとるので、いわば、なますを吹いているのである。

現職時代に、よく若い社員に「過去の失敗にこりて石橋叩いて渡る考えなど捨てよ、自分の渡る道は断崖につられた一本橋きりないと思え」と口ぐせのように言っていた。

また「自分の進路を妨げるものはすべてとり除け」といったこともある。

あるとき、中国の能筆家に、唐詩選にある、陸亀蒙《りくきもう》の「別離」という詩を書いてもらった。私は十八才のとき父に死別しているが、その野辺の送りのときを思い記した詩である、といって書いてもらったものである。

「丈夫《じょうぶ》涙なきに非ず、離別の間に灑《そそ》がず、剣に伏《よ》って樽酒《そんしゅ》に対し、遊子《ゆうし》の顔を為すを恥ず、蝮蛇《ふくだ》一たび手を螫《さ》さば、壮士疾《はや》く腕を解く、思う所は功名にあり、離別何ぞ嘆ずるに足らん」

（ますらおとて涙がないわけではない、それを離別の際に流さないだけである。剣によって酒樽を傾け、旅行く人の女々しい顔などするのを恥じる。毒蛇に一たび手を咬《か》まれたら、壮士は、たちどころにその腕を切り落してしまうという。そうした気概こそ望ましい。男子たる者、一旦功名を志した上は、一時の別れなど、なんで悲しむことがあろう）。

これを、第二の会社を去るとき、人事部長に渡してきた。若い社員の教育資料だ、といっておいたが、いまでは、その上に、どのくらいの埃《ほこり》がたまっていることやら。

志を遂げるためには、過去の過ちや取り返しのつかない劣等感などいっさい忘れ去れ。過去の失敗は成功への強力な栄養剤なのである。

この項で最後にいいたいことは、自信である。

なぜ自信がないか。体験がない、学ばない、信念がない、これでは勇気もでなくなる。

会社の会議の席上などで発言したり、反駁《はんばく》に対して反発のできる者は、知って行なっているから、行なって考えているからできる。自信、勇気が言わせるのである。

会議できいているだけ、相槌《あいづち》を打っているだけ、という人は、ほとんど学んでいないし行なっていないものといえるだろう。

「学は勇に通ず」「知行は勇に通ず」とは私の持論でもある。

七　勇気は準備に比例する

その昔、日経連の専務理事であった前田一氏と対談したことがある。

「創造性とは」と私がきいたとき、すぐハネ返ってきた言葉は「それは準備である」ということであった。

一つの目的を達成するため、真剣に準備をしているとき、新しい考えがでてくる、という意味である。

氏は毎年二回、労働問題についての見解を発表するが「春の発表が終った瞬間から、秋の内容をどうするか、表現をどうするかの準備に入る。それに集中して考えていると、いい考え、新しいことが次々に浮んでくる」と話してくれた。

そういえば、亡くなった松竹新喜劇の渋谷天外さんと話し合ったとき「僕は脚本も書いているが、さあ書こうとしても、なかなか書けないが、ぎりぎりまで追いつめられて待ったなし、ということになって、原稿用紙を二、三十分睨《にら》んでいると、考えが浮んでくる。それを一気に書きあげると、予想以上に良いものができる」。二、三十分間、精神を統一しての準備である。

このように、目的を強く意識し、それを達成するために、その目的に神経を集中しておくのが創造の源となる。

リンゴの落ちるのを見た人は数限りないほどいたろうが、上から下に落ちる、なにか地球に作用するものがあるのではないか、それは何だろうと目的意識を抱いて見たのはニュートンだけであった。

目的達成に力を集中している間、つまり準備している間に新しい考えが浮んでくるのである。

いまでもよくいわれている言葉に「先祖の知恵」などといって現代人でも及ばないことが、いまでも使われている。衣・食・住に例をとっても、その多くは、災害、病気などに備えたものである。

現在、企業経営についてあれこれ説かれているが、一字で示せ、といわれたら「備」と答えるだろう。攻めに重きをおいた創造性、守るための準備、準備とは攻守両全の策といえるからである。

関係した会社で私は、よく、準備の重要であることを説いた。

「節約は準備なり」「かねはピンチに備えるものである」「社員教育も準備なら、技術開発も準備である」など、ことの多くを〝準備〟としたため「守って勝ったためしがない」などと批判されたものである。

これは、文句にとらわれているからで真意は攻撃にあることも理解されてくる。「備えあれば憂《うれ》いなし」とか。備えがあるから、勇気もでる。備える間に新しい知恵もでる。

私事になるが、いま顧みて、先輩上司の言葉でいまに残っているものの大部分は「将来に備えよ」といえることであったと気づく。教訓、警句などというものは、相手のためにいうものであるため、過去より将来にふれることが多いのは当然といえるが、それでも老後を安楽に暮らすため、というようなことは一つもなかった。

前にもふれた「定年退職後、収入が減るようであったら現職中、怠けていたと考えよ」は、知力・財力の準備をせよということである。

「腰は曲っても初心をまげてはならぬ」

「会社が万一の場合を考えて、常に短刀を持っておれ」という物騒なのもあった。公事のために自分を捨てよ、という意味である。

「ケチは大志に近づく」。つまり現在のケチは準備であって、将来大きな志を遂げるためのもので、吝嗇《りんしょく》ではない。ケチはケチなりの知恵をだすが、大志をもつ者のケチは大きな目的を遂げるためのものである。つまり大きな準備をしている間に新しい大きな構想もでてくる。言い換えれば大きな創造である。

「学は立志より要なるはなし」と前にのべたが、学は志をとげる準備でもあるわけで、ただ学んでいるだけでは学ばないと同じになる。

準備と創造といえば、いかにも竹に木を接ぐように考えがちだが立派に接ぐことができるのである。

また、創造といえば難しく考えるが、これこれをしようと考えている間に名案が浮んでくる。誰にもあることなのである。ただ、創造性がないといわれる人は、目的意識が足りない。あっても、それに集中しない、ということではなかろうか。

さて、なにごとを成すにも先立つものがなければ出発することができない。できないと思うから、考えようともしない。

また、資金が少なければ、やろうとすることも小さくなる。

まえにのべた「奇貨おくべし」の呂不韋《りょふい》は、巨額のかねがあったから子楚《しそ》を強国秦の太子にし、あわよくば自分も高い位を、より多くの財貨にありつこう、という大胆不敵ともいえる考えをおこしている。しかも、立派に成功しているのである。

「長袖《ちょうしゅう》善く舞い多銭善く買《か》う」とは、同じ舞いを舞うにも長い袖の舞衣を着た者はよくひきたつし、商売をするにも資本の多い者はもうけも多い、ということで、なにごとをするにも条件のよいほうが有利である、という意味である。

事業をはじめた人にしても、最初は小資本で出発し、次第に利益を蓄積して資本を大きくしていく、次第に計画も大きくなってくる。すべて、準備をしつづけて大をなしたのである。

終戦後一年ほどたったころであった。銀行へ二十万円の融資を申し込んできた人がある。戦時中廃品回収を営んでいた人である。早速応じたわけだが、そのとき、独《ひと》り言のように「私の当面の目標は、一年間に一千万円の利息を銀行に払うことと、一千万円の法人税を納めることです」といっていた。年内に一千万円の利息を払うとなると一億円の借金をすることになる。現在の二十万円を一億円にするということを意味するが、昭和四十年代には、無借金で、売掛金だけでも数億円になっている。

売掛金といえば無利息預金と同じだが、一度も催促したことがないという。そのため、買うほうも買いやすいし、義理でも買わざるを得なくなる。

こうしたわざも資本があればこそできること。その日暮らし経営ではできることではない。

その昔、北関東にある有力製材会社の社長と話し合ったことがある。

「どうです。もう少し、不景気が深刻にならないものかね」と話しだした。不景気待望挨拶とでもいえるものであった。「不景気で困ります」と先にいわないでよかったと思う。

わけをきいた。「国、県有林の立木の入札がある。不況、金詰まりが深刻化すると、応募する人が少なくなる。ほとんど最低入札価額で落札できるからだ」と。これにしても用意があるからできること。なければ、他人の儲けを羨《うらや》むだけとなる。

よく、事業や蓄財に成功した人を指して「あの人は運がいい、頭がいい」という。しかし、それほどいいわけではなかろう。準備を大きくしている間に度胸もついて、目的も大きくなる。それを果たすための知恵もでてくるだけではないかと思う。

またよく「あの人は太っ腹だから大きなことに成功した」といわれる人がある。最初から太っ腹だった人はない。かねがたまると腹が太ってくるという。なるほど、話すことも大きくなる。

それに対し私は「あの腹の中には大きなことを成そうとする、大志と自信が入っている」

といったことがある。

また「勇気が入っている」といったことがある。勇気は準備に比例する、といえるからだ。勇気がないといわれる大部分は準備不足なのである。

八　勇を妨げるもの

将の条件として、仁、知、勇があげられているように「勇」は、有力な条件の一つといえる。

兵法に次の五つをあげているものがある。

管理　多数の部下をまとめ集団としての力を発揮させること
準備　いたるところに敵がいるものとして行動すること
決意　敵に対したとき、生きようと考えないこと
自戒　かりに勝っても、緒戦《しょせん》の緊張感を失なわないこと
簡素　形式的な規則、手続きを簡素化すること

このうち、生きようとする気持ちを捨てることは、別項でものべたとおり「己を捨てる」に通じる。現代の企業経営者にたとえれば、私利、私欲を捨てて会社のために誠を尽くすということになる。自分の名誉や私財をかばう心があるから勇気がでないのである。

ある本に、昔の武将が戦場に行くとき、家来たちにも酒をふるまって出陣を祝った、というが、あれは人間の頭を麻痺《まひ》させ、死を恐れなくするためだ、とあった。麻痺させれば自分まで忘れることになる。よく、飲むと太っ腹になるというが、酔って自分を忘れれば、矢でも鉄砲でも、もってこいという気にもなる。

さて次に、勇気を挫《くじ》くものは、心にやましいことがあったり、やましいことをするときである。

よく、大胆不敵なふるまいで、よからぬことをするといわれる場合であっても、白昼堂々とするものはないし、するにしても、法を逃がれ、人目をそらしてやっている、ということは、それなりに臆病にとりつかれているといえるだろう。

次は、劣等感を意識していたり、引け目を感じたりしているときである。

謙虚は美徳だが、自分が他に劣ると意識して自分の前進意欲にブレーキをかけているほど愚かなことはない。

まだ、弱小企業だから、だいそれた考えをもつべきではないとか、大きなものには従っていさえすればよい、ということでは生涯強大になろうという気力さえでてこないだろう。いまは弱小だが、鶏口《けいこう》であって牛後《ぎゅうご》ではない。いまにみていろ俺だっての気概があれば艱難《かんなん》を突き破る勇気もでてくる。

もし、劣等感に悩むなら、それを取り除く努力をすべし、といいたい。財界総理といわれた石坂泰三翁が外国へ行くときは、いつも日本一の下着をきていくといわれていた。どんな下着でも相手にはわかるまいが、自分が知っていたら、一瞬でも引け目を感ずる。それをふさいでおこう、というのである。

また、なまじ名誉や財産があると、それを守ることが先立って勇気が失せる。

中国の戦国時代は強国秦《しん》の他、燕《えん》、趙《ちょう》、韓《かん》、魏《ぎ》、斉《せい》、楚《そ》の六カ国が相争った時代である。洛陽《らくよう》に住む蘇秦《そしん》という男は、弱小六カ国を同盟させて、強国秦に対抗させたらどうか、と考え、六カ国遊説の旅に出たが失敗し、乞食同様になって家へ帰った。妻は織っていた機《はた》の台からも下《お》りず、嫂《あによめ》は食事の仕度《したく》もしてくれなかった。こうなるのも自業自得といわんばかりであった。

次いで蘇秦《そしん》は再び遊説に出て六カ国の同盟、つまり合従《がっしょう》（従《たて》に合わさる）に成功し、六カ国の宰相を兼務することになった。このときの各王を口説いた文句が「鶏口《けいこう》となるも牛後《ぎゅうご》となるなかれ」（合従《がっしょう》しなければ秦の各個撃破をうけて秦の家臣になってしまう。それよりも同盟を結んで、小さいながらも一国の王であったほうがよいではないか）である。

かくて蘇秦《そしん》は合従の最高功労者としてまつり上げられた。洛陽《らくよう》の自分の家に立ち寄ったときなど、その行列の豪華さは王侯に匹敵するほどであった。出迎えた、妻も嫂《あによめ》も、まともに蘇秦を見ることができない。嫂は食事の給仕をするにも蘇秦の顔が見られない。

「前に私が帰ったときは食事も出して下さらなかったのに、今度は大変な変わりようですが、どうしたわけです」

「あなたの位がこうも高くなり、お金持ちになられたのをみれば誰でもこうなります」

そこで蘇秦は考えた。前の自分も、いまの自分も同じなのに、地位やかねで人の見方はこうも変わるものか。身内の者でさえ、こうなのだから他人なら、なおさらだろう、といって親戚友人に千金を与えたという。

さて、私が自身を顧みて、自分を鞭《むち》打ってくれた鞭としているのが、そのとき蘇秦がいった言葉である。

「我をして洛陽負郭《ふかく》の田二頃《けい》あらしめば豈《あに》能《よ》く六国の相印を佩《おび》んや」（自分がもし洛陽城

近くに八千坪余の田を持っていたら、どうして六カ国の宰相を兼ねるほどの人間になれたろうか。持っていなかったから、なることができたのである）。

蘇秦の歩き回った国は六カ国、中国の過半の面積になろう。そこを巡って、一個の赤貧が国王を口説くという勇気はどこからでたのだろうか。蘇秦のこの言をかりる限り、無からでた、依存心脱却の厳しさからでたともいえるのである。

九　実力と修飾

「鷹《たか》の立つや睡《ねむ》るが如く、虎《とら》の行《ゆ》くや病むに似たり。正に是《こ》れ他《かれ》の人を攫《つか》み人を噬《か》む手段の処なり。故に君子は、聡明《そうめい》は露《あら》われず、才華《さいか》は逞《たくま》しからざるを要して、纔《わずか》に肩鴻任鉅《けんこうにんきょ》的の力量あり」（鷹の立っているようすは眠っているようだし、虎の歩く姿は病気にかかっているようである。しかし、これは人に攫《つか》みかかり咬みつく手段である。これをみても君子たるものは、自分の賢明さを外に現われないようにし、己の才能を振り回すことのないようにして、はじめて大事を双肩に担うことができる者といえよう）菜根譚。

鳥獣でも鷹や虎のように強いものはあえて威勢を示すことはないが、弱いものになると、むやみに威張ってみたり、虎の威を借る狐ではないが他の力をわがもの顔にして威張る。これは人間社会でも同じようである。実力のない者は姿、形で見栄を張る。かねのないものはあるふりをする。これを態度で示したり舌先三寸でつくろう。なにも誇るものがなければウソをつく。かねのある人は装うことはない。ない者ほど装う。そこに実力以上の勇が生ずるはずもない。

銀行時代、ある会社社長の訪問をうけた。用件は融資依頼である。その時は、担当者に連絡することを約束したが、翌日担当者に「拒絶せよ」と連絡した。

社長の話からすれば、相応の融資は可能であったが、なんとしても俳優ではないが演技が上手すぎる。かえって脆《もろ》さ、弱さを感じさせてしまう。

しかも、帰り際に、そこに靴べらがあるのに当時最高額であった千円紙幣を出し、四つ折りにして靴べらに代用している。その瞬間私の頭には融資は「ノー」とひらめいた。

二年ほどしてその会社は倒産、社長はいまだに行方不明である。

これとは反対に、ある社長が地下足袋《じかたび》、作業衣姿で現われ、借入れ申込みを受けた。早速応じたが文字が書けない。奥さん代筆で書類を整えた。その社長に私は地下足袋社長の別名を奉《たてまつ》ったが現職を去るまで地下足袋で通した。事業も大発展し財を成した後も同じであった。

かつて、西濃運輸の創立者田口利八氏と対談したとき坊主頭に気づいた。「私と同じようにバリカンのごやっかいになっていますね」といったら「一人前になるまで髪を伸ばさないことにしている」という。当時、すでに陸運王といわれていたが自身では半人前ぐらいに考えていたのかもしれない。

田口氏が現在の事業を思いついたのは、日中事変に戦車隊の一員で出征していた時である。「将来日本の陸運はトラック中心になる。どうせ事業をやるならトラックの輸送と心に決めた。しかし父が百姓を継がせたい一心で猛反対。当時のトラックの運転手はならず者扱いされていた。事業をはじめるにも金がない。父に頼んでも出してくれないばかりか、親戚にも、利八が借りにきても貸さないでくれと、ふれが回っていた。

なんとか苦面して昭和二年に千百円の中古トラックを買い、ハンドルを握ることになった。昭和十六年に戦争がはじまり統制も厳しくなり、会社組織に改める決断を下した。その際、事務所らしくするため机と椅子を買ったが、いまでも腰かけて苦労時代を偲《しの》んでいる。山村の役場の小使さんの机より粗末だ」と話してくれた。一介のトラック野郎が天下の陸運王といわれるに至っても、相変わらずの坊主頭で創業時の机と椅子を使っている。その坊主頭には、いざというときの果断の勇がいっぱい詰まっているに違いない。

「辺幅修飾《へんぷくしゅうしょく》」という言葉がある。辺幅とは布の縁《へり》のことで、粗末な布のはしを飾りたてる、いらざる虚飾のことである。

中国の西漢が亡び、隴西《ろうせい》（甘粛省《かんしゅく》）に拠《よ》る隗囂《かいごう》、蜀の公孫述《こうそんじゅつ》、洛陽の劉秀《りゅうしゅう》（光武帝）が天下を争った一時期があった。

隗囂《かいごう》は、劉秀《りゅうしゅう》、公孫述《こうそんじゅつ》のいずれと連合するかを決めるため両雄の品定めをしようとしてまず馬援《ばえん》という男を公孫述のもとにつかわした。

公孫述は自ら蜀帝《しょくてい》と称して四年になる。馬援《ばえん》が面会を申し込んでもすぐ会おうとしない。馬援は公孫述が同郷の誼《よしみ》もあり、歓迎してくれるものと思っていたが案に相違している。ようやく会うことになって驚いた。座席を豪華に飾らせ、百官を並ばせて馬援を案内させた。ややあって公孫述は車に乗り、着飾った兵士を従い、皇旗をひるがえして出御、高い座についた。そして馬援を見下ろしていった。「君が吾輩《わがはい》に仕えるなら、侯に封じ、大将軍の役を与えよう」と。

馬援は答えもせず席を立ち、引き止める人たちに吐き捨てるように言った。「いまだ天下の雌雄《しゆう》は決していない。もし天下を狙うなら士を厚く遇すべきである。三度哺《ほ》を吐いてもすぐ迎えるものだ。だが述は辺幅《へんぷく》を修飾している。まるで木偶《でく》人形のようだ」。

かくて早々に帰り主君の隗囂《かいごう》に告げた。

「公孫述という男は、まったくの井蛙《せいあ》（井戸の中の蛙《かわず》）で、小さな蜀《しょく》の地で、威張る能しかない男で、誼《よしみ》を結ぶなどもってのほかです」と。

次いで馬援《ばえん》は劉 秀《りゅうしゅう》に会った。劉秀は居ながらにして会い天下の国士といって礼遇した。

その後、隴西《ろうせい》の隗囂《かいごう》が死に、隴は劉秀に降っている。光武帝劉秀が「人間足るを知らず隴《ろう》を得て復《ま》た蜀《しょく》を望む」といったのはこの頃であろう。そのとおり、公孫述は光武帝によって亡ぼされている。

現代経営者のなかにも会社が好調であればあるだけに派手にふるまい、不調になればカムフラージュするために飾る。井底の痴蛙《ちあ》にたとえる以外にない。実力の充実に優る飾りはないものである。

魏の武侯が太子であったころである。

父の師であった、田子方《でんしほう》に道で会ったので車から降りて平伏し敬意を表した。

ところが、子方《しほう》のほうは答礼もしない。そこで太子は怒っていった。「富貴な者が人におごりたかぶるものだろうか、それとも貧賤《ひんせん》な者が人におごりたかぶるものだろうか。富貴な者が、おごりたかぶるのが当然である。諸侯の後継者である高い身分の自分が、たかぶることなく平伏しているのに、身分の貧賤な先生がおごりたかぶるのは逆ではないか」と。

子方がこれに対して言った。「貧賤なものこそ人におごりたかぶれるもので、富貴な者が、どうしておごりたかぶれるものか。もし、一国の君主ともある者が、むやみに威張ったり、贅沢《ぜいたく》をしたなら、たちまち人望は失なわれて国を亡ぼしてしまうだろう。大夫が同様な振舞をすれば家を失なうことになるだろう。

それにくらべれば自分は、貧賤ではあるが、自分の主張が認められなければ、さっさと立ち去るだけである。もともと貧賤の身であるから、どこへ行っても貧賤は得られる」と。太子も、なるほどと思って失言を詫びた、という。

貧富、貴賤を問わず、おごりたかぶるということは、人間として、あまり格好のよいものではない。竹光を差して、武士は食わねど、と気どるのも、自ら尊厳を失なっているものだし、借金抱えて高級車を乗り回しているのも哀れを感じさせるものである。そこには勇のかけらも感じさせない。

十　企業経営に玉砕《ぎょくさい》はない

昔、日本軍が美徳としたものに玉砕《ぎょくさい》がある。負ける戦いでも全員戦死してもよいから戦えというのが玉砕戦法。勝たなくともよい、華と散れ、これを男児の本懐《ほんかい》と考えた。いかにも勇ましいようだが、真の勇気とは受けとめかねる。玉砕してしまったのでは元も子もない。一時の恥を忍んでも生きて再起をはかるほうが、よほど勇者といえるのではないか。

中国は春秋時代、呉《ご》と越《えつ》は二十余年にわたって争った。はじめ呉王闔閭《こうりょ》が越の勾践《こうせん》に破れ、傷を負って死に際し、子の夫差《ふさ》に、必ず越を破って自分の無念をはらせと遺言した。

夫差《ふさ》は薪《たきぎ》の上に寝起きし復讐の心を固めた。これを知った越王勾践《こうせん》は機先を制すべく、賢臣范蠡《はんれい》の諫言《かんげん》もきかずに呉を攻めたが、大敗し会稽山《かいけいざん》に逃がれ、進退きわまって降服した。「恥を忍んで降服し、生きて越を再興するに如《し》かず」という范蠡《はんれい》の忠言に従い、自分は夫差の臣となり、妻を夫差の妾《めかけ》にするという屈辱的な条件を示して、玉砕を避けたのであった。

このとき、呉の忠臣子胥《ししょ》が、「勾践は将来必ず再起して呉を亡ぼそうとするに違いありません。勾践を断じてお許しなるな」と諫めたが、呉王は、勾践から賄賂《わいろ》をもらっていた執政大臣の伯嚭《はくひ》の言を容れて、勾践を殺さなかった。

許されて国に帰った勾践は、獣《けもの》のにがい胆《きも》をなめて会稽《かいけい》の恥をそそごうと誓い、万全の準備を整え呉を三度攻め、ついに夫差《ふさ》は破れて降服した。先に勾践を許したことがあるので助命を願ったが越王の臣范蠡《はんれい》は許さず、夫差は自ら命を断った。死に際して「死んであの世へ行っても子胥《ししょ》に合わせる顔がない」といって顔を衣におおって死んだという。「臥薪嘗胆《がしんしょうたん》」の故事である。

もし勾践が范蠡の忠言を入れず、会稽山で玉砕していたら、「臥薪嘗胆《がしんしょうたん》」の故事は生まれなかった。破れて死ぬことは易いが、全財産をとられ、妻を妾に差しだして恥を忍んで生きることは難しい。よほどの勇気がなければできないことである。

現代の企業経営にしても、忍び難きを忍ばねばならないことはいくらでもある。

たとえば、深刻な不況に見舞われたり、ニクソンショック、第一次石油危機、急激な円高、あるいは、中進国の攻勢等々窮地に追いこまれたこともしばしばであった。このとき勇気ある経営者は、工場閉鎖、人員削減などの果断の勇をふるっている。

もっとも、足元の明るいうちに計画倒産をして、財産だけは保全しようという例もなくはないが、これらを会社経営者と奉《たてまつ》るわけにはいかない。

玉砕を避けるために一時の後退を決して、すべてを生き残りにかけるわけだが、それには、前進よりもはるかに難しい勇気を必要とするものである。まず、社内から猛烈な抵抗の火の手があがる。場合によっては、外部から信用不安の火の手もあがる。こうした中で、生き残り戦術を展開するのであるから前進の何倍かの勇気が必要になる。

しかし、国際的、大局的な環境変化という、いわば、自然の移り変わりで、天の力ともいえるものが、企業の玉砕をせまってきたともいえる。

こうした、人力ではいかんともしがたい強敵に戦いを挑めば自滅するだけである。勇気をふるって退き、生き残るに如《し》かず、である。

前にのべた「十をもって一を攻める」の孫子の兵法では、「十なれば、則《すなわ》ちこれを囲み、五なれば、則ちこれを攻め、倍すれば、則ちこれを分かち、敵すれば、則ちよくこれと戦い、少なければ、則ちよくこれを逃れ、若からざれば、則ちよくこれを避く、故に小敵の堅は、大敵の擒《きん》なり」（十倍の兵力なら包囲し、五倍の兵力なら攻撃し、二倍の兵力なら分断し、互角の兵力なら対戦する。劣勢なら退却する。勝算がなければ戦わない。少ない味方で大敵に向かって、がむしゃらに戦いを挑めば敵の餌食《えじき》になる）と記されている。

このうち、前の四項は行ないやすいが、あとの二項、つまり、劣勢なら退却し、勝算がなければ戦わないについての勇がでない。

卑近《ひきん》な例だが、証券投資などでも買うことは誰にでもできる。売ることは難しい。さらに難しいのが損をみ切って売ることである。

買うときは、儲けることだけが頭にあって損はないから、案外大胆《だいたん》にできる。

売る場合は、まだ上がるかもしれない。せっかく買ったのだから、これで目《め》一杯《いっぱい》儲けようという大欲がでるから売りきれない。売れば損とわかっている。この損をいくらかでも少なくしようと考えるから見切りがつかない。いずれも人間の欲得感情からである。

会社の経営上の進退についても、たとえば工場を建て、人を増やすことは易い。希望にあふれ、大きな期待を夢みているからだ。

しかし、工場閉鎖、人員削減などの撤収作戦も、支出を減らして収支バランスを保つことが目的である以上、当然勇気をださなければならないことだが、それができない。結局は玉砕を余儀なくされることになる。

昔、梁《りょう》の恵王《けいおう》が孟子《もうし》に向かって「隣国との国交はどうすべきだと考えますか」と尋ねた。

孟子は「大国は小国に事《つか》える気持ちで、謙虚な態度で交わらねばなりません。これは仁者にしてはじめてできる難しいことです。

また、小国は大国に事《つか》えなければなりませんが、これも容易なことではありません。これは賢者にしてはじめてできることです。

小が大に事《つか》えることは天の道理で当然なことです。大国の立場をもって小国に事えるというのは〝天を楽しむ〟ものといえましょう。

また、この天の道理に逆らわぬように、大国に事える小国は〝天を畏《おそ》れる〟ものです。天を楽しむものは天下を保つことができ、天を畏れるものは国を保つことができます」と答えた。

これをきいた恵王《けいおう》は、それでは、どこを向いても仕えているばかりで、なんとも威勢が悪い。がまんできそうもない。そこでいった。「私は、勇を好む気性がありますので」と。いかにも、辞を低くして仕えているばかりではやりきれない、という態度。

それを悟った孟子は答えて言った。

「王よ、小勇《しょうゆう》を好んではなりません。剣を撫《な》で、眼を怒《いか》らして、威丈高《いたけだか》になっているようなものは〝匹夫《ひっぷ》の勇〟で、せいぜい一人の人間を相手することができるだけです。もっと大きな勇気をおもちにならなければなりません」と。

漢の韓信が楚《そ》の項羽を評して「項羽が怒ると群臣はひれ伏して頭を上げるものはありません。しかし、項羽は、賢将にも任せることのできない男です。つまり、匹夫《ひっぷ》の勇に過ぎないのです」といっている。

こうした例をのべた理由は、勇は勇でも大きな勇と小さな勇があるからである。

俺は勇者だと誇っても婦女子の勇に劣ることがある。些細な勇と思ってやったことが大勇であったりする。時勢に逆らい、逆流に竿《さお》さすなど、まさに匹夫《ひっぷ》の勇でしかない。

しかし、一時の退く恥を忍んでも玉砕を避けるためには大きな勇が要る。

十一　身を退くの勇

勇で最も実行困難な勇は、引退の勇である。

中国の史上で西漢の劉邦《りゅうほう》に仕えた張良《ちょうりょう》と、越王勾践《こうせん》に仕えた范蠡《はんれい》を、引退名人といった人がいる。

知将張良は、仙人の修業をするといって雲隠れしている。劉邦の死後、呂后《りょこう》の専横《せんおう》を見抜いてのことであった。事実、大功臣の一人韓信が捕えられたとき、「狡兎《こうと》死して走狗《そうく》烹《に》られ、飛鳥《ひちょう》尽きて良弓蔵《りょうきゅうぞう》せられ、敵国破れて謀臣《ぼうしん》亡ぶ」（兎がとり尽くされると犬はもう用がないから烹《に》て食われ、鳥もとり尽くされると良い弓は倉庫にしまわれてしまう。同じように敵国が亡びてしまえば、謀《はかりごと》を立てて活躍した臣も不用のものとして殺される）と嘆いた。

韓信だけではない、黥布《げいふ》、彭越《ほうえつ》、陳豨《ちんき》など武功のあった者で晩年を全うした者はいない。

劉邦をして「われ蕭何《しょうか》に如《し》かず」と言わせた創業の功臣随一の蕭何でさえ、全財産を投げ出して劉邦の疑念を解かねばならなかった。ひとり張良だけは、仙人修業に励むといって現世への未練を断ったため、晩年を全うできたのである。

「臥薪嘗胆《がしんしょうたん》」の項に登場した越王勾践《こうせん》が天下を得たとき、范蠡《はんれい》はその功により上将軍に任ぜられた。しかし、久しくその地位にとどまるべきではないと官を退き、秘かに妻子・召使までつれて海を渡って斉《せい》の国へ行っている。

「勾践という人物は、首が長く、口は鳥のように尖《とが》り、残忍な人相をしている。こういう人は、困難な時には互いに協力し合うことができるが、安楽になると相手を捨てて、ともに楽しむことはできないものである」と見抜いたからである。果たして、ともに協力した種《しょう》は自殺を余儀なくされている。

「苦しみはともにすべきも、楽しみはともにすべからず」、創業の苦しみ、基礎固めの困難は手をたずさえ、二人三脚といってともにするが、ことが成って、さあ、これから楽しめるという段になると一人じめにしたいのが人の常である。

これに比べればわが国のホンダ、ソニーに代表されるように、苦もともにしたが楽しみもともにし、本田氏などは藤沢氏と同時に退いている。後世に範となる引退といえるだろう。

「鋭進の工夫は固《もと》より易《やす》からず、退歩の工夫は尤《もっと》も難し。ただ有識者のみ庶幾《ちか》からん」(まっしぐらの姿勢を貫いてことを成すことはもとより易しいことではない。それより難しいのは適期に引退する工夫である。これは識見のある者のみができることだ)言志四録。

これは私事になるが、第二の会社をやめるとき、社長に辞表を二回出した。ある人から辞表を出すことは引きとめてもらうことを前提にして出すものだ、とからかわれた。三度目は辞表を出さず任期満了でやめた。その理由は「文句をいう必要がなくなったからだ」といっておいたが、言い換えれば、自分がいなくとも立派に経営できる、さらに言い換えれば、私の代わりをする人が多く育っている、ということになる。本書の各所でのべてあるが、上に立った者の任務は優れた後継者を育てることにある、とのべてきた。その人を得れば自分の任務は終り、自ら引くのは、むしろ当然といえるだろう。

いま、「引退する工夫」とのべたが、工夫とは、自分の後継者としてふさわしい者を育て見いだすことといえる。もし、引退の時期がない、といっている者は、優れた人を育て見いだすことを怠っていた、いわば職務怠慢者といえるだろう。

菜根譚に「事《こと》を謝《しや》するはまさに正盛《せいせい》の時に謝すべし。身を居《お》くは、よろしく独後の地におくべし。徳を謹《つつし》むはすべからく至微《しび》の事を謹むべし。恩を施《ほどこ》すは務めて報いざるの人に施せ」（官位を去るのは全盛を極めているときである。身をおくのは地位などの争いのないところがよい。徳を慎むのは小さいことから慎むべきだし、恩を施すのは恩返しのできない人に施すがよい）とある。

組織から身を引く場合は全盛のときがよい。全盛であれば未練も残る。地位収入からも離れることは忍びないだろう。しかし、そこが潮時なので、言い換えれば最も勇気が必要なときでもある。少なからず収入は減り権力から離れる淋しさもある。しかし、引き時を逃すことの恐ろしさにくらべればものの数ではない。

自分が盛りあげてきた隆盛の時に去ることほど心残りのすることはなかろう。心狭い者は、後継者に座をゆずることは残念でもあろうが、ここが、決断のしどころといえるのではないかと思う。

悪い表現だが、権力の座というものは、牢名主《ろうなぬし》でも去るのを惜しむというが、どのような能力者であっても権力の座が長くなればなるほど批判も多くなってくる。能力が低下するからではない。権力にしがみつく、人間のみにくさが感じられてくるからである。

それを避けるつもりか、肩書きはゆずるが、権力をゆずらないものがある。院政などといわれるものである。菜根譚の言葉ではないが、身を独後におくことができないのである。

任せきれないから、といっているが、任せられない人間をなぜ後継者としたか。

また、自分が残っていないと、会社がどうなるかわからない、という人もある。残っていないほうが良くなることを知らないのである。

さらに困るのは、生き甲斐のため、健康のために居残るという者である。収入が減らないため、高級車にただ乗りしたいため、に至ってはいうべき言葉もでない。

これらは会社のためと口ではいっているが己のためであることは自分の口がそれを証明している。

ときおり権力争いが新聞種になっているが、これほどみにくいことはない。

権力の座に執着する者は、それをおびやかす者を、いかに能力者であっても除こうと考える。口先だけであっても権力の座にとどまることを望んでいるものを近づける。しかし、これはかえって墓穴を掘る結果を招くことになる。人を玩《もてあそ》んで徳を失なうからである。

これに反し、後継者を早く見いだし、ゆずって身を独後におく者は指導者の範として永遠の名誉を保つものである。

権力の座にあった者に、去る勇気をだせ、というほど酷なことはない。権力者が己の協力者に、辞めろということもまた酷である。

そのため、現代でもトップの座を巡ってトラブルが絶えない。これを円滑に気兼ねなく進めるのが役員の定年制度である。

ところが、この定年制度を設ける場合、決定するのが最高者であるため、そこはそれ、自分だけは制度外におきたい。そのため、トップだけに例外規定を設け、死ぬまでトップの座に居座れるようにしたり、会長とか、最高顧問など、余計な制度を設けたりしている。いかに権力に執着しているかがわかる。

そうすることのほうが、いかにも名誉のようであるが、世評は反対で、死んでも成仏《じょうぶつ》しきれない幽霊としか思われない。

「長生きすると恥が多い」といった人があるほど。権力の座というものは、適当な後継者を作って、さっさと辞めればよい。そのほうが世間は高く評価するのである。

明王朝をはじめた朱元璋《しゆげんしよう》、即ち、洪武帝《こうぶてい》の例がある。

朱元璋《しゆげんしよう》は、中国でも珍しい流民から身を起したほどの貧賤の出身である。一兵士として紅《こう》巾《きん》軍に参加してから、わずか十六年、四十一才で明帝国皇帝にかけあがった人傑である。

その秘密は第一に、軍団の綱紀《こうき》が厳正であったこと。

第二は、西漢劉邦《りゆうほう》と同じく、天下の人材を集め、これを用いたこと、とされている。

ところがである。天下を統一して、皇帝の位につくや、生き残った功臣たちに謀反《ぼうはん》の嫌疑《けんぎ》をきせて、ほとんど殺している。

左丞相《さしようじよう》の胡惟庸《こいよう》が謀反を計ったとして謀殺されたときは連座して殺された高官とその家族の数は一万五千人に及んだとある。

軍事面の最高功労者藍玉《らんぎよく》が疑われて殺されたときは連座する者二万人とある。

いずれも皇帝の座を安泰にするためにデッチあげた、いわば保身策なのである。

権力の絶対の座ともいえる楽しみは二人でともにするよりも一人じめにしたいのが人情なのである。それが往々トップ争いの原因になっているのである。

〝禅譲《ぜんじよう》〟という言葉は、理想の帝王といわれた、堯《ぎよう》、舜《しゆん》のころからのものである。

舜は堯帝が死ぬと、衆望によって帝位についた。堯からいえば、一族ではない異姓の者に位をゆずったことになる。従来の世襲《せしゅう》制度を改めたことになる。このとき、舜は、堯帝に仕えていたが、その人物に優れているのに感じ、自分の娘を彼のもとに嫁《とつ》がせ、宰相に登用したのであるが、当時としては氏姓の違う者に位をゆずることは困難であったのであろう。

後年も、表面的には禅譲は行なわれているが、実際は、帝位を実力者が奪い取ったもので、この点、現代では先進国の最高権力は、楽屋裏を別にすれば奇麗《きれい》な禅譲といえるが、企業ともなると、楽屋裏までさらけ出し恥を天下にさらしているものも少なくない。

最高の権力の座にあるものは、常に去る時を念頭におき、その期を誤らないようにすることが有終の美を飾る道であることを銘記すべきである。

第五章　時勢洞察

一 経営とは何か

ある経営者は「経営とは変化に挑戦することである」といっている。これからの企業環境がどう変わるか先見して、これに対応することが経営の要諦《ようてい》だということである。とすれば、変化に対応するには早く変化を先見しなければならない道理で、先見の遅速が勝敗を決するともいえるのである。

しかし、神ならぬ身の人間が先を適確に見定めることは至難の業《わざ》である。うかつに先見しようとすれば怪我のもとになる。また、勇を借りて進退すれば逆流に竿《さお》さす愚にもなりかねない。

そこで、もし変化を先見しなくても、確実に対応できるにはどうあるべきか。私なりに考えた。

結果は「厳しさに挑戦する」ということであった。つまり、企業環境が好転することについてはいっさい無視し、悪化する、厳しくなることだけを考えて経営にあたる、ということである。言い換えれば、不況当然、好況例外とでもいえる心構えである。つねに逆境に身をおくともいえる。

さらに言い換えれば、つねに危機感を抱いた経営をするということになる。

景気好転を予想していて、もっと悪くなることがあるかもしれない。金融が緩和するといえば窮迫《きゅうはく》することもある。円安になって為替差益がでるといえば、いや、円高になって差損になることもあるという具合に、厳しいことだけを予想して経営するということである。

こうした経営であれば、悪環境に対応するための厳しい経営態度が貫かれピンチに陥ることもない。好環境による収益はプラスアルファと考えればよい。

よく、ケチ会社などといわれるところがある。好況時にかかわらず節約に徹している。「易《やす》きにいて危うさを忘れず」の心を貫いているのである。

ということは、同じ先見であっても、厳しさだけを先見する経営といえるのである。

次に、これも私なりに「経営とは理想に挑戦することである」とも考えてみた。

度々のべているとおり、大志あるものは、将来はこうなろう、こうしようという目的をもつものである。理想を描《えが》く。そしてそれを達成しようと努力する。大事を成した人に例外はない。

とかく、理想を掲げると、それは理想論だ、いまの現実からは考えられない、といってとり合おうとしない。しかし、人間社会で口にされている理想論はすべて実現可能なことなのである。

いま隆盛を誇るスーパー長崎屋の創立者、岩田孝八社長と対談したことがあった。

「私は湘南のある市で、戦後、かき氷屋から出発したが、将来有望な産業は小売商と考えた。小売商といえばデパートが理想だが、それだけの資金余力がない。スーパーを三百店も出せばデパートに匹敵するようになる、と考えた」

つまり〝デパートに匹敵する小売店〟という大きな理想を掲げたわけである。

「統制解除を待って衣類呉服を商うようになり、掛《かけ》で仕入れて現金で売ることにし、その間の資金歩溜りで、将来の店舗候補地を買って店舗数を増やした」と話してくれた。現在では、当初の理想を立派に果たしている。社長の手帖は今日以後のものはあるが前日分はない。一日終れば切り捨てている。理想に向かってまっしぐら、の意気込みででもあろうか。

それにしても、仕入れた掛代金は期日に払わなければならない。売上げの停滞は許されない。滞《とどこお》れば不渡り倒産である。まさに背水の陣ではないが「之を死地において後に生く」(自分を絶体絶命の場に陥れて後に生きる)の離れわざである。

理想といえば、私がアメリカの、アーカンソー州の開拓計画を視察に行ったときである。

一月のリトルロックは厳寒、公園の噴水も凍りついている。

開拓事務所で何人か机に向かっている。

「現在この州は全米の州のうち下から二番目の貧乏州だが将来は豊かな州になる。近くを流れている川に日本の大型商船がのぼってくるようになる。そのときは、また、ここにきてもらいたい」といっている。いまにも、ほろ馬車が走ってきそうな砂漠地帯。どう考えても、まともな話とは思われない。

「せっかく日本から来たのだから記念に、ここの土地でも買っておいてはどうか。いまなら、一ヘクタール（約三千坪）二十ドル（当時日本円で七千二百円）で買える」ともいってくれた。

「この計画は何年先に完成するのか」ときいたら「さあー、五十年か百年先だろう」

「それでは、皆さんの在職中は完成しないね」

「それはもちろんだ。でもわれわれの後を継いでくれる人は何人でもいるよ」

彼らの遠大な理想挑戦には、ただ唖然《あぜん》とするばかりであったが、いずれは完成することになる。

リトルロックからワシントン行きの飛行機に乗るとき、一人のアメリカさんに聞かれた。

「座席が決まっている飛行機へ乗るとき、日本人は人を追い越して行くが、早く乗ると、早く着くと思っているのか」と。

性急な日本人は理想を定めるにも期間は短いようである。

二　大器《たいき》は小事を疎《おろそか》にせず

細心の者には、空気を見る目と相手の心を読む能力がある。

「大器《たいき》は小事を疎《おろそか》にせず」（大人物は小さいことをおろそかにしない）ということは古書によく出てくる言葉である。言志四録にも「真に大志ある者は、克《よ》く小物を勤め、真に遠慮ある者は細事を忽《ゆる》がせにせず」（真に大志ある者は、小さなことを粗略にせず、遠大な考えのある者は、些細なこともいい加減にはしない）とある。

細かなことにとらわれているようでは大人物になれない、という人がよくいる。ところが、そう言っている人が小器で、言われている人が大器ということになろうか。

だいたい考え方の大きな人物は小さなことに気づかない、と思われがちだが、実はよく気づいていながら口には出さないだけなのである。

今川義元を討った信長の豪胆《ごうたん》さは歴史を飾っているが、その信長が小姓《こしょう》を選んだときの細心さにはまた驚かされる。

小姓《こしょう》になりたい者は襖《ふすま》をあけて、信長を拝顔するだけのことであったが、あらかじめ襖をあけるとすぐ目のつくところに小さな塵《ごみ》をおいた。平伏して、それを持ちさったのは森蘭丸《もりらんまる》であったので取り立てた、という。

細心大胆と小心小胆との違いである。

東京大手町の経団連ビルのエレベーターに乗ると気づくことがある。「閉」のボタンの上にプラスチックの板が貼られて使えないようにしている。元会長の土光さんの指示にもとづくものだという。「閉」は押さなくても自動的に閉まる。押すと一回何円の余分な電気が流れる。経済界の大本山ともいうべき経団連の本部ビルを訪れた人は、土光さんの小事疎《おろそ》かにせずの心構えを教えられるのである。

財界総理といわれた石坂泰三さんが、万博総裁のとき、まむし退治費用を予算査定に際し削った話も語りぐさになっている。巨額な万博予算から僅かなまむし退治費用を削ったからだ。しかも「このごろは整地もブルドーザーでやるから、まむしも命がおしいので逃げてしまうだろう。これは削ろう」といったそうだが、これなら、予算を作成した人の体面を損なうこともない。細かい気くばりである。

企業経営者として小事を軽視するようでは経営を任せておくわけにはいかない。第二の会社へ私が入社して間もなく、役員何人かと雑談していたときである。

「経営者の任務とは」という質問を受けた。これはてっきり、新参者《しんざん》を試すための質問だと感づいたので即座に「災《わざわ》いを未萌《みほう》のうちに除き、勝を百年の遠きに決することである」と答えた。

「それはどういうことか」「会社の災いになるようなことは芽の出ないうちに取り除き、遠い将来までも発展しつづけられるような経営基盤を築けということだ」と言った記憶がある。

老子に「難事《なんじ》は必ず易《やす》きより作《おこ》り、大事《だいじ》は必ず細事《さいじ》より作《おこ》る」という言葉がある。大難になるようなことは、きわめて簡単なことからおこっているし、大事件になるようなことも小さなことからおこっている。マッチ一本火事のもと、と同じである。

会社の衰退、倒産の原因なども、もとをただすと見えるか、見えないようなものから生じている。

そのため「難事はその易《やす》きに図《はか》り、大事はその小事《しょうじ》に図る」、つまり、大難になるようなことは、簡単に始末のできる間に始末してしまい、大事件になるようなことは小さなうちに処理してしまうべきということである。

しかし、大難事になるまで気づかないようでは困るので、小さいうちに見いださねばならない。言い換えれば、小事から大事を先見できる能力が必要、そのために、小事は疎《おろそ》かにできない、ということになる。

本書の各所で、節約をのべているし、節約は人材育成につながるとものべているが、節約したかねなど、とるに足らないもので、大きな役にはたたないかもしれない。

しかし、小さな物やかねを節約している間に細心の注意力が養われ、先見の明も開けてくる効果は大きいものである。

また、小事から大事を先見すれば、大難の大部分を避けることができる。

よく、同じ条件で出発しながら、一方は伸び、一方は伸び悩んでいるものがある。伸びているものは、災いを小さなうちに除いているため、かね、時間にムダがない。

伸び悩むほうは、大事になることが先見できず、災いの種を大きくしてから除こうとするから、時間も費用も大きくかかる。

また、小さな災いを見ていながら、小さいことを侮《あなど》って処置しないため後に悔いを残している。先見性に欠けていたのと違うことはない。

「歯牙《しが》に懸《か》くるに足らず」という言葉はいまでも使われているが、歯ときばとは、ことばの端《はし》という意味で「歯牙に懸くるに足る」といえば、ことを論ずるだけのことはある、ということになる「歯牙に懸くるに足らず」なら、とりたてて話すほどのことではない、ということになる。

別項でものべたが、「燕雀《えんじやく》安《いず》くんぞ鴻鵠《こうこく》の志を知らんや」と言った雇われ農夫の陳勝《ちんしょう》が九百の農民軍を率いて強国秦に反旗をひるがえした。

その報告をうけた秦の二世胡亥《こがい》は、三十余人の博士を集め対策を図った。全員、反逆者を討つべし、ということであった。

しかし、胡亥は、雇われ農夫ふぜいの反逆に対応するということに自尊心を傷つけられ、不快でならなかった。

そのとき、叔孫通《しゅくそんとう》という側臣が進み出ていった。「いま天下は統一され、平和に治まり、兵備も廃しているほどです。陛下に背く者などいるはずはありません。それらは、群盗狗盗《ぐんとうくとう》といえるもので、歯牙に懸けるほどのものではありません」と言上した。

二世もこれに満足し、叔孫通《しゅくそんとう》を博士に抜擢し、褒美《ほうび》を与え、反逆者といった博士たちを処罰してしまった。

しかし、この事件は博士たちが主張したように狗盗《くとう》どころではない。立派な反乱軍で次第に勢を増し、続いて反旗をひるがえした項羽、劉邦とともに秦を亡ぼすことになる。大事になることを先見できなかった結果である。

「歯牙《しが》に懸《か》くるに足らず」と言った当の叔孫通は、すでに、秦の滅亡を先見していた。その後しばらくして故郷へ逃げている。その地は早くも項羽に占領されていたので項羽に仕え、項羽が劉邦に亡ぼされると劉邦に仕え、西漢の諸制度の制定に尽くしたという。こうしてみると、叔孫通のほうが、よほど先見の明があった、といえそうである。

三　先んずれば人を制す

前項で陳勝が秦に反旗をひるがえしたとのべたが、これを知った江東《こうとう》の郡守だった殷通《いんとう》も、これに呼応し、あわよくば天下を狙おうと、有力者の項梁《こうりょう》を招いてこう相談をもちかけた。

「いま や江西《こうせい》地方はみな秦に反旗をひるがした。これは、天が秦を亡ぼそうとしているのである。先んずれば即ち人を制し、後《おく》るれば人の制するところとなる。そこで、相談なのだが、君と桓楚《かんそ》の二人に挙兵の指揮を任せたいと思うが、どうかね」

「桓楚はいま逃亡中でいないが甥の項羽ならおりますから一応相談しましょう」

項羽と打ち合わせて戻ってきた項梁《こうりょう》は項羽に目くばせして、やれ、といった。項羽は剣を抜くなり、殷通の首をきり落してしまった。

先んじようとした殷通はかえって項羽に先んじられてしまったわけだ。

かくして項羽は七千の兵を率いて秦都咸陽《かんよう》を目ざすことになるが、天下は劉邦の得るところとなる。

「先手必勝」なる言葉もあるとおり、先を見て早く手を打つことが勝利への道で、勝負の世界でも、先手をどう早くとるかに腐心している。当然に勝に近づくからである。

現代の企業間競争、あるいは利殖の世界でも、先を早く読み、早く手を打ったほうが勝になる。

前職時代に、データ通信網を開設するための機械化計画を立案したときのことである。今でこそ、どこの銀行でも当り前になっているデータ通信であるが、当時はわが国で初めてのものであった。

常務会に何回出しても、計画案が審議未了で返されてくる。私は席上、わかりやすく説明したつもりであるが、なにしろ例のない計画であったから数字に明るくても機械にうといお偉方《えらがた》には理解されない。ついに六回返され、七回目はトップ直々に決裁を求めに行った。

頭取室で「計画のどこが悪くて決裁されないのか、うかがいたい」と直談判である。

「採用機種に問題があるのか」

「機械が気に入らないわけではない」

「採算に合わないという理由か」

「ソロバンは君のほうが達者だろう」

「全体の費用が多過ぎることか」

「この程度はかかるだろう」

「それでは、決裁にならぬ理由は何もなくなるが」

「たいへん分厚い資料だが、一回目に提出してから、どこか訂正したことがあるか」

「万全と考えているので一ヵ所も訂正していない」

「今後も訂正する考えはないか」「十二分に研究、検討したつもりで、訂正の考えは全くない」

「どうだ、一ヵ所というのではなく、たった一字だが訂正するか。君がここで訂正すれば、承認するがどうだ、あとは持ち回りで常務たちの印を押してもらえばよかろう」

「一字だけならどうということはありません。訂正しましょう。一体、どの字ですか？」

分厚い資料をめくり出した。

「そんなにめくることはない。最初の一字だ」

「最初は、七ヵ年機械化計画……」「その〝年〟を〝期〟に訂正するだけだ。一字なら、どれを訂正してもよい、と君がいったばかりだ。訂正するぞ」といいながら頭取決裁印を押してしまった。

銀行は上下の二期、七年を七期にすれば三年半で終えねばならない。

印を押された以上しかたがない。部内へ持ち帰ると、三年半でできるわけがない、と部員はあきれ顔である。「常務会でこのままズルズルと引きのばされるよりましだ。とにかく進めよう」と、説得して取り組んだところ、三年半どころか三年で完了している。

データ通信の試運転のとき、頭取が始動スイッチを入れた後の挨拶で「進歩の時代には進歩に歩調を合わせることが他の先に出る道だ。今回の計画を半分にしてもらったが、僕としては大変な誤りを犯したと思っている。それは年を期としたが、月としなかったことだ」と。七年を七カ月ということは、できない相談だが遅れて他の後塵《こうじん》を拝すことを恐れたからである。

第二の会社で設備更新を計画したときの話である。

担当長がもってきた「新設備計画」をみて、二つ条件をつけた。

「二年計画になっているが、これでは〝新〟という字を〝旧〟に変えてもらわなければならない。新設備を必要としながら、なぜ二年もかけるのか理解できない。他社がもし一年で設備を更新したら、当社は一年遅れになってしまう。一年以内に設備を完了すること。完了期間を二年にすれば、それに比例して心の緩みがでる。また更新に時間がかかると、それだけ要員も増えコスト高となるからだ。

二つは、説明によると、新設備が稼動すると二十五人の要員減となる計画であるが、稼動する前に二十五人を配置転換して、他の技術部門にまわすこと。新設備に慣れてから減員するのでは、機械が動きだしても減員はままならない、ということになる。最初から減員して専任させれば、責任を自覚して、〝おれがやらなければ誰がやる〟という気になり、必ず二十五人の減員が達成できる」と。こう断言できたのも、銀行時代の体験があったからである。

ことに、利を争う社会などでは寸分の遅れが致命的になったり、タッチの差で勝敗を決することになる。そのため情報を得るために熾烈《しれつ》な競争が展開されることになる。

株式投資などにしても一刻も速く情報を得たものは売りも早く、買いも早くなる。遅れた者はババを摑《つか》む恐れさえでてくる。

ただ、知行合一の項（第四章五）でものべたが、いかに早く知っても行なわなければ、知らなかったのと同じになるということである。

たとえば、こういう見通しだから株は値上りする、と判断しても買わなければ先見したことにはならない、ということである。値上りしたあとで、私も上がると思っていたという人がある。これは先見に自信がないか、断行の勇気がないからである。

無一文から創業して大を成した創業者何十人かと対談し、その人物を知って、行をともにした人たちに、これらの株を買っておけば、相当の財産家になれると話しておいた。もし、人にすすめる前に、自分が何千株ずつ買っていたとすれば現在は何億円かになっていたろうに一株も買ってない。自分の不明を自嘲《じちょう》するだけである。

四　先見の妙

先を洞察するということき、小さなことから将来の変化を見ることもあれば、大きなことから時代の移り変わりを知ることもある。

前述の「歯牙《しが》に懸《か》くるに足らず」は小から大を洞察するものであり、雲行きをみて台風来襲を予知するように大局から将来を判断することもある。

さらに、過去の体験から、あるいは歴史から将来を知ることもある。時には天を師として先を見ることもある。

それらについて私なりに考えていることをのべてみたい。

昔、魏《ぎ》の白圭《はっけい》という宰相は、堤防を巡視するとき、蟻の通る小さい穴までふさがせ、百尺もの大きな家の壁のちょっとした隙間《すきま》も塗りつぶさせたという。千丈の高い堤も蟻の穴のために潰れて大洪水となり、高楼もわずかな隙間から入った火で焼け失せることを見通していたからである。「千丈《せんじょう》の隄《つつみ》は螻蟻《ろうぎ》の穴をもって潰《つい》ゆ」（韓非子）。

節約に努めている経営者は、自分の会社が潰れることのあるのを知っているからだ。つねに学んでいる者は、ことある時に役立つことを知っているからで、いずれも先を思ってのことである。

「玉杯象箸《ぎょくはいぞうちょ》」の故事は、箸《はし》一ぜんから国の滅亡を洞察した話である。

いまから三千年前、六百年つづいた殷《いん》の最後の王として、悪虐無道随一といわれた紂王《ちゅうおう》の時代である。紂王が象牙の箸をつくった。当時としては大変ぜいたくなことである。

これを知って箕子《きし》が嘆き、諫めもした。

「あの王は象牙の箸を作ったが、この次は素焼の器を使わないことになるだろう。象牙の箸と土器では釣り合わないから、玉の杯を作ろう。玉杯と象牙の箸を使うようになれば、あかざや豆の葉など粗末な野菜を吸いものにしたり、短い荒い毛織の着物をきたり、かや葺《ぶ》き屋根の家に住むような貧乏生活をやめ、山海の珍味を盛り、豪邸で、錦を重ねるという具合に、次々にぜいたくの釣り合いを求めていくようになったら天下の富を集めても足らなくなるだろう。税も重くしなければ足らなくなる。当然に人は不満を抱いて国は乱れて亡びることになる」と。

諫めた忠臣がかえって紂王に殺されているのを見て、箕子はいつわって狂人となり奴隷の仲間に入った。

紂王《ちゆうおう》は箕子《きし》が予想したとおり、妲己《だつき》の色香に迷い、酒池肉林の贅《ぜい》をつくしたため人民に背かれて周の武王に亡ぼされている。

死ぬとき財宝を身につけ自ら火を放って死んだという。箕子は象牙の箸から国の滅亡を洞察したわけである。

銀行時代私も融資担当の先任常務から、分不相応な事務所を建てたり社長が高級車を乗り回しているような会社への融資は一応警戒してみること、といわれたことがあった。紂王ではないが、釣り合いの贅沢《ぜいたく》を懸念《けねん》してのことである。

木の葉が落ちるのを見て感ずるものは、よほどの風流人ぐらいなもので、多くは見過ごしてしまうものである。

しかし、一葉落ちるのを見て時世の移り変わりを知れ、という教えもある。

坪内逍遥《しようよう》作の戯曲に「桐一葉《きりひとは》」というのがある。

豊臣家の部将片桐且元《かつもと》が、豊臣家の衰亡を予想して関東方につこうとして大坂城を去ろうとしたとき、別れを惜しんで見送った木村長防守が言った言葉が「桐一葉落ちて天下の秋を知る」、つまり桐を片桐の桐と豊臣の紋（五七《ごしち》の桐）にかけて、豊臣家滅亡を意味しているのである。

また、昭和二十八年三月にスターリンが死んでいるが、その一カ月後であったろうか、株式新聞の編集長だった石井久氏（立花証券）が「桐一葉落ちて天下の秋を知る」の一文を掲載したため株価が暴落したことがあった。いわゆるスターリン暴落である。

しかし、スターリンの死が株価の崩落を招いたというより、朝鮮動乱終結後の反動不況がもたらしたものである。

当時私は、銀行の証券課長であったが、スターリン死亡の三カ月前には、売れる株のほとんどを売り終えていた。朝鮮動乱景気が長期化するものと思い、思惑輸入が増大していた。その決済のため国際収支は悪化し、当然に引き締め政策がとられ、景気は悪化して、株価は下がると予想したからである。

これは後日談になるが、一期間に大きな株式売却益を出したということで監督官庁に呼び出しをうけ、不健全な行為であるということで叱られた。下がると思うから売りました、といっても、それがいかん、とまた叱られた。平身低頭、平あやまりに、あやまって帰ろうとしたら呼びとめられた。「家内が株をやっているのだが、いまどんな株を買ったらいいかね」「現在、日立が四十円、東芝が二十五円ぐらいですから、長期持続のつもりで買っておくのもいいと思います」といっておいた。

人に勧めたのだから自分でも買っておいたら、いまどのくらいな財産になっているだろうか。いくら、先見の明があっても行なわない先見は、悔いを残すだけである。

さて、横道にそれたが、石井さんの桐一葉にしても逍遥の芝居にしても、その言葉はどこからでているのか。遠く二千年も昔にさかのぼる。

西漢の高祖劉邦《りゅうほう》の孫にあたる、劉安《りゅうあん》が著した淮南子《えなんじ》という本にある。

「一葉《いちよう》落つるを見て、歳《とし》の将《まさ》に暮れなんとするを知り、瓶中《へいちゅう》の氷を見て、天下の寒きを知る」（木の葉が一枚落ちるのを見れば、年の暮れが近づいたことがわかり、瓶《かめ》の中の氷を見れば、世の中全体が寒くなったのがわかる）。

小さな現象から大きな根本を知る、ということに解され、小さなことから大きな変化を知るということにもなる。

また、小さな兆候から衰え亡びようとする形勢を察することに用いられる言葉である。

そのことでは私にもこんな体験がある。

いまのべた、石井久さんの桐一葉の記事から約二年後の昭和三十年は朝鮮動乱終結後の不況に見舞われた年である。

その年の一月私は自宅の新築を思いついた。大正十二年の関東大震災で母屋が倒れ、その古材で建てたため老朽化していたからだ。

どこで、それを知ったか、近くの工務店主が来て「大工道具が錆《さ》びてしまうほどの不景気。ぜひやらせてもらいたい」という。

大工道具が錆びることは武士の刀が錆びるようなもの。深刻な不況であることがわかる。その話をきいて、迷いも消え、即座に依頼したわけだが、資金手当がついていない。木造建て五十坪の計画をしたが、住宅金融公庫の標準建築費でも坪当り三万五千円。坪当り四万円は必要である。

しかし、手持ち資金はゼロ。退職金見合いの借金が百五十万円限度。母のへそくり五十万の計二百万円。

ところが、自分たちは新築の家に入っても、死んだ父と、戦死した弟の墓石はまだ建てていない。墓石二基で二十万円。残り百八十万円が新築資金となる。この百八十万円で、電機メーカーの株を一株八十六円で二万株買ってしまい、建築関係者の手間賃、材木代金等、五月下旬から支払う約束をとりつけ三月に着工したわけだ。

信長は生涯に一度の冒険をしたというが、一課長の身分で大きな冒険である。

仕事始めの日、関係者の前で「いまが一番の不景気。不景気のドン底と考えて新築に踏みきった。もし、いまより材木代、手間賃が安くなるようであったら、私は景気や株価の見通しについて話したり、書いたりしないことにする」と大それたことを言ったものであった。

しかし、支払いが始まるころになると、株価が上がり、七月には輸出入信用状が一千万ドルの黒字と発表され株式市況も活気づいた。夏になると、空前の豊作、米代金撒布《さんぷ》、金融緩和を材料に大幅値上り。

結局同年末に家移りしたわけだが、新築費四百二十万円は株の値上りで賄《まかな》うことができた。

陰陽の理は天の教えだが、先見の妙は天を師とするに如《し》かずともいえそうである。

五　天に学ぶ

「天を師として学ぶ」といえば、いかにも、八卦《はっけ》占いのように思えるが、天地自然の動きというものはわれわれ人間に真実を教えてくれているものである。

春夏秋冬、寒暖、昼夜等々寸分たがわず移り変わって誤ることはない。人間もまたこの動きに従って動いてやまない。言い換えれば、人は天の命に従って動くともいえる。物は人によって動き、人は天によって動く、とすれば、物の動きも天の命に従うともいえるのである。

また、天地の理、自然の動きには人間と違って感情がない。人に動かされることもない。天に従って、だまされることもなければ誤ることもない。

そのため「太上《たいじょう》は天を師とし、その次は人を師とし、その次は経《けい》を師とす」（最上の人は天を師とし、二級の人は優れた人を師とし、三級の者は経典を師とす）という言葉さえある。

よく時のムードに巻きこまれて将来を見失なうことがある。こうしたとき、誰を師とするか。ムードに巻きこまれることのない天を師とするに如《し》かずで、ムードに巻きこまれがちな人を師としたのではかえって危うくなろう。教本を師にするとしても、ムードに巻きこまれている自分が読むわけで、教本の教えまで破ることになるだろう。

その点、自然は人間に、ありのままの姿で教えてくる。

春夏の候も、生物の生活などに狂いはない。熱したものは冷め、上がったものは下がる。自然の理である。

昭和六十一年から六十二年にかけて株価が上昇し新記録を更新しつづける活況を呈したことがある。

その背景は、超金融緩和と史上最低金利、加えて円高と世界市場の活況、内外機関投資筋の手揃い買い等々材料としては株価の上昇も当然といえたろう。

しかし、なんといっても、常識を逸した値上りであった。

当時、私もよく質問をうけた。

余裕資金を多分にもった内外機関投資筋や、円高による収益低下をカバーするための一般企業の財テク、預貯金離れのした個人投資家、さらには新人類の出動もあって、値下りすることはないといわれているが、手持株をどうしたらよいかこれから買ってもよいか、というようなものであった。

その度に私はこう答えていた。

「あり余るほどのかねを持っている人であっても、株式投資で損をしてもよい、という人は一人もいない。ということから、先々値上がるか値下がるか考えたらいいでしょう」と。

株で儲けたいなら、値上りすれば売る、ということに気づくはず。

果たして、六十二年十月は平均株価で四千円近い大暴落を演じている。売る人があったから下がったのである。

「新人類が買っているから下がらない、という人があるがほんとうか」という質問もあった。そこで答えた「新人類とは、利は知っているが損の知らない人です」と。

さて、天の理は正しく巡って狂うことはないが、これに逆らうことはできない。またゆるやかにめぐり動くが、これを速くすることはできない。

さて、先見力が必要といっても、先の先まで先見すると、空想論者扱いされることがある。

昭和三十三年、私は、東京の九段会館で、全国地方銀行協会主催の〝銀行の機械化〟を演題とした講演をしたことがある。

終って廊下を歩いていたところ「今日は空気のような話をきいた」といいながら帰っていく人がある。私は、人間は空気がなければ生きてはいられない、と同じように、銀行も機械がなければ経営できなくなる、とでも解釈してくれたのかと思っていた。

ところが控え室へ戻ってから話をきくと、どうやら、空想的な話、雲をつかむような話として聞いていたらしい。現代になってみると、そのほうが、よほどウソのように思えるが少々先走ると空想論者にされてしまうらしい。

また、流れに竿《さお》さすことも物笑いにされる。現在の事業がすでに時代に流されて斜陽化しているのに拡張をつづけ、大きく名利を失なった人がある。高度成長時代の夢が捨てきれず、低成長になっても、昔を今に返そうとしている向きもある。流水再び戻らずの自然の理を知らないのである。

天の理といえば、唐の詩人、李白《りはく》の詩に「君見ずや黄河の水、天上より来るを、奔流《ほんりゅう》して海に到って復《ま》た回《かえ》らず、君見ずや高堂明鏡《こうどうめいきょう》白髪を悲しむを、朝《あした》には青糸《せいし》の如きも暮には雪となる……」（君よ、黄河の水が天より降ってくるのを見給え。その水は一旦奔流して海に到れば、もはや再び帰ることはない。人の命もまた、これと同じ。また見給え、高堂に住む貴人も、明鏡に向かって、いつのまにかわが髪の白くなったのを悲しんでいるのを……）。生まれれば老い死ぬ、入社には退職がある。天の理で何人《なんびと》もこの圏外にあることは許されない。いかに先見の明がある人であっても誤ることもあるが、こうした天の理に誤りはない。人間誰しも正確に見通していながら、これに備えようとする者は少ない。

六　一斑《いっぱん》を見て全豹《ぜんぴょう》を知る

「管《くだ》を以《もっ》て天を窺《うかが》い、蠡《ひさご》を以て海を測る」「よしのずいから天井をのぞく」いずれも視野が狭いことをいう。

「一斑《いっぱん》を見て全豹《ぜんぴょう》を知る」も、くだの穴から豹《ひょう》をのぞいて見ても、まだらの一つが見えるだけで、豹の全体はわからない、ということである。

現代のように、政治、経済などすべてが国際化してくると、日本国内だけの見識では到底マクロ的な変化を先見することはできない。

荘子に「井蛙《せいあ》には以《もっ》て海を語る可《べ》からざるは、虚《きょ》に拘《かかわ》ればなり。夏蟲《かちゅう》には以て冰《ひょう》を語る可からざるは時に篤《あつ》ければなり。曲士《きょくし》には以て道を語る可からざるは教《おしえ》に束《そく》せらるればなり」（井戸の中の蛙が海を語ることのできないのは、自分の住んでいる所にこだわるからだし、夏の虫が氷のことを語るに足らないのは夏のことしか知らないからだ。一方のことしか知らない人と道について語れないのは、自分の教わったことに束縛《そくばく》されるからだ）とある。

こうした、狭かったり片寄ったり、それにとらわれている者は、広い世界がこれからどう移り変わっていくかを見通すことはできない。

因襲に凝り固まっている人に、時代の進歩を説いても理解することはない。

別項でものべたが、前職時代私が銀行のコンピュータ化は必至、早く手を打たなければ時代に取り残される、と主張した。しかし、ソロバンという名器がある以上、機械化時代などくるはずはないといって総反対された。昭和三十六年に常務取締役になったとき、ある部長から「近く辞めるんだそうですね。機械化、大衆化を主張している役員は常務一人。孤立してしまうから」といわれて驚いたことがある。

後日、それに関連して、こう話した。

「徳川夢声の旅行記を読んだところ〝南方の未開地に行って食事をしていた。蠅《はえ》がむらがりたかるので追っていたら、原地人にそれほど追わなくてもよかろう。蠅はそんなに食べないから〟といわれた」と。

これも未開発地へ行った人の話。飲み水の中にボーフラが浮き沈みしていたので、「飲める水と替えてくれ」と頼んだら「それが飲める水だ。その証拠にボーフラが生きているだろう」と。

その人たちに、蠅やボーフラは、人間を殺すような黴菌《ばいきん》の媒体だと話しても、見えないほどの小さなものが大きな人間を殺せるわけがない、と信じないだろう。ソロバンをボーフラと言い換えれば理解されるだろうがソロバンにしがみついている間は難しい、と皮肉をいったことがある。

いまやっていることが最善と考えている者に先見を期待することは困難だし、現在を守ろうとする者にも困難である。

韓非子にある話だが、公子の韓非《かんぴ》は国の衰退を防ぐには、王の係累《けいるい》であれば能力が劣っていても高い位につける氏族制度を廃止しなければならないと考え説いたが、既得権を守ろうとする者の抵抗がでた。それを理解させるため、こんな話をした。

「宋の農夫が畑を耕していたとき、兎がとんできて株《かぶ》につまずき、首の骨を折って死んでしまった。手を下《くだ》さず兎をせしめた農夫は、それからというもの、農具を手にせず、その株を見守っていた。

しかし、二度と兎はとんでこなかった。そのため国中の笑いものになったという」

「株《くいぜ》を守る」のいわれである。

いずれも因襲にとらわれているもので、先見の明をくもらせるものである。

さらに「抽象論を具体化して成果の得られる者も人材」とのべたが、抽象論のわからないような者は先見にうといものである。

先見にうとい、というより、抽象的なことの理解力がないといえるかもしれない。具体的以外はわからない、ということでは融通《ゆうづう》もきかないのである。

卑近な例だが、利殖必勝の鍵は先見にあるが、具体的に売買している人は利を急いで先を見ることを怠る。また「鹿を逐《お》う者は山を見ず」の戒めのように、こつこつ儲けためたものを、大局的な大変動で失なってしまう。

ところが「人の行く裏に道あり花の山」「悲観論者から買って、楽観論者に売れ」というような禅問答のような抽象論に従っている人が大儲けしている。

金魚を可愛がっている親父、小僧に「出かけてくる間、猫に食われないように見張っていろ」と。帰ったら金魚がいない。わけをきいたら「見張っている間に猫がくわえて持って行ってしまった」という小咄《こばなし》がある。小僧としては〝見張っていろ〟とはいわれたが、〝猫を追え〟とはいわれていなかったわけである。

三国志にでてくる魏の曹操《そうそう》が、蜀《しょく》の漢中《かんちゅう》を攻めたときである。

戦いは数ヵ月にも及び、兵站《へいたん》は諸葛孔明にかき乱され、加えて逃亡兵が相次ぐ困難に陥った。

そのとき曹操は「鶏肋《けいろく》」と命令を発した。

命令を受けた部将たちは、なんのことかさっぱりわからない。

ところが主簿《しゅぼ》の楊修《ようしゅう》という男は、命令を聞くと、さっさと魏の首都長安へ帰還する身仕度を始めた。一同から、そのわけをきかれた楊修はこう答えた。「鶏《とり》の肋《あばら》は食おうとしても食えるところはない、そうかといって捨てるにはもったいない。漢中をこれになぞらえてのことで、撤退という意味だ」。果たして次いで撤退命令が出された。

隠語《いんご》がわからないようでは見当もつきかねることになる。

七　目前、足下からの先見

「愚者《ぐしゃ》は成事《せいじ》に暗く、智者は未萌《みほう》に見る」（愚かな人は現在そこにあるものにも気づかないが、知恵のある者は、まだ芽の出ていないことまで知っている）という言葉がある。ことが起きても気づかない者もいる、ことの起きる前から気づいている者もある。これを現代の経営にあてはめると、愚かな経営者は、目の前にある経営資源にさえ気づかないが、知恵のある経営者は芽の出ない、つまり形のないものをも洞察し、経営に役立たせることができる、ともいえようか。

後から、先見の明を云々《うんぬん》されることは多いものだが、その先見の手がかりは案外に目前、足下にある。

作曲家の故古賀政男さんと話し合ったとき、「僕は明大を出て、作曲家としてコロムビアへ高給で入社したが、曲ひとつ詩ひとつ作れない。十一月のしとしとと雨の降る日だったが散歩に出たところ、キセルの掃除をする羅宇屋《ラウヤ》さんの笛の音がきこえてきた。消え入るような音にしばらく聴き入っていた。これだ、と思い下宿に帰って作詩作曲したのが〝影を慕いて〟です」といって一節歌って下さった。その時私が「いま〝骨まで愛して〟という歌がヒットしていますが、あれは作詩した人が、自分にも骨がある、ということに気づいたからではないでしょうか」ときいてみた。「骨がある、それをパチッといい現わした。全くその通りですよ」といっておられたが、すぐそこにある資源、それに気づくこと、これが時勢洞察への第一歩でもある。

古賀さんは、さらに「驚きと感激のない人ほど味のないものはない」ともいわれた。気づいて閃《ひらめ》くには、感激が必要、ということかもしれない。

昭和二十年代の後半から私は観光バスを見ていた。乗客の男女別を見ていただけである。当初は男性が大部分を占めていたが、次第に女性が増えてくるのに気づいた。

また、会社の団体旅行で温泉旅館の番頭さんと話し合ったとき、「われわれの商売で景気の良いときは、家族連れの客が多く旅館の窓が満艦飾《まんかんしょく》になっている」といっていた。

さらに、三十年代前半には家電ブームが起きたが、強くなったのは女性と靴下といわれだした頃である。私は銀行の経理部長であったが、頭取に婦人銀行を設立して大衆化戦略を徹底してはどうか、と申し入れた。家庭の主婦を狙ったサービスの充実を図るもので、別に婦人専門の銀行を設立するわけではない。要するに、家庭の経済的主権は主婦に移ると判断し、当時の銀行大衆化戦略の中心に主婦をすえようと考えたからである。女性には守る、備えるという本能がある。経済に不安のある時代には進んで観光を楽しむ気にもならない。安心が得られるようになると進んで消費をすることになる。折しも、バスの中に女性が目立ち、観光地に家族連れが目につくようになっている。

婦人銀行は昭和三十六年に発足し、次第に他の銀行にまで普及していった。各行が競い合う状況になると、当局の広告規制とやらで自粛を命じられ、発展の芽をつまれてしまったが、当初の大衆化戦略としては大いに話題となったものである。

このように、旅館の窓、バスの中にも経営資源がある。それに気づくかどうか、ということである。

関係した会社が資金難で苦労していたある日、財務部課長がそろって私の部屋へきた。用件は十日ばかり後に期日がくる支払手形を決済する資金がない、といっている。銀行へ出向いて借入交渉をしてもらいたい、ということであろう。

そこで「いつのでもよい。最近の貸借対照表を持ってこい」と指示した。

「貸借対照表で資金手当ができるのですか」

「できることになっているはずだ」。持ってきたので言った。

「ここにある資産の部は全部資金である。この中から捻出《ねんしゅつ》すればよかろう。会社が万一の場合、不渡りを防ぐためにことごとく換金しなければならないはず。これだけの資産がありながら、決済資金がない、ということで財務部長は務まらないのではないか。俳人、加賀の千代女の句に『蚊帳《かや》の角一つ外して月見かな』というのがある。四角、三角、丸を織りこんだ句を所望《しょもう》され、その場で詠んだというが、三角の物はないのに三角を織りこんでいる。資産の部にはかねがある、あるものを取り出すぐらいは簡単だろう」といっておいた。

また、財務、企画担当責任者が年間決算を締め切ったということで事前報告にきたときである。社長と私が聞いた。

一応の説明を終えたあとで「数字は正確で合法的に処理してあります。当社も、ここと、これを改善すれば、さらによい決算ができると思います」とつけ加えている。そこで皮肉を言った。

「あなたがたは、経営コンサルタント、経理士の資格をもっているときいていたが、今年から、経理学校の初等科から中等科へ進学してはどうか。中等科なら、いま話していた当社の改善すべき点を改善する方法を教えてくれるはずだ」と。

正確だ、合法的だ、と思っているだけならコンピュータ、平社員でもよくする。責任者ともなれば、改めるための知恵をだし改めるのが任務である。その際話した。

私の孫が小学校一年のとき、Aという友達とBの家に遊びに行き帰ってからの話である。「僕とB君で六十円のビン入りのジュースを飲んだがA君は三十円きり持っていないので飲めなかった。

すると、A君は僕たちが飲み終ると空ビンをお店へ持っていってビン代二十円と引き換えてきた。足りない十円をB君のお母さんから借り、六十円にしてジュースを飲み、空ビンで十円引き換えてきてお母さんに返した。

学校へ行くと僕のほうが算数の点数は上なのにA君は三十円で飲み、僕たちは六十円。これどうなっているんだろう」と。

思うにA君にしても、こういうときは、こうしなさいとお父さん、お母さんから教わってきたわけではあるまい。二人が飲んだのだから飲めないはずはない、と考えたからでた一瞬の知恵ではないか。なんとかしてくれるだろう、何とかなるだろう、と考えている間は目の前のものも見えず、知恵も閃《ひらめ》きもでないものだ、と話しておいた。

とっさに気づくためには、毎々《まいまい》に応用問題を考えるクセをつけておくことも欠かせない。私はよく部下に具体的事例を示さずに、相手に考えさせるようにしたものである。他人が言い行なった事例だけを参考にしていたのでは応用がきかなくなる。このことは、目の前のことや足下《あしもと》からの先見力や洞察力をつけるために欠かせぬことであろう。

八　先見涵養《かんよう》

別項でのべたとおり、私は二十才のとき、四挑戦（生涯信条）五段作戦（生涯設計）なるものを定めた。

四挑戦は、厳しさ、時代の変化、自己能力の限界、疑問（先見）の四つに挑め、ということである。私の二十才といえば、昭和五年で世界恐慌《きょうこう》の年でもある。

その前の昭和二年にはわが国の金融恐慌の年で多くの銀行が倒産した年である。農村の疲弊《ひへい》がその極に達し、人身売買が行なわれ、史上稀《まれ》な悲惨な状態にあった。そうした時期の生涯計画である。

その中の一つに「時代の変化に挑戦」を加えた理由は、悲惨の中から一縷《いちる》の光明を求めようとする願いもあった。

また、私は親ゆずりの借金返済のため母の農業の手伝いをしたが、すべて手作業であった。機械が買えなかったからだ。近隣の農家では、発動機付きの機械を使うようになっていた。そうした機械が買えたら、という羨望《せんぼう》からでた「時代の変化挑戦」でもあった。しばらくして読んだ科学小説に「マッチ箱大の爆弾で大型軍艦を爆沈する時代がくる」という記事もあった。いまにして思えば原子爆弾である。こうした見聞から、時代の変化に挑戦しようとしたのである。

こうした生涯信条をもつと、常に、現在から将来をみることが習慣になってくると同時に、大きな興味にもなってくる。

こうして、こうすりゃ、こうなるものと。たわいもない歌の文句も、なにかヒントを与えているように思う。「空っ風が吹けば桶屋《おけや》が儲かる」（空っ風が吹くと、ほこりが舞って目に入る。目を悪くして目の不自由な人が増える。目の悪い人は三味線を持って収入を得るようになる。三味線は猫の皮で作るから猫が殺されて少なくなる。当然に鼠が増えて桶をかじる。その修理のために桶屋さんが忙しくなって儲かることになる）。

いまでは子供だましの話にもなるまいが、原因と結果のつながりをよく示している。こうした、ばかばかしい話にも興味をもつようになる。

これもその頃であるが、先輩から「新聞を読むにも活字と活字の間を読め」と、きつくいわれていた。それが身にしみていたためか、新聞を読んでも読みっ放しということはない。こうした、出来ごとがあると、どのような影響が、どこに、どのように現われるかを考えるようになる。これに慣れてくると読みながら、よってきたることが頭に浮んでくるようになる。ヒラメキ、というものである。

経営者のなかにも、「勘がするどい」といわれる人がある。感じとる能力、先を見る能力が優れている人に用いられるが、こういう人は何を見ても、そのものについて考える以外に、それにつながって起るもろもろのことを考える習慣が養われているのである。

また、当時、先輩から「空気の見える人間を志せ」ともいわれた。神様でもあるまいし、空気が見えるわけがない、と思ったものだが、経営にあたってみると、こういうことにかなうようでなければ一人前の経営者ではないことに気づく。

だいたい、今より先が見えない人間や、抽象的なことを具体的に見えない人間は、かね儲けもできない。

気づかれないように忍び足でいけと泥棒の親分にいわれ、子分が出かけたのはいいが翌朝手ぶらで帰ってきた。わけをきくと忍び足で行けといわれたから家を出るときから忍び足でいったので先方へ着いたら夜が明けていた。「間抜けな泥棒」という落語だが、小咄《こばなし》の種になるようでは人の上には立てない。

あるプロセールスマンは「お客さんが買ってくれるかどうかを決する時間は、せいぜい二、三分間。長い間話していても、客が買ってみようかと考える時間は、長くて二、三分間。そのときをとらえることがセールスのコツで、それを逃したら、あと何時間話してもムダになる」といっている。相手の心を読みとることが秘訣となる。

その昔、私が、東京銀座の「流し」と話し合ったときのことである。

「私たちの稼ぎどきは夜八時から十一時までの三時間だ。その間に、一日分を稼ぐわけだから時間が大切だ。歌わせてくれないところに頑張っていても時間のムダ。

歌わせてくれるか、くれないかをどこで見きわめるか。〝お客さん、一曲どうですか〟と声をかけて、まずハネ返ってくる語調で見当がつく。なまりがあれば、その地方の民謡を歌いだす。また、上司、部下の客だったら、人生劇場、柔道一代など根性ものを歌い、客と一緒と思えば、客のこのみに合わせるし、年輩者同士だったら旧制高校の寮歌か軍歌を歌いだすと、よし、そのつづきをやってくれ、ということになる」と。その道によって賢し、というが読心術を心得ているようでもある。

余談になるが、「時々変わったお客がある」とそのとき話してくれた。人生劇場の二番を一時間余りも歌わせた人がある。年ごろは旦那ぐらいだ。それを一曲たのむといって「あんな女に未練はないが」を繰り返し繰り返しきいていたという。私が六十才を過ぎたころである。

九　可能を信ずれば知恵がでる

「困難を嘆かず可能を信ず」とは創造的経営の一つの条件といえる。なにごとにつけて、困難を嘆いては、閃《ひらめ》きも知恵もでない。

よく私は「困難を嘆くのが経営ではなく、困難を可能にするのが経営である」といっているが、つい困難が先に口から出たり、他のセイにして顧みることがない。

関係した会社へ入社して間もない会議の席上、販売担当部長が「うちの会社も景気がよくなれば売上げが伸びて利益もでるようになるのだが」と、こともなげに言っている。メンバーのうちにも「そのとおり、早く景気がよくなってもらわないと困る」と口を揃えている。憎まれ口と思ったがこう話した。

「そういうことは、社長以下幹部が揃っている会議で言うべきではないのではないか。たいへんな失言になる」「これが、どうして失言か」。それが当り前と考えている人は気がつかない。「そのわけは、景気が良くなって売上げ、利益が増えるというなら、ここにいる社長の他幹部は不必要ということになる。社長の椅子にパートのおばさんを座らせておいても業績が上がることになる。これほどの失言はないのではないか」。

業績の悪いのを不景気のセイにしている。業績回復を景気回復に頼っていることになる。

「ボヤくのが経営戦略ではなく、ボヤく種を取り除くための知恵をだすのが戦略といえるのではないか」と理屈を並べたことがある。

困難を嘆く者からは失意と溜息《ためいき》はでるが知恵はでない。〃もう〃と考える人からは、失望、あきらめはでるが知恵はでない。〃まだ〃と考える者から知恵と勇気とがでてくる。

昔、小冊子にこんな記事があった。戦いに破れ、孤城に追い詰められた国王のもとに降服勧告状が届けられた。「たちどころに降服しなければ城を踏みつぶす」とある。しばし考えていた国王は返書を使者に渡した。これを見た敵の国王は囲を解いて、引き揚げてしまった。その返書には「もしも」とあるだけであった。「もしも踏みつぶすことができなかったら逆に」という決意がこめられていたからで、一瞬の知恵であったろう。

また、東京のある工場主が事業に行き詰まり、設備などすべて差押えられてしまった。帰宅してみると家財道具にまで赤紙が貼られてある。出迎えた妻に「長い間苦労をかけたが万事休した」といって力なく腰を落したとき「あなたは」といわれ、目の醒《さ》める思い「そうだったか」といって立ち上がったという。その後立派に立ち直すことができた。「差押えられて、自由になるものは何一つない。しかし、あなたまでは、よもや差押えられたわけではないでしょう」、工場主は「もう」と考え、奥さんのほうは「まだ」と考えた違いである。

現代のように生存競争の激しい時代に困難を先に嘆くようなら経営の座から早く去るがよい。先を見ることもままならず、いずれは去らされることになるのであるから。

前にものべたが私は第二の会社を去る日に挨拶して「会社経営にあたって、困難であった、不可能であった、といういいわけは許されない。許されないことにとらわれているほど愚かなことはない」とのべた。

いいわけの許されないのが企業経営であるが、事実、人間社会に不可能ということはない。逆らうことのできないのは天地自然の理だけである。

「窮《きゅう》せざるの理《り》なく、応ぜざるの変《へん》なし」（究明できない理論はなく、対応できない変化はない）とは江戸末期の儒者佐藤一斎《いっさい》の言志四録にある言葉で、ナポレオンは「自分の辞書に不可能の文字はない」といっているが、至極当然の文句に過ぎないのである。不可能を嘆く者は可能にしようとする意思がないからである。

「志あれば道あり」とか。可能を信じて困難を可能にしようとする志があれば、可能にする知恵もでてくる。従って困難を嘆くものに戦略を期待することはできないものである。

「窮すれば通ず」の言葉もある。前例の「もしも」「あなたは」にしても死地から脱しようとする追い詰められた結果の知恵である。

三国志に出てくる蜀の劉備《りゅうび》の軍師諸葛孔明が、二千五百の兵で城を守っていたとき、魏の名将司馬《しば》仲達《ちゅうたつ》の十五万の大軍に包囲されたことがある。

孔明は、四方の城門を開き、兵に農夫を装わせ、城門外を掃除させ、自分は、高い楼を作り、それに登って琴をかなではじめた。

これを眺めた仲達は、孔明になにか計略があると考えて引き揚げてしまった、という。

思うに、可能を信ずれば部下も動揺することはなく、琴の音が乱れることもない。敵を欺《あざむ》くことも容易になる。

それ以上に可能を信ずる効果は組織の士気を高める、ということである。

十　目的意識と先見

昭和三十八年一月、全国地方銀行協会のアメリカの銀行視察団に私も加わった。一行十一人で、全米の主要都市の銀行を視察するわけである。

外貨割当は一日三十五ドルで航空運賃以外は全部この範囲内で賄《まかな》うことになる。日本円は二万円が限度でもっていけたが、これを使うに米ドルに換えようとすると、一ドル四百円。一ドル三百六十円が公定だが十％余計に出さないとドルにならない。敗戦国とはいえ、なんと情けないことだろうと思ったものである。近年の一ドル百二十円の三分の一きり値打ちがなかったわけである。

さて、一行が西南部の主要都市の視察をすませて、フィラデルフィアに行ったときであった。地元の銀行十余行の幹部がわれわれ一行の歓迎会を開いてくれた。水割りウイスキーを立ち飲みする程度のものであったが、異国で同業者に迎えられることは嬉しいものである。

そのとき、幹事の挨拶のなかに「現在アメリカは百数十億ドルもの金を保有しているので、ドルは全く不安はない」といっている。話終って、何か質問はないか、とうながされて私が尋ねた。

「たしか、アメリカは、一九五〇年代の終りごろに金を二百数十億ドルもっていたと記憶しているが、経済が大きくなっている現在、百億ドルも減少して安泰というお話だが、その理由をもう一度お話し願いたい」

隣にいた人が私の上着の裾を引っぱっていた。そういう質問をすると気を悪くするからやめろ、ということだろう。

答えは「法律的には大丈夫」という意味だ、ということであった。

四十二日間の日程を終って帰り、視察報告会を開いた。その席で私はこうのべた。

「アメリカは、いずれ、ドルの切り下げを余儀なくされるだろう。また、金本位制の維持も困難になる」と。

これに対し「アメリカは、対外資産の果実だけでも国際収支の黒字は維持できる」「世界の工業国で輸出競争力が強い」「そういう記事を残すと、アメリカの感情を刺激するから削除したほうがよい」という意見さえ出された。それでも私は「その責任は私が負うから一行でもいいから記録にとどめて欲しい」と頑張って残してもらったが、その記録は小冊子になって関係筋へ配布されているはずで、全国地方銀行協会のどこかに眠っていると思われる。それから、四年後の四十二年に、ニクソン大統領は、一月の就任演説の中で、こうのべている。

「歴史上のあらゆる瞬間は、はかないものであるが、貴重にして唯一無二の時である。その中には、幾十年、幾世紀もの進路を定める始まりの時もある。その時に直面しているのが現在のアメリカである」という意味だったと記憶している。

ベトナム戦争終結、ドルのたれ流し不安など解決の決意を示したものと私なりに受けとめたものである。

それから二年後の四十四年に再び米国の銀行視察に行く機会を得た。五銀行の若手銀行マンのリーダーとして参加したわけだが、幸いニューヨークで、連邦準備銀行の地下室にある、金準備の現物を見る機会を与えられた。そのとき、在庫額をきいたところ「百三十億ドルここにあるが、このうち三十億ドルは他の国から預かっているもの。米国の所有額は百億ドル」と答えてくれた。

その日の日程を終えて夕食をともにした際、アメリカは、近く通貨面で思いきったことをやらざるを得なくなるだろう、と話した記憶がある。

当時も一ドルは三百六十円、一日の割当は三十ドルであったため、若い人たちにとっては、やりくりが苦しい。朝食を抜くことが多いので、国内航空へ乗って最初に目につくのがスチュワーデス。なにか、口に入るものを持ってきてくれるかどうかが知りたい、というほどであった。

それから二年後には、いわゆるニクソンショックで、ドル切り下げ、変動相場制に移りドルは漸落《ぜんらく》し、昭和五十三年には一ドル百七十五円、六十三年には百二十円台になっている。

昭和六十三年一月に、東京での講演会で、こんな話をしたことがある。

「今年は、龍《たつ》の年だが、経済は昇龍《のぼりりゅう》になるか、下龍《さがりりゅう》になるか注目されるところ。

いま私は〝画龍点睛《がりょうてんせい》〟という言葉を思い出した。

このいわれは、中国南北朝時代、南朝の梁《りょう》という国に張僧繇《ちょうそうよう》という画家がいた。一本の筆で、なんでも生きているように描くという名人であった。

あるとき、金陵《きんりょう》（いまの南京）にある安楽寺《あんらくじ》から、壁に龍の絵を描いてくれとたのまれた。

やがて、壁に二匹の龍が描かれたが、いまにも黒雲をよんで天に昇りそうな勢い、まさに生きているかのように描かれている。

ただ、ふと見ると、眼に睛《ひとみ》が入っていないで、眼は洞《うつろ》のままであった。

人々から、そのわけを、うるさく聞かれ、いつもこう答えていた。

〝睛《ひとみ》は入れるわけにはいかない。もし睛を入れたら龍は、たちまち壁をけやぶって天に向かって飛び去ってしまうからだ〟

しかし、人々は納得しない。とうとう睛を入れるはめになった。

筆に墨を含ませ、睛を点じた瞬間、雷鳴がとどろき龍は壁をけやぶって黒雲とともに天に昇ってしまった。後に残ったのは睛を入れなかった双龍のうちの一匹だった、という。

〝画龍点睛を欠く〟といえば、全体としてはよく整っているが、肝心要《かんじんかなめ》となる大事な一点が足りない、という意味である。

さて、今年の日本経済は、超金融緩和、低金利、内需増大、企業収益増加等々、いうことなし、といえるが、世界経済の要ともいえる眼に睛が入っていない。アメリカの財政赤字と貿易収支の二つの赤字で、これでは、昇龍の年とはいいかねよう。この双子赤字に黒い睛を入れることになれば世界経済も輝かしいものになる」と話した。

十一　奇《き》貨《か》おくべし

「奇貨おくべし」（これは掘り出し物だ。取っておけば将来、大儲けになる）。

前にものべたが、大儲けした人の多くは、自分で儲けようと考えて儲けたものよりも、たまたま安いときに手に入れ、売る時に高くなっていた、ということが多い。

不況時、かね詰まり時期などに、物をかねに換えるために売り込みにくる。それを、たたきにたたいて、つまり足下《あしもと》をみて安く買っておく。好景気になったり、かねあまりになれば値上りするから、そこで利食えば必ず儲かることになる。

しかし、持ち込んできたもの全部買うわけではない。これは掘り出し物だ。必ず大儲けになると思う物だけを買うわけだ。なんだかんだと難癖つけるのは、安く買うためである。ただし、よほど先見力のある人、物をみる目の高い人ではないと、傷物《きずもの》、偽物《にせもの》をつかまされて失敗することになる。その逆の場合もある。

「刎頸《ふんけい》の交わり」に出てくる藺相如《りんしょうじょ》が、強国秦王から守った「和氏《かし》の璧《へき》」は、楚の卞和《べんか》という人が荊山という山から、まだ磨かない玉をえて厲王《れいおう》に献上した。王はこれを玉を磨く人に見せたところ、ただの石だといったので、怒って卞和《べんか》の左足を斬ってしまった。次に武王が位についたので、再び献上したが、やはり石と鑑定されたため右足を斬った。次に文王が即位したので三度献上して磨かせたところ、稀《まれ》にみる玉であった。それで和氏の璧というようになったと、韓非子にもある。石も磨けば玉となるというが、もとから玉であったから玉になったわけで、もともと石であったら玉にはならない。それにしても文王にしてみれば、たいへんな掘り出し物だったわけである。

そのとき文王が、奇貨おくべし、といったかどうか知るすべもないが、ほぼそのころ、韓の国の豪商呂不韋《りよふい》の言とされている。

呂不韋はよく趙の都、邯鄲《かんたん》を商用で訪れるが、あるとき偶然、秦の皇太子である安国君《あんこくくん》の庶子の子楚《しそ》が、人質となってここにきて貧しい暮しをしているという話をきいた。

そのとき、呂不韋の霊感がひらめいたのであろう。「この奇貨おくべし」と言ったという。

不韋は、早速、子楚のわび住いを訪れ「ひとつ、あなたを身分ある、かねもある盛んなお方に致そうではありませんか。そうなれば自然に私の家も栄えることになります」。

子楚の、いまは人質の身でどうすることもできない、という言葉をきき流し、声をひそめていった。

「あなたの父上が秦王にいずれはなりましょう。となりますと、太子を選ぶことになります。正妃の華陽《かよう》夫人には実子がいません。太子は二十数人の庶子の中から選ばれることになります。あなたもそのうちの一人ですが有利な立場にありません。

そこで、私は商人でかねを持っています。これから、あなたと一緒に秦まで行って華陽夫人に贈りものをして、あなたを太子に立てる運動をしようではありませんか」と。

子楚も大変よろこび、ともに秦に行って運動し、不遇、不利な子楚を太子にしてしまった。

そして、子楚が独身であったのを幸いに、呂不韋《りょふい》の子を宿していた趙姫《ちょうき》をなにも知らない子楚に嫁がせた。その生まれた子が天下を統一し、万里の長城を築いた秦の始皇帝である。自分も宰相になり、富貴を極めたわけで、史上稀《まれ》な掘り出し物であったといえる。

これにしても、最初は、聞き流してしまいそうなことを小耳にはさんで、奇貨おくべし、といっている。邯鄲《かんたん》にも多くの人がいたろうし、多くの人が子楚のことを知っていたに違いない。しかし「奇貨おくべし」と考えたのは韓からやってきた呂不韋一人であった。将来を読んだ、というより、将来をつくりあげた、といえるのである。

「志あれば道は開ける」とはよくいわれることだが、これこれを、なにがなんでもやり遂げようとする志のある人の前には峻険《しゅんけん》もなければ、激流もない。

先見して行なった結果も理想に挑戦して得た結果も同じといえるのではないか、ということである。

十二　歴史からの先見

「人の一生の履歴は幼時と老後を除けば、率《おおむ》ね四、五十年間に過ぎず。その聞見《ぶんけん》するところは殆《ほとん》ど一史《し》だにも足らず。故《ゆえ》に宜《よろ》しく歴代の史書を読むべし。眼を著《つ》くるところは最も人《にん》情事変《じょうじへん》の上にあれ」（一人の一生は幼老の時期を除けば、四、五十年でしかない。その見聞は歴史の一部にも及ばない。だから歴代の史書を読むがよい。そのときは人心の動き、事変の変化に注目するがよい）言志四録。

人間の思考や人情など大昔から変わることはない。手段方法が変わるだけである。

また、同書に「学は諸《こ》れを古《こ》訓《くん》に稽《かんが》え、問《とい》は諸《こ》れを師友に質《ただ》す」（学は古人の注釈を現在に照らし合わせて考察し、わからないことは師や友にきく）とある。

歴史は単なる過去の記録に過ぎない、と考えるべきではない。現代人の処世、近代企業経営に役立つ記録が限りなくある。時代は変わっているが同じ人間が行なったことであるからである。

また同じ人間が行なっただけに、人は変わるが行なうこと、考えることに変わることはない、たとえば千年前の人が犯した過ちと、いまの人の犯す過ちとでは大同小異で、過ちの動機や過程など全く同じといえる。

こうした点からすると、過去の人の犯した過ちを、現代の人がやっているのを見れば、将来、結果はどうでるかの見通しはつく。

わが国にも「驕《おご》る平家《へいけ》久しからず」という戒めがある。いつ言いだされたか知るよしもないが、平家が驕り始めたときとしても、立派に世間には通じたはずである。

中国の歴史にしても、夏《か》の桀王《けつおう》は、末喜《ばっき》という美女に心をうばわれ、豪華な宮殿、楼台を築き、都には肉を山のように集め、乾かした肉は林のように、酒を入れた池には舟をこぐことができ、酒粕《さけかす》を積み上げた土手は十里の遠くまで見渡すことができたという(酒池《しゅち》肉林《にくりん》)。どこまで信じてよいかわからないが、こうした驕奢《きょうしゃ》は人民を敵とするに等しい。殷の湯王《とうおう》に亡ぼされている。

この夏の国をはじめたのは禹王《うおう》であるが、治水に功のあった人で、そのため十三年もの間家に帰らず、自分の家の前を通っても立ち寄りもせず、国政に励んだ名君であった。

そのころ、儀狄《ぎてき》という人が初めて酒を作って禹王に献上した。王はそれを飲んで「後世《こうせい》必ず酒を以《もっ》て国を亡ぼす者有《あ》らん」といって、それからは儀狄を近づけなかったという。

ところが、そう言った禹王の子孫、つまり十七代目の桀王《けつおう》は酒池の贅をつくして四百年の歴史の幕を閉じている。

さらに、歴史はくり返すというが、次代の殷の国は名君、湯王が興したが、すでに象牙の箸のところでのべた、紂王《ちゆうおう》は、妲己《だつき》という美女の色香に迷い、酒池肉林の贅をつくして周の武王に亡ぼされている。

夏、殷とも、同じく名君が国を始め、終りはいずれも、女と酒で国を失なっている。

驕りはじめた平家をみただけでも滅亡の近いことが先見できる、といえよう。

現代の企業でも、組織内の人間に驕る心が現われるようになったら、厳重な注意を要すと考えて間違いない。ことに企業のトップで、自分の功を誇り、俺が俺がと鼻を動かすようであったら、その企業の将来は短いといえるだろう。

古今東西の歴史をみても、国の興りは徳により、滅亡は驕《きよう》にある。今後の興亡もこれから外れることはなかろう。

いかに先見に長《た》けており、果断の勇があったとしても、驕《おご》る心がでては有終の美は飾れないものである。

楚の項羽は「先んずれば人を制す」といって殷通《いんとう》を斬るほど、先見と勇があった。しかし、秦を亡ぼして、咸陽《かんよう》城へ入ると「富貴にして故郷に帰らざるは、繍《しゅう》を衣《き》て夜行くが如きのみ」と見栄まで飾ろうとしている。劉邦の四倍の兵力を誇りながら三十一才の若さで終っている。先見が仇《あだ》となった、といえるかもしれない。

日本でも先見が実らなかった好例がある。

明治三十七年、日露開戦で日本が緒戦に勝ったことを知った埼玉の春日部に住む鈴木久五郎は五百円のかねを持って兜町へ行き、当時の鐘紡株を買いまくって、連戦連勝の勢いを示した。またたくまに大儲けをしたわけだ。

戦争のほうも、わが軍が大陸、海で大勝。この勢いで株価も奔騰《ほんとう》したため、買えば儲かり、儲かれば戦線も拡大しさらに儲かる。まさに先見適中であった。

ここらで打ち止めすればよかったが、人間足るを知らずとか。

一方、鈴木は豪遊を始めた。一流料亭を借りきって座敷に小砂利を敷き、それに金貨を沈めて、奇麗《きれい》どころに、裾《すそ》をからげて拾わせた。お座敷の潮干《しおひ》狩《がり》である。おしる粉に金貨を沈めて飲ませたともいう。

自分の家の新築披露《ひろう》には東京の政財界の有力者を人力車を連ねて招いたという。

しかし、戦争は、こうしたなかにも終りが近づく。これを見越して鐘紡株を売りまくったのが関西の呉錦堂という人。

この結果は株の暴落で鈴木は一夜乞食に転落している。

彼が豪遊で失なったものは儲けた額の一部分であったに違いないが、豪遊の間に先見の明を失なって、失なったかねは莫大なものである。

次に三国志に出てくるこんな話がある。呉の孫権《そんけん》に仕えた諸葛瑾《しよかつきん》は、蜀の劉備《りゆうび》に仕えた孔明の兄である。

この諸葛瑾《しよかつきん》の子に恪《かく》がいた。恪は少年のころから才気煥発《かんばつ》で、王の孫権からも将来を期待されていた。

ところが、温厚篤実で、苦労人である父としては、どうも恪の小利口ぶりや、人目につくようなことを好むことが心配でならない。「恪は大いに吾が家を興さず、まさに吾が族を赤《むな》しくせんとするなり」と顔をしかめたわけである。

その後、恪は呉の国政を執《と》るようになり、諸改革も行ない、さらには魏の大軍を迎え撃って勝つなどもあって人気を高めた。

しかし、この勢いと、人気の波に乗って、今度は二十万の兵を率いて魏に出征し大敗し、たちまち人気を失なって斬殺《ざんさつ》されている。親の先見どおりに終ったのである。

十三　先見を妨げるものは

「天の将《まさ》に雨ふらんとするや、穴蟻《けつぎこ》之れを知り、野《の》の将に霜《しも》ふらんとするや、草虫《そうちゅう》之れを知る。人心の感応《かんおう》あるも亦《また》之れと同一理《どういつり》なり」（雨が降りそうになると穴の中の蟻がこれを予知し、霜が降りそうになると草の中の虫が予知する。人間の心も澄んでおれば、感応が正しく現われる）言志四録。

たわいもない例になるが、株式投資の場合などでも、買う気もなければ売る気もないという時期には、株価の動きも神の教えでもあるかのように当るものである。ところが、いざ自分で手を出してみると、高いところを買ってしまったり、安値で売ってしまう。自分の欲が先見を狂わせてしまう。つまり冷静を失なって先見を誤るのである。

その昔、テレビに一緒に出た人相観《にんそうみ》の先生に占ってもらったことがあった。

「井原さんの人相は、まことに良い相だ。使ったかねは、必ず入ってくる、とでている」という、喜び勇んで帰り家内に話した。

家内は喜ぶどころか、困りきった顔でいった。「それは、いい相でもなんでもありませんよ。お金がなくなって自殺した人以外は全部、使っただけは入ってきているんですよ。それは貯金が全然できない相なんです」。いわれてみると、そのとおり。冷静を失なっていた証拠である。

ことに、有頂天になっているときなど先見の明が曇る。

得意の状態がいつまでも続くと考えること自体、すでに先見を失なっていることになる。「ことの破れるは得意のとき」「近き憂《うれ》いあり」の格言を忘れている。

現在に満足しているようでは正しい先見はできない。

さらに先見を誤るものに知識の不足がある。因果のつながりがわからないようでは、先を見ることはできないし、見ても対応を誤ることになるだろう。

たとえば、物が不足すれば、物価が上がる。当然に、かねより物が有利と考える。しかし、果たして物が不足しているのかどうかも考えないと、第一次石油ショックのときチリ紙や石けんを買いだめ、売り惜しみしたバカの二の舞にもなりかねない。

また、近年は、経済の予測技術も進歩しているため、インフレ懸念がでてくると予防対策が先手を打つことになる。金融、財政、税制面からブレーキがかかる。インフレ見越しも的《まと》外れになる。

情報過多も先見を狂わすことがある。

言志四録に「今の学者は隘《あい》に失なわずして博《はく》に失ない、陋《ろう》に失なわずして通に失なう」(知識が狭いために失敗するのではなく、ひろい知識があるためにかえって失敗し、片寄った知識で失敗するのではなく、よく通じていたために失敗する)とある。

これを「いまの人々は情報が少なすぎて失敗するのではなく、多すぎて失敗し、情報が一方に片寄りすぎて失敗するのではなく、八方から情報がきすぎるので失敗する」と読み替えることができる。

これでは、どの情報を元にして先を見たらよいのかわからなくなる。

たとえば、証券の見通しなどにしても、証券会社筋の情報は、万年強気で、暴落の危険があっても、売り逃げるなどということはないから、値が上がりすぎたときに注意すればよい。それに、あの人たちは、新入社員のときから「買いなさい」という文句は教えるが、「売りなさい」という文句は教えられていないので、話を交わすとき、この点だけに注意すればよい。その点まことに邪気がないから判別しやすい。

その他の情報は、当るも八卦《けつけ》当らぬも八卦で政治家の情報よりも頼りにならない。やはり、自分の知識と本能にきくほうが正しい結果が得られるものである。

さらに、平素楽観にすぎる者は、先々の厳しさ、困難を先見することはできない。したとしても、すぐ否定してしまう。常に悲観にすぎる者も、取り越し苦労などはするが、正しく見通すことは困難になる。

たとえば、つまずいたり、失敗したりすると「なにも悲観することはない。人間万事《ばんじ》塞翁《さいおう》が馬だ」などといって、失敗を反省しないで、自然に取り返せると思っている人がある。

昔、漢民族の国と胡《こ》(北方の異民族)の国の境あたりに、占術などに通じた老翁が住んでいた。

あるとき、翁の馬が胡の領土内に逃げてしまった。近所の人が気の毒に思って慰《なぐさ》めにきた。翁は別に気にもしないげに「これがどうして幸福に変わらないことがありましょうか」と。

そのとおり、数ヵ月たつと、その馬は胡の良い馬を連れて戻ってきた。今度は近所の人々がお祝いにきてくれた。

翁は「これがどう災《わざわ》いに転じない、といえましょうか」といって喜びもしない。

翁の家では良馬に子が生まれ数も増えてきたが、今度は息子が落馬して股《もも》の骨を折って、歩くにも不自由になった。これを見て近所の人たちが慰めにきた。これに対しても「なんで、これが幸福にならないことがありましょうぞ」といって平然としていた。

それから一年もたったころ胡人が城塞に大挙攻めこんできた。村の若者は皆戦いに駆り出され、十人のうち九人まで戦死したが、翁の子は歩行困難で出征もせず父子とも無事であった、という話である。

「禍福《かふく》は糾《あざな》える縄《なわ》の如《ごと》し」とか。人間の災いも福も自然に巡《めぐ》りくるというふうに思いがちだが、本意は、そういうものではなく、災いも福も人間が自分で招くものだという戒めではないかと思う。

いずれにしても、禍福が交互に巡ってくるものなら、先見の必要はなくなるというもの。先憂後楽ではないが、先に努力し、苦労しておけば先々には楽しみが待っていると予想されるところに人の生き甲斐、努力のしがいがあるといえるのではないか。

第六章　社長の統率力

一　組織運営の要点

昔の名君は、即位すると人民の戸籍名簿を拝《おが》んで、人民あっての国王だという気持ちを忘れないようにした、という。

現代であれば、社員名簿・お得意名簿・株主名簿などを拝むということになろうか。

いろいろな会社の要請で、会社再建にあたってきて私なりに思うことは、組織の運営は人のつながりが重要だ、ということである。この人のつながりは、ちょうど鎖《くさり》にたとえられる。

一個の環《わ》、一部門の環が弱いと、他がどんなに強くても重い物を支えることはできない。社長とスタッフの環、中間管理者と平社員の環も同じく粒揃《つぶぞろ》いでなければならない。社長は能力者だがスタッフに力がない、幹部は粒揃いだが社員がお粗末、というのでは、組織の力を発揮できない。

ある会社で中近東に工場を建て、現地従業員を採用した時のことである。管理職は大学出身者で有能なのだが、現場の従業員は電池の入れ替えもできない始末。それでいて覚えようともしない。いつまでたっても工場が正常に稼動しないのである。教育の行き届いたわが国では想像のつかないこともある。その国の教育水準の高低が、直接、産業界全体にも影響を及ぼしていることを思い知らされることになったが、組織の効率的な運営のためには、まず、一人一人の能力を高めることが第一歩といえるのである。そこに人選びとともに企業としての教育が痛感される。

昔、中国のある王は笛の合奏を好んで、必ず三百人に奏《かな》でさせた。そこで、われこそ笛の名手、と合奏に加わりたいと志願する者が多く、数百人にも達したという。そのあとを継いだ王は独奏を好んだ。ところが、合奏を好んだ前の王の時に笛を奏したいといっていた者で、次の王は独奏が好みだということを知ると、こそこそと逃げだす者が少なくなかった。一人一人吹かされたのでは自分の下手さがばれてしまうからである。

大組織ともなると、無能者も能者の陰にかくれて能者ぶりを装うこともでてくる。これを見逃しておくと、人の環が弱くなりクサリが切れてしまう。組織管理の前に人の管理ということが、統率者としての大事な要点となる。

本書の第一章「大器は人を求め小器は物を求む」の項でものべたように、大事に挑もうとする者は、有能な人材をブレーンとして選ぶ。また賢相は賢人を選ぶ。社長のスタッフの堅固な環づくりである。よく、部課長に優れた人材のいる会社は伸びるといわれる。最高統率者と卒をつなぐ重要なクサリの環を考えれば、それは当り前のことといえよう。

ところが、ある社長が「部課長などなまじ教育すると生意気になって、理屈ばかり言うから教育しても意味がない。俺の命じたとおりやっていればよい」といっている。社長は、何も言えない幹部の上に立って、絶対君主になっていい気分にひたっている。いずれは、社長自身も得意先に、関係機関に対していいわけ以外の口はきけなくなる、ということを知っているのだろうか。

企業は組織で動き、組織は人で動く。そのすべてを動かす者は社長だが、投網の裾《すそ》には鉛のおもりがついている。おもりが一コ欠けても魚は逃げてしまう。網の投げ方・引き寄せ方・場所選びも肝心、投げるタイミングも肝心。しかし、凡《すべ》てがうまくいっても網の一ヵ所おもりが欠けていたら徒労に終りかねない。

ここにも社内で網打つ者の難しさがある。

本書でこれまで何度ものべてきたように、人選び、人づくりができての統率者である。社長の志をスタッフが体し、これを、それぞれの部門で具体化する。

木下藤吉郎は清洲城の土塀《どべい》修理を三日でやり、信長以下を驚かせた。まともにかかって二十日は要する仕事を三日でやるなど、まさに神業《かみわざ》である。その秘密は、ムリな仕事だが賃金はたとえ三日で仕上がっても二十日分払おう、疲れたら休んでよい、たら腹飲み食いして元気にやってくれ等々、職人衆など人間扱いされなかった時代に大切に扱ったからである。棟《とう》梁《りょう》には〝下請奉行〟の肩書きまで与えている。藤吉郎に大工・左官の技術があったとは思えない。あったのは、部下のやる気を起させる知恵だったのである。

それなら、部下にやる気を起させるにはどうあるべきか。これは本書の各所でのべたとおり「部下を大切にする」の一語に尽きる。

なにも部下にペコペコすることはない、ちゃんと月給払っているんだ、といかにも食わせてやっているという態度の社長がいる。

社長がいかに学あり、地位あり、財あり、といっても社員を社員と思っていないようでは、右を向けと命じても心は左を向いてしまう、精を出せといって、舌を出されるのがおちである。厳しくとも部下を大切にしている心があれば、無理な命令でもきくことになる。

部下を率いて事にあたる場合、すべての部下の心を一つにすることができれば、事は半ば成ったに等しい。集中の力を発揮することができるからだ。その中に一人二人でもやる気を失なっている者があれば力は少なからず減殺《げんさつ》されよう。

そのため、私は現職時代に、課・部単位で総力を結集しようとする場合、個人個人の気質、最近の心情、家庭での出来ごとなどまで心くばりしてメンバーを選んだ。

平素は元気だが最近失敗したことがあった、家庭に不幸があった、健康を害している等々に気づく。そうした人間を加えても力を集中することはできないからだ。

ある新種機械の開発を担当していた男が胃を病んで入院してしまった。補助社員一人だけでは手も出ない。

そこで私は、担当部長に指示し、他の仕事に従事していた技術者三人をその機械開発にあたらせ、病院へ度々出かけては成果を話せ、と指示した。十日もするとその病人が退院して五人で取り組んでいるという。開発に行き詰まり悩みに悩んだあげくの神経性胃炎だったわけだ。開発の目当てがついたとたん、退院したくなった。一週間後には、五人で共同研究の結果、ネックを見いだしたという。三人寄れば文殊《もんじゅ》の知恵というが、五人がかりででた知恵である。一人で長くかかるよりも、五人で短日時で仕上げたほうがはるかに有利でもある。

集団を率いる場合、不快、不平、不満、不吉、不穏《おん》、不興《きょう》、不安、不幸、不能など、こうした「不」のつく人間を集団に加えることも好ましくない。

反面、平素から、こうした人間にしないよう努めるのが統率者の任務といえる。

二　激水の石を漂《ただよ》わすは

会社経営の体験から痛切に感じたことの一つに、士気の弛緩《しかん》と組織内の不一致がある。弦《つる》のたるんだ弓のように、いくら引きしぼってもしぼれない。放しても飛ぶことはない。

これとは反対に、組織が一丸となって集中力を発揮した勢いほど強いものはない。いわゆる集中した組織の威力である。

孫子の兵法に「激水の疾《はや》くして石を漂《ただよ》わすに至《いた》る者は、勢《せい》なり。鷙鳥《しちょう》の撃ちて毀折《きせつ》に至る者は、節なり。この故に善く戦う者は、その勢は険《けん》にして、その節は短なり。勢は弩《ど》を彍《は》るがごとく、節は機を発するが如し」（止めてある水が激流となって大きな石を流してしまうのは水の流れに勢いがあるからだ。鷲のような猛鳥が獲物を一撃で砕いてしまうのは瞬発力があるからだ。これと同じく、激しい勢いに乗じて瞬発力を発揮するのが戦い上手である。弓にたとえれば、引きしぼった弓の弾力が勢いで、放たれた矢が瞬発力である）とある。

このように現代でも組織の集中力をいかにして発揮するかが、勝敗のわかれでもある。

やる気を失なった者が集まった組織では源流のない腐った水たまりでしかない。これに人間が知恵を加えて勢いをつければ強力な電力まで生みだす。大木を倒しても、そこにおいただけでは朽ちるのを待つばかりである。これを断崖から落せば巨岩をも砕くことになる。

孟子が「知恵ありといえども、勢《いきお》いに乗《じよう》ずるに如《し》かず」といっている。

野球にしても先取得点を望んでいる。最終回に得点しても勝てる。逆転勝ちもある。しかし、そうあるためには、勢いに乗せておきたい、そのための先取得点である。

力士が初日を白星で飾りたいという。なにも初日に勝たなくともあと十四連勝しても優勝の可能性はある。しかし、そうなるためには、気持ちをよくし、希望をつなぐことが欠かせないのである。

このように考えると、現代経営にあたって、指導者は組織にどう勢いをつけるかが、重要な課題といえるだろう。

従業員一人一人の教育も欠くことはできないが、それを一丸とした総合力の発揮がより重要といえるのである。孫子の兵法に「勢《いきお》いに求めて人に責《もと》めず」とある。一人の力は、いかに養っても一に過ぎない。集団の力を集めると二にも三にもなる。チームが勝ちに乗ってくると、失敗と思ったことが成功になり、不可能が可能になってくる。人間の微妙な神経、力までが味方するようになるからだろう。

第二の会社で分社経営にふみきったことは前にものべたが、その狙いの一つに、勢いに乗せる、ということがあった。

組織が大きいと自己本位な考えも許される、というより見逃してくれる。

「自分は地位など欲しくはない。好きな仕事さえしていればそれでよい」という者や、「ノルマや残業など真っ平ご免」とわがままをいっている者がある。こういう連中に「協力一致して目標に挑戦しよう」「全社一丸となって危機を突破しよう」と呼びかけても「やりたい者だけでやればよかろう」というに違いない。

こうした人間に対し私は「自分のためだけで会社にきている者で、会社のためにきている者ではない」ということで組織から外してしまった。勢いに乗せようとする足を引こうとする者を頼ることはできないからだ。

織田信長は、桶狭間《おけはざま》に今川義元の三万の大軍を迎え撃ったとき、ほとんど単騎で城をとび出している。追いついた三千足らずの部下と神宮に祈願をした後で告げている。「命の惜しい者は去れ云々」と。敵の十分の一にも満たない少数であれば一人でも多いのを望むはずであるが、命の捨てきれない者がいては足手まといになればとて役には立たない。いま組織の力を結集してことに当ろうとするとき「やりたい者だけでやったらよかろう」などと考える者を頼りにしては全体の士気にも好ましいことではない。そこで給与は与えるが頼りにはしない、ということである。

といって、能力が他に及ばず、ともに勢いに乗りたいが力及ばずという者もある。これを別扱いにすることはない。それなりの任務を与えて協力を求めている。

かつて管理職の集まりで話したことがある。

管理職は戦略者である。ことにあたって知恵をだせ。いかに部下を勢いに乗せるかに集中せよ、と話したあとで、こうつづけた。「昔、牛に人の智を加えて国の危急を救った部将がある。牛が野原で草を食《は》むありさまはのどかで、人が近づいても逆らうこともない。しかし、ひとたび怒れば虎もたじろぐ。

中国の戦国時代、斉《せい》の国は燕《えん》に攻められ二つの城を残すのみとなった。まさに危機存亡のときである。人々から推された田単《でんたん》は将軍となり城を守ることになった。将軍自ら兵とともに防備を固め、妻妾《さいしょう》も隊列に加え防備を手伝わせた。

さらに城内を探して牛千余頭を集め、赤い絹の着物を作り、これに五色の龍を描いて着せ角《つの》には刃物をしばりつけ、尻尾には葦《あし》を結び油を注いで火をつけ、城壁に数十の穴をあけて牛を解き放った。そのあとに勇壮な兵士が続いて進んだ。牛は、熱さに怒り狂って敵陣に乱入したため敵はことごとく死傷した。これを見て城内兵は鐘、太鼓をならして攻撃し燕軍を敗走させた。これで斉は七十余城を取り戻すことができた。

これが、いまに知られる〝田単火牛《でんたんかぎゅう》の計《けい》〟というものだが、鈍牛といわれる牛も人間が知恵を加えれば猛牛と化すことができる。眠った組織では乱世に生き残ることはできない。活力ある組織にするための知恵をだすべきだ」と。

大組織だと、誰かが号令をかけてくれるだろうなどという従属意識が強くなる。小組織になれば、自分が号令者であるとともに行動者でもある。勢いに乗せるにも時間を要しない。

三　部下を思う心

部下を思う心が強ければ、部下が主を思う心も強くなる。主従一体の力は思い、思われる間から生まれてくるといえるだろう。

もし、部下を思う心が乏しければ、心よく命に服することはない。思う心が強ければ令を下さずとも従うことになる。

そこでいえることとは、統率の妙を発揮しようとするなら、常に己の心を部下の心の中におくことといえるだろう。

新入社員を「金の卵」といい、「社員は財産」といったのは誰か。経営者である。それを、会社環境が悪くなったり、業績が悪くでもなると、土地やゴルフの会員権は手放さず、社員から手放している。「金の卵」も「社員は財産」も口先だけで、心の中では、使い捨て用具ぐらいにきり考えていなかったと思える。

こういうことが書けるのも、私は関係した会社が地獄の責苦にあうような苦しい時でも安易な肩叩きや人減らしはしていないからである。人員削減をしなければ、潰れてしまう事態となっても、自然退職で切り抜ける手を考えてきた。

会社が好調なときには人を増やし、逆境になると人減らしというのでは、社員を業績調整に使っているようなものである。とかく、人を減らせば財政が楽になると安易に考えるから、名案がでない。

昔の小咄《こばなし》に「小僧十人を五人に減らしたが、それでも用が足りる。残り五人を辞めさせたが、それでも間に合う。これなら女房がいなくともよかろう、というので離縁してしまった。しかし、それでも足りる。これは自分も余分だ、というので自殺してしまった」というのがある。仕事を増やし儲けを増やすか、他の削れるものを削れば、人から減らさなくとも、多くは済まされるものである。

いうまでもなく、会社の業績が不振とはいえ、社員を捨てた怨念《おんねん》を消すことはできない。それ以上に残った社員に経営不信感を植えつけることになる。

さて、こうした事例は例外中の例外であるが、言うことなすこと、すべて社員を思いやっているが結果的に思いやりがなかった、ということがある。その多くは、社長の過労、不《ふ》摂《せっ》生《せい》、不行跡《ふぎょうせき》などである。最高責任者が病気災害、周囲の非難につながる恐れがあったり、不幸にしてそれが実現した場合、最も心を悩ます者は社員である。また、趣味娯楽に打ちこみ過ぎているとしたら、好意的にみる者は少ない。あれで、会社のほうは大丈夫なのだろうか、と心配するのも社員である。トップの多くは、なんとか理由をつけて美徳化しているが、見えないところに悪影響がしみこむことになる。最も端的に現われるのが指揮統率面である。

これは、ある販売会社社長の専属運転手からきいた話である。

「社長は、お客様接待といっては、クラブ、バー、高級料亭などへ行くが、時には朝帰りで会社の朝令で訓示をしている。自分ではスポーツで鍛えた身体、といっているが、あれでは、身体がいくつあっても足らなくなるだろうし、それ以上に心配なのは会社の健康だ、と社内で心配しない者はない」

「親思う心にまさる親心、きょうのおとづれ、何ときくらん」とは吉田松陰の辞世《じせい》だが、子を思わぬ親はない。社長といえば社員には親同然だが、親が子を思う心はなく、子だけが親を思っている。これでは、親が反省しない限り、会社は行きつくところへ行きついてしまうだろう。

中国の戦国時代、斉《せい》の国は楚《そ》に攻められ、趙《ちょう》に援軍を頼むことになった。その使者となった、小男で、滑稽《こっけい》、おしゃべりな淳于髠《じゅんうこん》は十万の精兵を借りることに成功。そのため、楚は攻撃を中止してしまった。

その祝賀の宴が開かれたときである。

斉王は淳于髠に尋ねた。

「先生は、どのくらい飲むと酔いなさるか」

「私は一斗《と》（日本の一升《しょう》）飲んでも酔いますし、一石《こく》飲んでも酔います」

「一斗飲んで酔う人が、どうして一石も飲むことができるのかね」

「まず、私が王から酒をいただき、私の横に法の執行吏がおり、後には裁判官がいたとしますす。そうなると私は恐れ慎んで飲みますから一斗も飲まないうちに酔ってしまいましょう。

また、私が、いかめしいお客の相手をしますときは、身なりを正して飲み、時々立って杯を捧げることになりますから二斗も飲まないで酔いましょう。

友人と久しぶりに会って腹蔵《ふくぞう》なく歓談するときなら、五、六斗ほどで酔いましょうか。

村里の会合などの際、男女入り乱れて座り、賭けごとに興じたり、相手の手を握ってもよい。そして私のまわりに、耳環《みみわ》や簪《かんざし》が落ちているようなら、嬉しくなって八斗は飲むでしょう。

さらに夕暮れともなり、宴も最高潮ともなれば、酒樽《さかだる》を片づけたあとで男女は膝《ひざ》を寄せ合い、履物《はきもの》は乱れ、杯盤狼藉《はいばんろうぜき》、つまり杯や皿が狼に藉《し》かれた草のように乱れ散らばっているようになり、家じゅうの火が消え、主人が私を引きとめて私のそばで薄ものの襦袢《じゆばん》の襟《えり》がとけ、色気のある香りがすれば、私は有頂天になって、一石の酒を飲むでしょう」

こうして髠《こん》は、酒と女に溺《おぼ》れかかっていた斉王を諫めるために、こう言いきった。

「酒が極まると乱れ、楽しみが極まると悲しむといいますが極めてはなりません。極まると国が衰えます」と。

それからというもの王は、徹夜の酒宴をやめ、諸侯招待のときは必ず、髠を側《そば》においたという。自制のためである。

斉王のように、非といわれて、直ちに改めることになると、部下の信頼は一層強まってくる。意思の強さが評価されるからである。

上が下を思う以上に下は上を思っているものである。大黒柱が倒れれば主家《しゅか》がつぶれる心配があるからだ。指揮官を失なったら、どうなるかを百も承知しているからである。

歴史をみても、国の興亡、盛衰、人の運命など、よって来る理由は古今東西を問わず共通したようなものである。昔を今に引きなおせば、どうなるかがわかる。ここから下の不安は高じてくる。

部下の不安が現実化して部下を嘆かせた例は限りなくある。

楚の項羽は、史記《しき》の著者司馬遷《しばせん》も「数百年の間稀《まれ》にみる大人物」と讃えているほどの英雄だが、三十一才で雄途《ゆうと》空しく烏江《うこう》の露《つゆ》と化している。

これを惜しんだ、杜牧《とぼく》（唐の詩人）はこうよんでいる。

「勝敗は兵家《へいか》も期《き》すべからず、羞《はじ》を包み、恥を忍ぶはこれ男児《だんじ》、江東《こうとう》の子弟才俊《さいしゅん》多し、巻土《けんど》重来《じゅうらい》未《いま》だ知るべからず」（いかなる戦術に優れ、武力に勝《まさ》っていても戦いの勝敗は計り難い。恥を忍んで亭長《ていちょう》の勧めに従って郷里の江東に渡ったほうが、男児としてのほんとうの生き方ではなかったろうか。江東の若者の中には豪傑も多かったろうから、大風のように再び敵に向かって巻き返し天下を争ってもよかった。それなのにここで自決したのは惜しいことだ)。項羽が旗揚げして秦都に向かったときは江東の子弟七千人。いま帰る者一人もなし。部下の悲しみを招いた責は項羽自身が負わねばならない。

四　部下への歓心、関心、感心

常に部下に関心をもって、最後の一兵までよく知ることは統率の第一歩といえる。

そして、各所でのべたとおり、部下に感謝し、長所を見いだして、それを伸ばすことに努め、善行を褒《ほ》めることも欠かせないことである。

しかし、いやしくも、上司といわれる者が、部下に好かれよう、気に入られよう、悪く言われたくないなどの下心あって部下の歓心を求めることは愚かなことである。尊厳を失ない、信用とかねとを失なうものである。

現代の職場にもあるようだが職場の長で、部下から話のわかる人、部下を可愛がる課長などといわれているものに、案外能力者が少ない。かね離れのいい課長といわれる者にも少ない。

これらは、部下の上司を評価する基準が違うのである。話のわかる人とは、判断、決断力に優れているということではなく、部下に飲ませたり、食わしてくれる人が話のわかる者になっている。その証拠に、飲ませる度数が少なくなると、話のわからない人間に変わってしまう。再び飲ませると、わかる人間に早変わりすることになる。

こうした腰巾着《こしぎんちゃく》部下に育てた上司に責任がある。なぜ部下の歓心を求めなければならなかったのか。上司としての条件に欠けているため、統率力がない。そこで、かねで統率力を買おうとするからだ。もし、社長としての実力を備えておれば歓心を買う必要は全くない、といえよう。

しばらく前に、何人かの社長と食事をしたことがある。

その中の一人が「このごろ、うちも人間が増えたので、時々飲ませにゃならんので、経費がかかってたまらん」といっていた。たまらんどころか、自慢話なのである。

それに対し別の一人が「昔、飯場《はんば》の長は労務者が増えると元締めからの酒代が増えた。飲ませて働かせるためだ。昔の武将は戦場へ行く時は必ず家来に酒を飲ませた。死の恐ろしさを忘れさせるためだった。

私は、社内での飲酒は厳禁しているし、管理職にも、部下の歓心を酒で買うような、飯場で土方を使うようなマネはやめろ、ときつく言ってある。その代わり、部下に特別の骨をおらせたとか、ことがよく運んだというときは、近くで一杯やれ、といってあるし、そのためのかねも与えてある」と話していた。筋の通った話である。

だいたい、酒や娯楽を求めて上司に集まる人間は桃太郎のキビ団子につられて集まった猿や犬、きじにも劣るさもしい心の持主といえる。猿・犬・きじは、桃太郎の鬼退治という大義に感じ、桃太郎の逞《たくま》しさに魅せられて集まったといえるが、飲み食いで部下の歓心を買うような非力太郎に集まるほどの者は、たかる知恵があるだけでなんの能もない。これにかねを使うだけ、すでに上司としての資格に欠けるといえるのではないか。

もっとも、同じ部下に飲ませるにしても全く目的の違った人があった。自動車音響機器の雄クラリオンの創立者、滝沢左内氏である。

「私は、将来ある若い社員を連れて時々飲みに行く。

はじめの頃は、これは、と思う若い社員一人をつれて食事に行ったが、どうもあとできいてみると、社長にご馳走《ちそう》になっても肩がこるだけで、うまくないという。そこで今度は、真夏の間、何人かの有望社員の住所を調べ、その近くの牛乳配達所から、私の名を知らせずに牛乳を配達してもらった。これは喜ばれたし、安上がりでもあった。

最近は、青年将校の候補生何人かを連れ出して一風変わったところへ行く。たとえば、一人五百円以上は飲ませぬ、という居酒屋へ行く。大入り満員だった。

そういえば、井原さんの近くにある、うなぎ屋へ行ったこともある。うなぎを丸々三匹くしざしにした蒲焼が一人前、全部食べきった人は女性で何人とかいっていた。また、そうした変わったところへ行って、飲み食いしながら、なぜ、五百円以上飲ませないのに大繁昌しているのか、うなぎを食いきれないほど出して、ああも混雑しているのかを話し合うわけだ。いい知恵のだしくらべだが、社員に身体と頭の栄養を一度にとってもらえる」と。

これなら、社員としても、社長の歓心どころか、メンタルテストぐらいに受けとめるだろう。

部下に関心を注げば、部下はやる気をだし、部下に感心すれば部下を成長させることができる。部下に歓心を求めれば、部下を無気力とするばかりか、己の地位をも失なう、ということである。そのためには、社長としての実力を養うと同時に、歓心を歓迎しているような部下を近づけてはならない。歓心を買おうとしている上司なるものは、当然の権力を行使することさえできない。憎まれ者になりたくないという気が先立つからである。

それにしても、部下を育てることも難しいことだが、それ以上に、自分に役立つ部下を育て、心からの味方にすることはさらに難しい。

ある人は言う、「みかんや、ゆずを育てれば食べることもできるし、良い香りも放つが、からたちや、いばらを育てたのでは、トゲをつけて人を刺す」と。

組織内でも上が下の歓心を求めるようでは、食える香るような人材は育たない。いずれはトゲを出して上を刺すようになる。

関心、感心、歓心とゴロ合わせで並べたわけではない。会社の将来を決するほどのものが含まれている。

五　部下に甘くみられるな

最高の職にある社長が、部下から、くみしやすいと甘く見られるようでは統率者としての値打ちはない。

少々のことは見のがして、おおらかな態度であることが好ましいが、時にはピリッとしたところを見せないと威令も届かなくなる。

昔、大きな農家では、常雇いの農夫や、日雇い農夫に農作業を任せていた。主人は、指図《さしず》したり、時々見回って監督していた。

昔は全部手作業であるから、重労働になる。雇われた者は無責任だから主人の目の届かないところは手抜きをする。田の草取りなど畔道《あぜみち》に近いところだけを取っておけば、主人が見回りにきてもわからないので、田の真ん中は、草をとらずにおくわけだ。そんなごまかしをされたのでは当然減収になる。

そこで考えたのが、田の真ん中に、ガラスビンを予めおいた。ビンが割れれば怪我《けが》をするから、当然に持ちだすはずだが、手抜きをすると、それに気づかない。主人に怒られることになる。以後、雇人もごまかしがきかなくなる。

さらに昔、宋の宰相は、側近を市場の見まわりに行かせ、帰ってからたずねた。

「市場で何を見てきたか」

「別に変わったこともありませんでしたが、南門の外は牛車がいっぱいで混雑しておりました」

「このことを誰にも話してはならぬぞ」

宰相は、直ちに市場係の役人を呼び出して叱りつけた。「南門の外は、牛糞《ぎゅうふん》で一杯ではないか」と。

役人は、いつの間に宰相がこんなことまで見に行ったのかと驚いた。これでは職務を怠ることはできないと以後、懸命に努めるようになったという。

「千里眼」のいわれはこうである。

北魏《ほくぎ》の末のころ、楊逸《よういつ》という青年が、河南の光州《こうしゅう》の長官として赴任してきた。州民や、兵に対する心づかいも行き届き、法律も守り、率先垂範《そっせんすいはん》して人々から親しまれていた。

ある年、戦乱と飢饉《ききん》が重なり、餓死する者も現われるようになった。これを知った楊逸は、食糧保存庫を開いて、飢えた人に与えようとした。担当者が、中央の認可を得なければというのに対し、こう話した。

「国のもとになるのは人だ、その人の命を保つのは食だ。領民を飢えさせてどうなるものか。罪を問われたら自分が甘んじて受けよう」といって倉を開いた。

さて、こうした一時的な困難よりも人々を困らしたことがあった。それは、光州の田舎へ中央の軍人、役人がくると、宴会を開いてもてなし、袖《そで》の下まで要求されていた。それが楊《よう》長官が赴任してきてからは、ばったりなくなった。そればかりか、弁当持参でくる。誰にもわからないように暗い部屋でご馳走を出しても箸さえつけない。そして口々に、こういっていた。「楊長官は千里も見とおす眼を持っていなさる。とうてい、ごまかせやしない」と。

楊逸は、かねがね、お上の威光を笠にして威張り散らしているのを、やめさせたいと思っていた。そのため、州内至るところに手先をおき、軍人や、役人の行動を報告させていた。

衛《えい》の嗣公《しこう》はサクラを使って不正を正したという。

公は一人の部下を旅に出し、関所を通過させた。関所の役人が厳しく調べるので、金をやったところ、すぐ見逃してくれた。

そのあとで嗣公は関所の役人を呼び出して詰問した。

「いついつ、そのほうの関所を旅人が通り、そのほうは金をもらって見逃したであろう」

これでは役人もふるえあがることになる。

こうした、いわば術を使って吾輩《わがはい》の目は節穴《ふしあな》ではない、と無言のうちに、部下にいいきかせる方法もある。

また、態度で示す方法もある。

第二の会社に関係した際、責任追及を恐れて、不良在庫の山が隠されていた。いくら入社早々の私でも、帳簿上の数字からだけで、不良在庫の存在が推定できる。当時の常務が会議の毎に不良在庫があるのではないかと部門長を詰問するが、まさに馬耳東風《ばじとうふう》にきき流している。次第に私にも実情がみえてきたので、ある時「不良在庫を放任することは許されない。この会社へ入った仕事始めに、私がその始末をやろう」と発言した。素人の銀行屋になにができるか、といわんばかりの顔つきが並んでいたが、私自身で現物調査を始めるしかない。

ところが、私の機械知識はゼロ。現物をみて、これは不良だ、といっても、良品ですといい張られて反論のしようがない。

そこで、商品に明るい技術者を同行させて、三日ほど倉庫、工場巡《めぐ》りをした。別に機械を動かしたわけでもない。ただ見て回っただけである。もっとも、一覧表の一枚一枚に、あれこれ記入していたから、周囲の人からすれば、つぶさに調査していると思ったに違いない。

そして、会社の社長以下幹部の出席する会議で私は、おもむろに話しだした。

「この会社の技術水準は極めて高い、という話はきいていた。しかし、倉庫調査をして判ったことだが、これほど技術に優れているとは思わなかった。なにしろ、人体で最も精巧な働きをする場所を検査する機械が框体《きょうたい》、つまり箱だけで計れるという。

そこで、そういう高技術の機械なら、どんどん売れると思う。私は明日から、倉庫番から出荷係になる。ついては、どこへ出荷したらよいのか教えてもらいたい」と話した。誰も首を上げて答えるものはなかった。

その私は、うちで、テレビに手を触れないでくれ、といわれているほど機械音痴。引け目を感じている人には無知もひとかどの役に立つ。意地悪爺が入社してきた、と思ったろうが、それから間もなく会社の不良在庫は一掃されている。

あれこれのべたが、指導の立場にある者は指導される人から甘く見られるようでは権威もなくなり、命令も及ばなくなる。

私がいた会社で〝腹痛支配人〟というニックネームをいただいている人がいた。いやなこと、難しい仕事に出会うと「腹が痛くなった」といい出すからである。

また、課長で〝急病課長〟というのがいた。

「今晩部長の歓迎会で五千円会費」と幹事が言うと「頭が痛い」。「今日は誰々の送別会、会費六千円」と誘われると「どうも腹が痛む」。ある幹事は気がきいていて「今晩、これこれのことがありますが、今日はどこが痛みますか」と先回りする、という。

こうなると、指導者どころか守銭奴《しゅせんど》扱いされてしまう。僅かなことで信用を失ない、宴会会費以上の代償を払わされることになる。

これとは逆に〝はしご部長〟といわれている者もあった。二次会、三次会と、いやおうなしに部下と飲み歩くからである。帰りは、部下のほうが引率して家へ送り届ける。これでも、いざという場合、威令は及ばなくなろう。

六　厳、慈の使い分け

部下を率いる要領は、厳しすぎては萎縮《いしゅく》し、慈愛にすぎても、緩《ゆる》み怠る懸念もでてくる。時と場合によって、厳、慈の用い分けが必要ではないかと思う。

また、厳しさに片寄らず、厳しさの中に、部下を思う心がなければならず、部下への慈愛に片寄らず、その中に厳しさがなければならない、ということである。

よく、怒り叱ることはないが、なんとなく恐いといわれる人がある。備わった威厳があるからだし、激しく怒り、叱るが、どうも憎めないという人がある。慈愛の心が潜んでいるからである。

街道一の親分といわれた清水の次郎長は、激しく叱ることもあったが、決して人前で叱ることはなかった、という。子分の立場を考えてのことだ。

維新の大立者勝海舟が、次郎長に向かって「子分のうち、親分のために死ねる人は何人いるか」ときかれ、「一人もいませんが、私は子分のためならいつでも死ねます」と答えたという。子分も死ぬ気になるだろう。

統率の妙は、まず、部下の心をとらえることによるともいえよう。

別項でものべたが、東漢の光武帝は、降将たちに、口頭ではなく態度で示して「赤心を推して人の腹中におく」といわせて心服させている。部下の心情を察して誠意を示すほど部下の心をとらえるものはないようである。

魏の呉起《ごき》は、一人の兵士が腫《は》れものができ苦しんでいるのを見て自ら口を寄せて膿《うみ》を吸いだしてやった。それを伝え聞いた兵士の母親は泣きだしてしまった。わけをきくと「先年あの子の父親も呉起将軍から膿を吸いだしてもらいました。その後、父親は出陣しましたが、将軍の恩義に報いようとして、敵にうしろを見せることなく戦い、ついに討ち死にいたしました。その息子も同じく膿を吸ってもらい、あの子の生涯も終ったようなものと考え、つい泣いてしまったのです」。

呉起は将軍の地位にありながら作戦中は、起居、飲食すべて最下級の兵士と同じくしたという。

言志四録に次のような文句もある。

「人主は最も明威《めいい》を要す。徳威《とくい》惟《こ》れ威《い》なれば則《すなわ》ち威なれども猛《もう》ならず。徳明《とくめい》惟れ明なれば則ち明なれども察《さつ》ならず」（君主は徳明と徳威が肝要。徳威は徳の備わった威厳であるから、威であっても暴威ではない。徳明も徳の備わった明察であるから苛察《かさつ》ではない。つまり、細かいことは見て見ぬふりをするがよい）。

言志四録に次のような文句もある。「敬を持《じ》する者は火の如《ごと》し。人をして畏《おそ》れて之《こ》れを親しむべからしむ。敬せざる者は水の如し。人をして狎《な》れて之れに溺《おぼ》るべからしむ」（敬の心をもつ人は火のように人をおそれさせるが、親しめる人として尊敬される。敬のない人は水のように親しみやすいが、人から威厳がなく、侮《あなど》られてしまう）。

この一言は統率者として、あるべき心得のすべて、といってよい。

よく、威厳を示すために、大言壮語《たいげんそうご》したり、居丈高《いたけだか》に振る舞っている人がある。これは縫いぐるみを着た虎でしかない。

虎といえば、虎の威を借る狐《きつね》の話もある。

狐《きつね》が虎に食われようとしたとき、狐が言った。天帝は狐を百獣の長と定めている。もしこの私を取って食えば、天命に背いたものとして罰せられよう。それが、うそと思うなら、私の後についてくるがよい。私の姿を見て逃げださない獣は一匹もいないはずだ。なるほど狐のあとについていくと獣という獣が逃げだした。狐が恐ろしいのではなく後からついてくる虎が恐ろしかったのである。

現代でも狐を気どっている者もいないではない。

トップの条件でものべたが、上に立つ者の最高の条件は仁徳、人格なのである。これの備わっている人からは徳威、つまり、徳から自然に、にじみでる威厳がある。この厳は、尊敬、敬慕の念をもって受け入れられても、抵抗、離反で迎えられることはない。これが、統率の妙といえるのではないかと思う。

言うこと考えること、なすことのそれぞれ違う多くの人を使うということは、仁、智、勇のある者で、大衆からみても頼りになる人、引っぱっていくことのできる力のある人、言い換えれば統率力のある人といえるだろう。

優れた人々さえ用いられない、いわゆる統率力のない者が身を亡ぼすことは、むしろ当然といえるのである。

やはり言志四録に「人君《じんくん》たる者は、臣《しん》なきを患《うれ》うることなく、宜《よろ》しく君《きみ》なきを患うべし。即ち君徳《くんとく》なり。人臣《じんしん》たる者は、君なきを患うることなかれ。宜《よろ》しく臣《しん》なきを患うべし。即ち臣道《しんどう》なり」（君主たる者は、部下に賢臣のいないのを憂えず、明君のいないことを憂えるがよい。これが君主の徳である。臣たる者は、明君のいないのを憂えず、自分が賢臣であるか否かを憂えるがよい。これが臣の努める道である）とある。

これも「敬」からでたもので、こうした心がけである限り、統率力は自然に養われてくる。

七　信賞必罰

部下を統率する術は、権力、威厳を振る舞うだけが能ではない。

これを妙手とするなら、飯場の親方か夜盗の頭目《とうもく》で足りることになる。孫子の兵法に、「百戦百勝は、善《ぜん》の善なる者に非《あら》ず。戦わずして人の兵を屈《くっ》するは、善の善なる者なり」とあるが、部下を自然に納得させ従わせることが最高といえよう。

では、どうすればそうなるか。それは信賞必罰である。賞に値する者は必ず賞し、罰すべきは必ず罰することである。さらに、より好ましくは、罰を次第に減らすことといえる。

言志四録に、褒《ほ》めること七、叱り罰すること三の割がよいとあるが、この数字にこだわることはないとしても、人間誰にしても、怒られてやる気や改める気になるよりも、褒められて一層励もうと考え改めようと思うことの方が多い。褒められて抵抗心のでるものはないが、叱られれば反省よりも抵抗心がでるからである。長所と短所が半々の場合、長所を伸ばすことに努めれば、短所は次第に短くなる道理。上に立つ者は、部下の長所を見いだし、それを伸ばすよう努めよ、といわれるゆえんである。

ただ、褒めるに過ぎて叱るがないと、感激もなくなり、「おだてておいて、こき使う手段」ぐらいにしか受けとられないのでは、統率どころではない。

ある会社の社長は、社員が朝出勤するのを出迎えて、肩を叩いて「ご苦労さん」といっていた。最初の頃は、人の良い温かい心の社長と考えていたが、次第に、肩を叩こうとしてもそれを避ける者が増えてきたという。社長の手の内がわかってきたからである。その会社は、すでに倒産して今はない。心にもない演技は猿芝居にも劣るのである。

「駕籠《かご》にのる人、かつぐ人、そのまたわらじを作る人」というが、それぞれに応分の仕事があり一人欠けても困る。仕事に貴賤《きせん》はないが、駕籠にのる人がわらじを作ることもない。

しかし、わらじを作る人の多くを知っておくことが統率者として肝心なことなのである。

ところが、多くの社長は、わらじを作る人に、単に〝ご苦労さん〟程度のことときり関心を示さない。それでも十分すぎるくらいだと思っている。

どんな下位の部下でも社長の協力者である。その協力者に、自分は社長の目の届かぬ縁の下の土台石と嘆かせるようでは足下からくずれる心配もでてくる。常に労を慰《なぐさ》め、功を認める心が必要といえる。届かないと思っていた上司の目が届いたときの感激ほど大きいものはない。

関係した会社に表彰制度があって年一度表彰式が行なわれていた。いずれも受賞者は日当りの良い職場にいる者に限られていた。私が入社した翌年、部品整理、製品梱包係の二人の係長が完全な管理をしているのを見て、これを表彰した。当人たちも、きいたとき耳を疑ったといっていたがたいへんな感激であった。

上が賞を受けて影響するよりも、下積みの者が賞を受けて全社に影響する度合は大きいものである。

認めるといえば前職時代こういうこともあった。

電話交換手の応対が悪いというので内外から批判されていた。外部に対しては社を代表している者が、悪評をうけるようでは業績にも影響してくる。

そこで、電話交換室を各店長と同程度の位置におき、什器《じゅうき》なども入れ替えた上で話した。

「皆さんは、ここの店長と同格、店の代表だ、そのつもりで」と。

その人たちの中から、東京都内の電話交換コンクールでの優勝者が出ている。

無言の心服とでもいおうか。こういう話もきいている。ある大手信販会社創立者からのものである。

「私の庭には大きな木が何本もあって秋になると木の葉が積もるようになる。近くに住む老人が毎日それを掃除にきてくれる。歩行もままならないので、チリ取りに入れても捨て場へ運ぶまでにこぼれて半分になる。出入りの植木職がそれを見て邪魔者扱いして、怪我でもしたら困るので断ったらどうかと度々いっていた。もちろん裏木戸から老人が入ってきても植木屋は挨拶もしない。ところが家の飼犬だけは、その爺さんがくると尾をふって出迎えている。爺さんは植木屋にどんな目で見られようとおかまいなし、黙々として拾ってはこぼし、こぼしては拾っている。上から落ちてこなくなるにつれて庭の木の葉は減って、ついに全くなくなった。

減っていくにつれて植木屋の態度も変わってきた。しまいには、はち巻きを取って爺さんに頭を下げるようになった」という。爺さんの真心に感激したのだろう。

「戦わずして人の兵を屈《くっ》するは、善の善なる者なり」。その爺さんも戦わずして相手を屈服している。部下の統率もかくありたいものである。

八　下にゆずってはならない権限

韓非子に「明主《めいしゅ》のその臣を道制《どうせい》する所は、二柄《にへい》のみ。二柄とは、刑徳《けいとく》なり。何をか刑徳と謂《い》う。曰《いわ》く殺戮《さつりく》これを刑と謂い、慶賞《けいしょう》これを徳と謂う。人臣たる者は、誅罰《ちゅうばつ》を畏《おそ》れて慶賞を利とす。故に人主、自らその刑徳を用うれば、則ち群臣その威を畏れてその利に帰す」（優れた指導者は、二つの柄《え》＝動かす力、を持つだけで部下を使いこなす。二つの柄とは刑と徳で、刑は罰を加えること、徳は賞を与えることである。部下は刑を恐れ、賞を喜ぶ、そのため指導者が罰と賞の権限を握っていれば部下を思いのままに操ることができる）とある。

人の上に立つ者が、下にゆずってはならないものが、この賞罰の権である。

第二の会社に入ったとき、社長から「私は技術屋なので財務、人事など一般管理部門のことはよく判らない。任せるからよろしく」といわれた。それに対し「人事だけは社長直轄《ちょっかつ》とすべきだ。事務的なことはいっさいやりましょう」といったことがある。その後、内部監査部を設けたが、これも社長直属としておいた。

自分は副社長、賞罰の権まで冒したくなかったからだ。賞罰の権限こそ、トップの座を安泰にする唯一の道なのである。

ところが、社長が賞罰の権まで部下に与えていたため、社長が軽視され、ロボット扱いされたり、部下の方が実力者として評価されるに至った例もある。なかには、社長の座まで追われた者もいる。多くは人事権、つまり賞罰の権を失なった結果である。

また、部下に賞を与えるのは自ら喜んで実行するが、罰や注意など部下から憎まれるようなことは次席に任せているトップがある。これも大きな間違いである。なにも下の下にまで賞罰の権を及ぼせということではない。管理職程度まででよいのである。

この怠慢は、部下から憎まれやしないか、恐れられやしないかなど自己可愛さからでているものだが、これは八方美人を狙って四面楚歌の悔いを残すことになるだろう。賞は賞、罰は罰として公平に行なうところにトップの威厳があるといえるのである。

あるグループ経営の社主を訪ねたことがある。

「これだけの子会社があっては、身体がいくつあっても足らないでしょう」と話かけたところ、「いやいや、身体をもてあましているほどです。なにしろ私の仕事というのは二、三年に一度行なう子会社の社長の首のすげ替えだけですから」と答えた。賞罰の二柄《にへい》だけで幾十の子会社を制御しているのである。

忙しくて部下の賞罰まで見ていられぬ、といっているトップに限って、やらなくともよい仕事をしている。肝心のことを怠ってまで余計なことをすることはないのである。

言志四録に「下情《かじょう》と下事《かじ》とは同じからず、人の君《きみ》たる者、下情に通ぜざるべからず。下事には則ち必ずしも通《つう》ぜず」（将たる者は下情に通じなくてはならないが、下々の仕事には必ずしも通ずる必要はない）とある。

社員のことなどいっさい知らない、知ろうともしない社長が、新入社員や、パートがやることまでやろうとしている人がある。それで、このごろの若い者は、とボヤいている。よほど、このごろの社長は、といい返したくなる。社長は社長としての最高の権だけを握っていればよいのである。

ここで考えたいことは、社長としての威厳を保ち威令を示すには賞罰の権とのべたが、案外これをあいまいにしているということである。

それでいて、やる気がなくて困るとか、責任感、使命感がないといっている。二柄《にへい》を公平に行使しない結果であることに気づかないのである。

相応の給与を出し、当然のことをしているのに賞を出すことはないとか、褒めてもつけ上がるだけで効き目がない、昇進させても有難く思っていないなどが理由である。

「功ある者を賞す」は人を用いる鉄則なのである。

罰ともなると己の不利まで考えてためらう。厳しさを忘れ、規律さえ乱れてくるのを知らない。人は、罰を当然恐れるものであるが、罰のないことをさらに恐れるものである。

関係した会社で中途入社した人から言われた。「この会社は住み良いが、これで大丈夫なんでしょうか」という言葉が耳に残っている。かえって会社の将来が不安になってくるのである。

最高指導者は賞罰の権、つまり扇の要《かなめ》を握っていさえすれば足りる。率先垂範も欠くことはできないが二柄を忘れての率先はその効を少なからず失なうことになる。

孔子が魯《ろ》の哀公《あいこう》に仕えていたころである。

領内の人々が狩りをし、獣を追いだすために火を放ったところ、火は風にあおられて町にまで及びそうになった。心配した哀公が家来を率いて消火にかけつけた。ところが火を消している人は見当らない。獣を追うのに夢中になっている。どうしたらよいか孔子に尋ねた。孔子は「獣を追うのは面白いし、罰せられもしません。火を消すのは、つらいうえに、火を消しても褒美《ほうび》がもらえません。それで消そうとしないのです」と答えた。

そして「いまは消すことが先決ですが、褒美をやっている暇はありません。また全員に褒美を出すほどのかねもありません。ここは罰を科すだけです」。

そこで孔子は「火を消さない者は敵に降服した者と同罪。獣を追う者は密猟者と同罪とする」と触れさせた。火はたちまち消されたという。

いまでも、賞などどうでもいいや、という人はあるが罪を受けてもいいやという人はない。罰のほうが効果覿面《てきめん》ということがわかる。罰などあえて行なうべきものではないが罰すべきを罰しない者こそ罰しなければならないと考えたい。

九　賞の与え方

人間ほど名利に聡《さと》いものはない。

他の動物は飢えれば食を求めるが、それ以上望むことはない。人間はまさに足るを知らず、である。ことに利につながることとなれば、無限といえるだろう。

芋虫と蚕《かいこ》は同じ形をしているが、蚕は手でつかみ、芋虫には手を触れることさえ厭《いと》う。蛇と鰻《うなぎ》とは同じようなものだが、鰻を手づかみにしても、蛇を手づかみにする人は少ない。蚕と鰻はかねになるからだ。

昔、中国の宋の国のある町で、あまりに真面目に親の喪に服したため、痩《や》せ衰えてしまった男がいた。国王は、これこそ親孝行の手本として役人にとり立てた。すると翌年には、喪に服したため身体をこわして死んだ者が十人を越したという（韓非子）。

利で親孝行をさせることもできれば、蚕や鰻をつかむ勇気さえださせる、ということである。

昔の武士がなぜ戦いに命をかけたか、いまどきの人には考えられない。手柄を立てて取り立てられ高い禄《ろく》を得ようという願いからである。主君に忠を真剣に考え、恩賞など考えぬ、といった忠義の臣でも、賞が少ないといって去った者さえある。

現代社会でも、かねも名誉もいらぬ、といっている人であっても欲しいものは欲しいのである。

こうした人間共通の心情を察して、功ある者に賞を与えることは人を用いる常識ともいえるだろう。この常識に従おうとしない者は人使いの拙劣《せつれつ》な者というも過言ではない。

西漢の三傑といわれた韓信はもと項羽の部下だったが、そのもとを去った理由の一つに「項羽は、功ある部下に賞を与えるのをためらった」ということがある。

これとは逆に、この韓信が劉邦の臣になった後、逃亡を計ったことがある。引き戻された韓信を劉邦は大将軍に抜擢して用いている。いわば、賞の前渡しである。

そういえば、源頼朝は、富士川の一番乗りを誓った梶原景季《かげすえ》に愛馬〃するすみ〃を与えている。後からきた佐々木高綱《たかつな》に、〃いけずき〃という名馬を与えている。これも賞を功の前に与えて励ましている。

与えられた者にすれば、いやおうなしに一番乗りを果たさなければならない。両者競い合っているのを傍観《ぼうかん》するものはない。われ遅れじと競争に加わるのは必定。期せずして全軍の士気は高まる。

また、昔の部将は賞を約束して士気を鼓舞《こぶ》している。この地を攻略した者には、この地を与える。城を奪った者には、その城主とするなど、一層やる気を起させることになる。

巧みな統率力とは個を集にまとめ、一丸の力を発揮させることにある。一丸の力の起爆剤が賞といえるのである。

こんな文句がある。

「賞誉《しょうよ》薄くして謾《まん》ならば、下、用いられず。賞誉厚くして信ならば、下、死を軽んぜん」(賞が薄く、しかも当《あて》にならないとなれば、部下はやる気をださない。賞が厚く、しかも、確実にもらえることになれば、部下は死ぬ気になって働く)。

別項でのべたが、関係した会社で、五ヵ年計画をたて、その目標を、〇(無借金)一(東証二部から一部上場)二(二割配当)三(年二回のボーナスを三回支給にする)とした。翌年僅かに黒字決算になったので三回目のボーナスを支給した。目に見えるように活気づいてくる。最も端的に現われたのが、設備の更新であった。

それまでは、新鋭機械を導入せよ、旧型を新型機に変えよ、と号令しても、申し入れるものは少なく、せいぜい毎年の償却額の範囲であった。

ところが、三回目のボーナス支給の翌年には例年の十倍の申請になっている。それまでは、いまさら新鋭機を入れても会社の業績がどうなるものではない、というぐらいに考え、半ばあきらめていたと思われる。

そのとき社長から「うれしい悲鳴だが、資金のほうはどうでしょう」と相談を受けた。「社員の望みをかなえるのも褒美のうち、全部承認してはどうです」と答えたことがある。

魏の呉起《ごき》は、若いころ、秦と境を接する西河《せいが》の長官に任命されたことがある。赴任してみると、国境近くに秦の小さな砦《とりで》があって農作業のはなはだしい邪魔になっている。なんとか、これを取り除こうと思ったが、正規の兵をさし向けることでもない。

そこで呉起は考えた。

まず、車のかじ棒を一本、北門の外にたてかけておいて「この棒を南門の外まで運んだ者には、上等の土地と家を与える」と布告した。はじめは誰も信じかねているようであったが、運んだ者が現われたので布告どおりの褒美を直ちに与えた。

次に、東門の外に赤豆一石をおいて「この赤豆を西門の外まで運んだ者には、前と同じ褒美を与える」と布告した。

すると今度は人々もためらわずに、競って運んだので、すかさず褒美を与えた。

こんどは本番、「明日、砦を攻める。一番乗りした者は重く取り立てたうえ、上等の土地と屋敷を与える」と布告した。

人々は、われこそは一番乗り、とばかり馳《は》せ参じ、たちまちのうちに攻略してしまった。

この例からみてもわかるように、部下のやる気を引きだすポイントは、賞を与えることであるが、賞のもらえる確率、つまり成功率が高いことにある。

暴れている虎を素手で取りおさえたものには一億円与える、といわれても、確率ゼロということではやる気をだす人はない。

年間売上げ一千万円がせいいっぱいというのに十億円売った者には、といっても志願する者はない。

第二は、賞に魅力があるということである。

一千万円売上げた者には千円の褒美をだすといわれても乗る気は起らない。

百万円売上げたら十万円の賞をだす、ということになれば競って集まるだろう。

第三は、約束した賞は、約束したとおり出すことである。

「賞は十万円と約束したが都合で出せなくなった」。あるいは、「ハワイ旅行を約束したが、近くの飲み屋で一杯飲むことにした」。これでは、どんなに張りきっていた者でも気落ちすることになる。

また、賞をだすなら、その場で与えるくらいな早さが望ましい。忘れたころにだすならださないほうがよい。

昔の部将が戦いに勝ったとき、最初の仕事は論功行賞《ろんこうこうしょう》であった。戦場で与えることも少なくなかったという。賞の効果を一層高めるものは、早い、ということである。

十　名統率者とは

賞にからんだこんな話がある。

西漢の劉邦が天下を得た後、論功行賞を行ない、「吾れ蕭何《しょうか》に如《し》かず」と、第一等の賞を内政担当の蕭何に与えたことは前にのべた。その蕭何につづいて、当初大功のあった二十余人については、すぐ褒賞の決定をみたが、他は自分の功績を主張する者が多く、容易に決定できないままでいた。

そんなある日、劉邦が回廊から外を見ると将軍たちが、あちらこちらで座りこんで、なにやら話し合っている。そばにいた軍師の張良に「何の相談だろうか」と尋ねた。「あれは反乱を計画しているのだと思います」。

「天下は安定したというのに、おだやかではない。どうしたらよいか」

「陛下は庶民から出発し、彼らを用いて天下を取りました。それなのに封地を与えられたのは蕭何《しょうか》など、古くからのお気に入りばかりです。一方、罰を受けたのは、平素陛下から憎まれていた者ばかりです。いま担当者がそれぞれの功績を評定していますが、必要とする封地を合計しますと、全土をもってしても足りません。それを彼らはうすうす感づいて、陛下が全員に地を与えることができないのではないか。また、過去の過《あやま》ちを理由に、誅罰《ちゅうばつ》を行なうのではないか、とそれが心配で、こうして集まって反乱をたくらんでいるのです」。劉邦は心配して「どうすればよいか」。

「陛下が最も憎んでいる人物はおりませんか。そのことを誰にも知られている人物なら、なおよいのですが」

「雍歯《ようし》には昔から怨《うら》みがある。いっそ殺してやりたいほどだが、功も大きいので耐えているのだ」

「それでは、その雍歯に封地を与えて、群臣に示すことです。彼が封ぜられたことを知れば、一同は自然に落ちつきましょう」と。

そこで劉邦は酒宴を開いて、その場で、雍歯を什方侯《じゅうほうこう》に封じ、丞相《しょうじょう》を督促して論功行賞を促進すると発表した。

これをきいた部将たちは、雍歯でさえ、諸侯に列せられたのであるから、いずれは自分たちにも、ということで不穏な動きもやんでしまった、という。

これは、張良の智謀の一端を示したものであるが、賞の与え方としても興味ある話である。

現代の組織内にも「社長に盾をついたことがあるので、一生梲《うだつ》があがらない」と最初からあきらめて、腐りきっている人がある。本人も損だが社長としてはなお損になる。

関係した会社で、酒を飲むと、社長にからみつく中年の課長がいた。あるとき、酒宴が終り、社長が席をでようとするのをとめて、えらい剣幕で談じ込もうとしている。その中へ入って私が「話したいなら俺に話せ」と、どっかり座ったため、ことなきを得た。なにか社長に怨みがあるらしい。他にも四、五人社長を心よからず思っている者がいることを知っていた。心に一物ある者が仕事に精を出すことはない。これを放っておいては、お互いの不幸である。

そこで、分社経営の際、それらの人たちを子会社の取締役に抜擢した。勤務態度から社長に対する考えまで変わってきたのか、酒を飲んでも、借りてきた猫のようになる。こと毎《ごと》に社長に盾をついた人なのに、性格まで変わったのではないかと思われるようになった。私が退社した後、子会社の代表取締役になっているが、任命したのは、盾をつかれた社長である。

西郷隆盛はこうのべている。「爵位《しゃくい》や賞を与える場合には、十分注意しなければならない。爵位（地位）は、その人の人格を尊重して授け、功のあった者には俸禄《ほうろく》（金銭）を以《もっ》て賞すべきだ」と。

会社でいえば、成績をあげたものには給与を多く与え、地位を与えてはならない。その人の徳が高まってきてから役職につけるがよい、ということである。

会社内には、年功賃金のおかげで、月給が高くなっているが、部門長などになれない人がある。かと思うと、年が若く、月給は安いが高い役についている人がある。

これらのなかには、人格に見劣りするため高い役職の与えられない人がある。

このことを、私にあてはめてみると心あたりがしないでもない。

なにしろ、私の課長時代、なんと七年の長きに及んで万年課長の異名を頂戴したほどだった。

毎年、昇給、ボーナスは高率で、トップグループだったのも、それなりの業績をあげたからである。しかし、夜の業績もすこぶる立派で、客の接待もあり、招待も受け、毎回毎回、午前まで務め、〃午前様〃といわれたほどだった。別に悪いことをしていたわけではないが、上司からみると疑問人物だったのだろう。そのためか、いつになっても、昇格から見離されていたらしい。

課長の終りごろ、相当重要なプロジェクトチームのチーフを命じられ、二つの課長を兼務したので私の椅子が三つもあった。そのため、午前様勤務もできなくなる。それに、そのチームの目的も果たせた。それで、この男は心《しん》からの不良行員ではないと認められたのかもしれない。プロジェクトが解散されると、部の次長に抜擢された。その次長をたったの一ヵ月で通過し、経理部長に昇格、総務、人事各部長が一年で取締役になり、二年後には常務になった。出世頭《がしら》などといわれたものだが、いまにして思うと、昇進を妨げるものの第一は、人格、即ち徳であったことに気づく。と同時に、上司の私を見る目が正しかったことに驚くのである。

現在企業のなかにも、業績に功のあったものには賞与を増やし、昇格、昇給を査定する場合には、人格、いいかえれば、指導、統轄力、識見《しきけん》、雅量などを重点にしているところが多い。

賞は本来、上から下に与えるものといえるが、下から上に与える賞というものを私なりに考えてみた。社長に対する部下の「信」「敬」が、それに当らないか。部下を思い、信賞必罰の統率者には、下から信頼、尊敬という賞が与えられ、会社に対してやる気をだしてくれる。賞とは一方的ではないともいえそうである。下から多くの賞を与えられる者が名社長、名統率者といえるのである。

十一　統率の失敗はこの一点にある

ことにあたって恐ろしいことは、以外なところに、抜け穴があったり、落し穴があることで、穴のあいた風船に空気を吹きこむように、いくら努力しても膨《ふく》らまない。

部下の統率もこれと同じように、万全をつくしたと思っても、いっこうに効き目がない。いったんは膨らむが、たちまち、しぼみ、一度はつくろったが次第にやぶってしまう。原因のわからない発熱のようなもので、トンプク薬ではなおらない。病源を取り除く以外、治療の方法はない。

まず、病源の第一は、信賞必罰を怠ることである。組織に活力がみられない、トップの命令が浸透していない、規律が正しくない、など業績の足を引くような状態に陥っているものをみると、賞罰が厳正に行なわれていない。社長もパートも新入社員も同じように見える。社長に威厳がない。はなはだしいのは社長に社内で出会っても目礼さえしない。これでは統率者が行方不明と同じである。統率者不在の組織に集団の力の発揮を求めることは木に登って魚を求めるより難しい。

もし、信賞必罰をもって部下に対すれば、社長が牙《きば》をむき、声高く咆哮《ほうこう》することはない。自ら、その指揮下に集まってくる。

「いかに社内規程とはいえ、この人間に対しては厳しすぎる」とか「規程のほうが厳しすぎる」といって罰を与えることをためらう。あるいは、「昔、恩ある人の関係者だから」といって罰することをためらったり、罰を減免する。はなはだしいのは肉親だから、親類だからといっていい加減な処置をして公平を欠く。

罰に手加減しておくと、いかにも、心の広く大きい人といわれるだろう、悪口ひとつ言われないと思うだろうが、これは自分よがりだけであって部下はそうはみない。統率者としての条件に欠けるとみる。信賞必罰を怠って功を奏《そう》した者はないことを知っているからである。

前にものべた三国志の諸葛孔明が、軍律違反で馬謖《ばしょく》を斬ろうとしたとき、重臣の一人が、「天下の戦乱の真っ最中に、あたら功ある知謀の士を殺すとは、洵《まこと》に惜しいではありませんか」といった。それに、孔明はこう答えている。

「孫武が天下に武威を示すことができたのは軍法を厳格に適用したからだ。いま天下の風雲は急を告げているときにあたって、かりにも軍法を曲げるようなことをすれば、どうして逆賊《ぎゃくぞく》を討つことができよう」と。

天下が急であるから、なお一層軍律を守らなければならない、というのである。

また、鄭《てい》の国の宰相、子産《しさん》は倒れて死の床についたとき、後任に予定されていた遊吉《ゆうきち》を呼んでこう話した。

「そのほうが、これから国の政治をやることになろうが、そのときは、必ず厳しい態度で国民に臨むがよい。火というものは見るからにきびしいので人は恐ろしがり、かえって焼け死ぬ者は少ない。水は、その点、弱々しく見えるため、みんな、くみしやすいとみて、かえって溺《おぼ》れ死ぬものが多いものだ。そのため、そのほうも厳しい態度で臨み、へたに弱気になって、溺れ死ぬ人を増やしてはならない」と。

子産の死後、遊吉があとを継いだが、厳しくすることをためらったため、若い者どもが徒党を組んで盗みをはたらき、沼の辺に立てこもって大騒動になった。遊吉は軍を率いて討伐にかけつけ一日がかりで、ようやく鎮圧した。遊吉は早くに、子産宰相の教えを守っていたら、こうしたことにはならなかった、と反省したという。

第二の会社に関係した早々に、経営危機に陥り、労働組合はストを打ち、社長命令でもきこうとしなかったことは前にものべたとおりである。会社が明日にも倒れようか、というときに、周囲から「何をしても文句のいわれない会社」「社長の会社か労組の会社か判らない会社」「甘くて住みよい会社」などと言われていた。なぜ、こうなったかといえば、全く罰の行なわれない会社だったからである。罰が行なわれないから、社員は野放し状態になる。権利ばかり主張して、指示されたことをきこうとしない。きいても行なわない。これでは斜陽化するのが、むしろ当然である。やはり、企業マンとしての良識をあくまでも守らせる、守らなければ罰してでも守らせるという経営者の毅然《きぜん》たる態度が必要なのである。

昔、楚の共王《きょうおう》が晋《しん》と戦って破れ、自分も傷をうけた。

戦いが一時やんだので、次の作戦に備えるため、将軍の子反《しはん》を呼びにやったが、胸が痛くて行けない、という返事。やむなく共王自ら子反の陣へ車で行ってみると、酒のにおいがする。

共王は、そのまま引き返して「今日の戦いは、自分まで負傷するほどの苦戦だった。頼りになるのは将軍だけであった。その将軍が酒に酔いつぶれている。あれでは国のことも軍のことも、念頭にあるとは思えない。戦いはやめる」といって、軍を撤退させ、帰国するや、大罪を犯した者として、子反を斬罪《ざんざい》としてしまった。

かけがえのない干城《かんじょう》の将よりも、軍律を守ることのほうが大切なのである。

昔から人事管理の重点は「厳」「寛」の均衡といわれてきた。厳にすぎては、命令に従わせることはできても、威服して従いはするが、心服することはない。「寛」にすぎれば、心が緩んで、甘えの構造が芽生えてくる。

この均衡をどのように保つか統率者の腕のみせどころということになる。多くの例は、基本的に「厳」を優先している。

昔、魏《ぎ》の恵王《けいおう》が賢臣にたずねた。

「私の評判をきいているか」「きいております。たいへん慈恵《じけい》な方という評判です」。

恵王は喜んで「そういう評判なら私の将来は洋々たるものといえるな」「どういたしまして、国を亡ぼしてしまいましょう」「慈恵といえば、これ以上のことはない。それで国を亡ぼすとはどういうことか」「慈とは情深いこと、恵とは人に施すことを好むことです。情深いと罪を犯した人も罰することができません。施しを好むようでは功のない者にまで賞を与えることになりましょう。功のない人にまで賞をバラまいていたのでは国を亡ぼすのも当然といえましょう」と。

愛情にすぎると法は成り立たない。威信がなければ、下の者につけこまれる。罰も厳しくしないと、禁令も守られないのである。

この点について最も心したいことは、肉親、血縁の情にとらわれて公平を欠く、ということである。

自分の子、兄弟であるからといって過失を見逃して罰しなかったり、功もないのに抜擢したりする例を見かけるが、これでは、それ以外の者の過ちも見逃すことになる。

さらに、人情にほだされ、えこひいきに陥り、かえって善良な部下に背かれたり、経営者不信を招く。罪は罪として厳しく罰し、もし、人道的な配慮を必要とするなら他の道を選べばよい。

前職時代、人事担当役員であったころ、ある過失のため退職させなければならない社員に、再就職先を決めて、退職させたことがあった。孔明は馬謖《ばしょく》を斬ったが、その家族が生活に困るようなことはさせていない。厳と情の画然とした区分である。

トップは情を失なうべきではないが情に流されて、必罰の基本を見失なってはならない、ということである。

別項で、トップの権は、賞、罰の二柄《にへい》のみとのべたが、これを疎《おろそ》かにしたり、乱用するようでは、統率の全《まった》きを期待することはできない。

十二　トップの若さ

社長の若さは会社の若さに比例する、とは私の自論のひとつである。

ここでの若さとは、戸籍上のものではなく、心の若さ、頭脳の若さである。

「二十の翁、六十の青年」という言葉がある。人生の半ばを越えても身心ともに健全、進歩的、柔軟な頭脳をもち、意欲的、創造的な人も少なくない。一方、戸籍年令は二、三十才代だが退嬰《たいえい》的な考えきりもたず、行動もないという若年寄りもまた、多いものだ。

「青春とは心の若さ」といった人があるが、まさにそのとおりで、年令とともに心の若さを失なっていくようでは、現代のように進歩の著しい時代には心の老令化も速度を増すことになる。

近年、高令化が急速に進み、高令者の再就職が問題視されている。世間は冷酷、高令者の再就職の道は狭い。職を望むほうは、自分は若いし体力も若い者に負けぬ、といっている。しかし雇うほうは使い道がないという。

肉体的な若さを主張するのに対し、頭脳的若さを求めているのであるから道が狭くなるのも当り前かもしれない。

なぜ頭脳から老いるのか。学ばないからである。

飽食時代で、肉体的にははち切れるような健康を保ち、見かけは十才も若く見えるが、頭脳は全くの栄養失調、という人が増えてきた。

一日学ばなければ一週間、一カ月も遅れる時代に、一日も学ぶことがなくては頭の表面は黒髪でも内面は白髪化するのは当然といえる。

「青年老《お》い易《やす》く学《がく》成《な》り難《がた》し、一寸《いっすん》の光陰軽《こういんかろ》んずべからず。未《いま》だ醒《さ》めず池塘春草《ちとうしゅんそう》の夢、階前《かいぜん》の梧葉《ごよう》すでに秋声」（「偶成」朱熹《しゅき》）という若いころ歌った詩を思い出す。

またこれも若いころ職場の古老がよく解説してくれた詩の文句に「年々歳々花相似《ねんねんさいさいはなあいに》たり、

歳々年々人同《ひとおな》じからず、言《げん》を寄《よ》す全盛《ぜんせい》の紅顔子《こうがんし》、応《まさ》に憐《あわ》れむべし、半死白頭《はくとう》の翁《おう》、伊《こ》れ昔は紅顔の美少年……宛転《えんてん》たる蛾眉《がび》、能《よ》く幾時ぞ須臾《しゆゆ》にして鶴髪乱れて糸の如し……」（劉廷芝《りゆうていし》白頭《はくとう》を悲しむ翁《おきな》に代わる）とある。

その老社員は、こう説明してくれた。「年々花は同じでも、年ごとに見る人は変わる。いま全盛の紅顔の若者たちよ、この半死白頭の翁を憐《あわ》れんでほしい。この翁とて、いまこそ憐れな白頭の翁だが昔は君たちと同じ紅顔の美少年だったのだ。……思えば黒々とした美しいのもいく時の間か、たちまち鶴のような白髪が糸のように乱れかかってくる、という意味だが、この翁が僕で、紅顔の少年は井原君だ」といわれ、その人の頭を見た記憶がある。その自分がいまや憐れみを乞う年になっている。まさに青春は再びかえらずであるが、悔いてもいかんともし難い。

それよりも、学んで若さを保つに如かずである。常に学んでいる人は因襲にとらわれて頭脳硬直をおこすことはない。常に柔軟である。

また、広く学んで創造資源を多くもつため戦略的である。平たくいえば、感度良好で、ヒラメキも鋭い。

心に若さのある者は肉体的な若さよりも攻撃的である。端的にいえば気力旺盛である。

これらが、社内にも反映し、会社の士気も高まり、いわゆる若い気力ある会社といわれるのである。統率者として、こうありたいものである。

これに反して、新知識を学ばない者は、十年一日の如く、というとおり、因襲にとらわれたり、体験を唯一のより所としたりで進歩がない。気力溢《あふ》れる青年社員を率いることはできない。

トップは、会社の若さを保つために、自ら学びつづけなければいけない。これもまた統率者としての大切な仕事といえよう。

さらにつけ加えると、学ぶに心したいことは、不変の哲理とでもいうか、原点となる哲学を知っておきたいということである。

現代のように学問が専門化され細分化され各人各様の解釈がなされるようになると、何が何だかわからなくなる。「隘《あい》に失なわずして、博《はく》に失ない、陋《ろう》に失なわずして、通《つう》に失なう」（言志四録）ということは、前にのべたとおり。博識のためにかえって失敗し、よく通じているために失敗するのも、哲理をわきまえていないからではないか。

哲学、原理原則、帰一する原点を学ばないで進もうとしても迷路に入るだけである。私がよく故事を引用するのもそのために外ならない。

聖人孔子は「仁」を貫いた。つまり、一以《もっ》て之れを貫く、である。

十三　亡国の音《おん》

「歌は世につれ、世は歌につれ」といわれ、景気の良し悪し、時代の盛衰、国の政策、人間感情などによって歌の詩、曲まで変わってくる。

大正から昭和にかけての不景気時代よく歌われたのが「カチューシャ可愛いや別れのつらさ」とか「おれは河原の枯れすすき」など、哀愁にみちたものばかり。当時私は少、青年期であったが、よく父が焼酎を飲みながら詩吟《しぎん》をどなっていた。その多くは「賤民争いて採る首陽《しゆよう》の蕨《わらび》」という、御花園帝が足利氏の苛政に苦しむ賤民の哀れを詠んだものである。

また、明治維新の志士が詠んだ「妻は病床に伏して児は餓《うえ》に泣く」など涙を誘うものばかりであった。

それが戦争に突入すると、心を奮《ふる》いたたせるような軍歌とか、根性をかきたてる歌に変わってくる。

歌は世につれて変わるだけではない。たとえば、優勝祝賀会など、大いに盛りあがっているときでも、エレジーものを歌いだすと、静まり返る。沈みがちな会でも勇ましい歌がとび出すと、とたんに活気づいてくる。歌というものは人間の気持ちまで変えてしまう。

また、どういう歌が好きか、嫌いかによってその人の性格まで違うようである。

前職時代、宴席で万年、安来節《やすぎぶし》を歌うか、どじょう掬《すく》いを踊るかの人があったが、なかなか陽気で活力のある人だった。

どういう場所でも指名されると、枯れすすきを歌いだす人があったが、物静かで篤実な人だったが、気力に乏しいように感じられた。

さて、こうしたことをのべたのは、統率者は常に、部下の士気が衰えないよう心がけなければならない、ということである。そのためには、統率者自ら湿った顔をしたり、発言をしなさるな、ということである。

困難、不可能と考えるから、言葉より溜息《ためいき》が先にでてくる。顔も引きつり、言葉にも力がない。これでは、刀をかざして先頭に立っても藁《わら》人形としか部下の目には映らない。

困難を嘆かず、可能を信ずれば、鎧袖一触《がいしゅういっしょく》の気迫が部下に伝わり、勇気も百倍する。

楚の項羽が劉邦に追いつめられ垓下《がいか》に至って城壁の中に逃げこんだ。漢の軍は、これを幾重にも取り囲んだ。夜になって項羽は漢の陣営から自分の郷里の楚の歌が多くきこえてくるのを知って、大いに驚いて「漢皆已《かんみなすで》に楚《そ》を得たり、何ぞ楚人の多きや」と起《た》って、とばりの中に入って宴を開いた。

十八史略では、この場面をこうのべている。「漢皆已《かんみなすで》に楚《そ》を得たるか、何ぞ楚《そ》人《ひと》の多きや、と。起《た》ちて帳中《ちょうちゅう》に飲《いん》し、虞美人《ぐびじん》に命じて起ちて舞わしむ。悲歌慷慨《ひかこうがい》して泣《なみだ》数行下《くだ》る。その歌に曰《いわ》く〝力《ちから》山を抜き、気は世を蓋《おお》う。時利《ときり》あらず騅逝《すいゆ》かず。騅逝かざるを奈何《いかん》すべき。虞《ぐ》や虞《ぐ》や若《なんじ》を奈何《いかん》せん〟と。騅《すい》とは、平日《へいじつ》項羽が乗る所の駿馬《しゅんめ》なり。左右皆泣き、敢《あえ》て仰《あお》ぎ視《み》るもの莫《な》し」とある。

このとき愛妾《あいしょう》の虞美人が和して歌った、というのが「漢兵、已《すで》に地を略し、四方楚歌の声、大王意気尽く、賤妾《せんしょう》何ぞ生を聊《やすん》ぜん」である。

このあと項羽は、夜八百余騎を従えて囲を脱したが大きな沢に落ちこみ、追ってきた漢兵に攻められ、本城に至ったときは、二十八騎に過ぎなかった。残兵の前で「今、ついにここに苦しむ。これ天、われを亡ぼすなり。戦いの罪《つみ》にあらず。今日固《もと》より死を決す」といって、烏江《うこう》で一人自ら命を絶っている。

項羽が兵を起したのが二十四才、自害したのが三十一才、八年の間天下を争ったわけである。

抜山蓋世《ばつざんがいせい》の英雄も、部下が敵陣に降《くだ》って楚歌を合唱するようになっては勝味がない。八年間に七十余回も戦って一度も負けたことがない項羽も愛妾に〝大王意気尽きぬ〟と歌われるようになっては、もはや一巻の終りである。

現代企業のなかにも、抜山蓋世の気概をもち不敗を誇った会社で、すでに倒産の憂き目をみたものもある。この多くは、環境悪化などの外圧ではなく内部の腐敗、ことに統率者の心の緩みといえるだろう。

第一章でものべたが、韓非子に、トップが身を亡ぼす十の過ちの中の一つとして「女の歌舞に熱中して国政を顧みないと、国を亡ぼす」とある。

女に熱中して、国や会社を亡ぼした例は多い。「女の歌舞」とある点に注目したい。女の歌舞で国を守り、士気を高めるようなものは少ない。多くは、憐れみを乞い、哀愁に満ち、士気を挫《くじ》くようなものが多い。そうした歌に魅かれ鼻の下を長くしているようでは、国、企業の安泰を保つことはできない。少しく、そうした場面を瞼《まぶた》にえがいてみるがよい。目を細め、肩を落して聴きいっている男から強い気力など見いだせるものではない。それも、お付き合い、気分転換などに一時を過ごす、ということなら別の話。それに熱中するということになっては企業の一大事である。

また、十の過ちの一つに「政治を怠って音楽に熱中すると自分を苦境に追いこむ」ともある。

中国の春秋時代、衛《えい》の霊公《れいこう》が晋《しん》の国へ行く途中、濮水《ぼくすい》の辺へさしかかったところ、かつてきいたことのない新しい、妙《たえ》なる音楽を奏しているのをきいた。霊公は、すっかり、それのとりこになり、供をしていた音楽師の師涓《しけん》に命じてその譜を写しとらせた。

やがて晋に着き、晋の平公にきかせた。その席には、晋きっての名音楽師といわれた、師《し》曠《こう》も招かれていた。

師曠がその席についたときは、霊公も悦に入っているときであった。

その音楽を耳にした師曠は驚いて、師涓《しけん》の奏《かな》でる手を押さえて「新しい音楽とは、とんでもないこと。これこそ亡国の音楽（亡国の音《おん》）です。すぐお止めなさい」と。

驚く両公に師曠は、そのいわれを話した。

「昔、殷《いん》の紂王《ちゅうおう》に仕えた師延《しえん》という音楽師は、王のために、新声召里《しんせいしょうり》、靡々《びび》の楽《がく》など、淫《いん》靡《び》な曲を作って聞かせましたところ王はすっかり、それが気に入り、日夜弾奏させてきき惚《は》れていました。紂王は、悪逆無道でしたから周の武王に亡ぼされていますが、紂王が死にますと、その師延は楽器を抱いて濮水《ぼくすい》に行き身を投げて死んでしまいました。そのため、あそこへ行くと必ず、あの音楽がきこえてきます。死んだ師延の魂が迷ってあの曲を奏しているのです。新しい音楽だなんて、とんでもないことです」と。

そういえば、戦争が始まると、敗戦、亡国に結びつくような歌舞の類はほとんど禁止された。

そういう私も終戦の三ヵ月前に伊豆の大島へ召集で出征した。くる日もくる日も軍歌と戦陣訓、軍人詔諭《しょうゆ》と合唱だった。

ところが、終戦になると、班長が民宿の蚊帳《かや》の中で「誰か、民謡の歌えるものはおらんか」と声を出した。私が、小唄勝太郎の〝大島おけさ〟を歌ったところ、班長から声があった。「みんな覚えるまで、夕食後合唱するから、井原、そのときは音頭《おんど》をとれ」。「ハッ」といっておいたが、亡国の後であったから、亡国の音にはならなかった。むしろ、殺伐《さつばつ》とした戦後の人々に南風を吹きこんだのではないかと思う。

第七章　社長の財務

一　トップの財務認識

企業の最高責任者が財務を重要視しているかどうかによって企業体質の強弱はわかれる。企業の三目的といえば、公共、堅実、営利であるが、財務が貧弱では一つの目的さえ達することはできない。

また、資金を人体にたとえれば血液、財務管理は心臓ともいえるが、案外軽視するものが多い。生産、販売など主力部門に傾き、財務を単なる決済処理、尻拭《しりぬぐ》い的に考えるからである。

さらに、昔の武士気風が残っているためか「武士は食わねど高楊枝《たかようじ》」を気取るものもある。また、物欲から離れることが聖人君子と思いこみ、かね、もの、儲ける、ためる、など物財にかかわる表現さえ卑しいものと考えているものも少なくない。

聖人孔子も、人間というものは、物財を欲し、地位名声を望むものと是認している。ただ「利を考えるときは、人の道にかなっているかどうかを考えなさい」といっている。義にかなったことで得るなら、いくら多くともかまわない、ということである。「不義にして富み、かつ貴《たっと》きはわれにおいて浮雲の如《ごと》し」と戒めているのも同じである。
渋沢栄一翁の話に「粗飯《そはん》を食い、水を飲み、肱《ひじ》を曲げて枕とするも楽しみ亦《また》その中にあり」（粗末なものを食い、水を飲み、肱を曲げて枕とするほどの貧しい生活の中にもまた楽しみはある）とあるが、この「亦《また》」を考えれば、理想的な楽しみは豊かな中にある、ということになる。決して貧乏の中にだけ楽しみがある、ということではない、という意味のことがのべてある。

いまの経営者のなかにも、亦を除いて読んでいる人が多い。そのため、財務の話などともなると「どうなっているのか、財務担当に任せっぱなしにしているので」といっている。そうかと思うと「社長が財務の部屋などへいくと、よからぬ憶測《おくそく》がでたり、社員が心配するから」というのがある。こういう社長がいるほうが社員にとってはよほど心配なのである。

自分の品位を高めようと考えているのか、人格を損ねるとでも考えているのか、本音と建前を使い分けしている人もある。「当社は別に利益を追求しているわけではない」。それでいながら売上げ、利益ノルマを達成せよ、と尻を叩いたり、節約を徹底せよ、といっている。

個人同士でもあること、「かねを貰《もら》うために協力したわけではない」というから出したものを引っこめると「なんと、もの知らずなんだろう」とくる。

本音は本音、建前は建前とはっきりしたほうが奇麗《きれい》に見えるものである。あいまいにしておくから、財務管理もあいまいになりおろそかになる。

そのあいまいは、命令の徹底にも影響を及ぼすことになる。

「売上げを伸ばせ」「商品在庫を減らせ」「支払削減を計れ」「設備を近代化せよ」「生産増加に努力せよ」「残業を禁止せよ」と次々に命令を出す。出されたほうは、どれから手をつけてよいかわからなくなる。いずれも矛盾したことが多いから、一つプラスになれば一つがマイナスになる、ということで全体では骨折り損ということになる。

酉年《とりどし》は私のエト。この年の性格は、あれもこれもと手を出して、すべて中途半端になってことは成らない、とある。若いころこれを知って、それなら猪年に生まれ変わればよいと考えた。生涯設計も十年一科目の勉学と定めたのもそのためであった。経営にあたっても、一石一鳥狙いで、一つの目標を定めたら、それをあくまで貫く主義を通した。別項でのべた借金返済も、すべてを投げうって目的達成に集中したわけである。十の目的を抱えて、十年で全部を達成するよりも、一つに集中して一年で一つずつ達成していくほうが会社にとってはプラスになるからだ。

中国の元の名宰相といわれた耶律楚材《やりつそざい》は「一利《いちり》を興《おこ》すは一害を除くに如《し》かず、一事《いちじ》を生ずるは一事を減ずるに如かず」といっている。

つまり、一つの利を得ようとするよりも一つの害を取り除いたほうがよい。儲かるからといって一つのことを始めるよりも、損になっていることを止めたほうがよい、ということで、現代経営にも役立つ言葉である。

なるほど企業内には財務の足を引くものが少なくない。それを放任しておいて、新しいことに手を出そうとしている。

かつて、不振会社から経営相談を受けた。取扱い商品を増やしつづけてきたが、売れなくなった商品まで取り扱っている。そのため効率販売もできず人件費も減らない。悪循環が業績不振の原因で、商品を少なくしたら、たちまち収益が好転した。

昔から「器用貧乏」といわれている。なんでもできる人は何にでも手を出す、費用と手数はかかるが、かねにならない、ということである。

「一つの目的を達成するために全知全能を傾注する気力、これが根性である」と自分なりに定義づけているが、「一つの目的」に限って、すべてをかければ不可能ということはない。あれこれ手を出すから不可能になる。

財務が悪化してきたときは、一つの目的に限って集中させることが大事であり、何に絞るかを見極めるためには、日常から財務というものに関心をもっていなければ、とても一つの目的に集中できないということである。

二　かねは時なり

「時は金なり」は、寸暇《すんか》を惜しんで稼ぎ、ためよ、という勤倹貯蓄の教えである。

また「かねは時なり」は私のいい出したことで、利息の高いのを選ぶのもよいが長い期間預け複利で増やせ、また、儲けるには時を選ばなければ効は少ない、という意味である。同じ百万円貯金しても年七％で十年複利では二百万円足らずであるが、年四％の低利でも三十年ともなれば三百万円をこすことになる。時間が稼いでくれるからだ。

かねを儲けるにも、時をうまく選んで投資したのと否とでは大きな違いになる。巧みにチャンスをとらえれば年に二倍、三倍にもなるが、高いときに買ってしまうと五年たっても儲けなし、ということになる。

一九二〇〜三〇年、つまり、世界大恐慌時代に蓄財利殖家として活躍し大成功した、アメリカのハーバート・N・カッソンという人は、著書でこうのべている。

「預金を減らさずに預けつづけることは、かねを儲けるよりも難しいことである。この理屈のほんとうにわかる人は大金持ちになった人だけである」と。

いまの人なら、この低金利で緩慢《かんまん》だがインフレの進むなかで、なんとばかげたことだろう、と思うに違いない。

しかし、この文句のなかには隠された意味がある。

その一つは、どれほどかねを儲け財産ができても、必要なもの以外にはかねを出さないで預金を増やしつづけること。

二つに、投資チャンスが到来したら、その預金で投資し、儲けて増やして預金しつづける。

三つに、預金を減らさず預けつづけ、銀行の信用を高めておき、預金額の二倍、三倍の借金をしてチャンスに投資する、ということで、いずれも、大儲けした人のやり方である。

「私が銀行預金しているのは利息をもらうためではなく、利息を払うためだ」といった大金持ちがいる。先日故人になった日本一の金持ちといわれた人である。昭和四十五年私が銀行を退いたときに、「僕は銀行へずいぶん儲けさせているよ。三億円か四億円長い間、通知預金に放りこんだままにしているから」といっていた。それからしばらくして聞いた話だが、低位株を買い集めて大儲けしたという。

それより、五年前になろうか、私の住む地方都市の駅前の土地を四億円で手放そうと思い、買い手を探していた知人がいた。

ある大会社にあたったところ三億なら買おうという。それでも売ろうとしたら分割払いだという。そこで人を介して、前述の大金持ちに会った。地図を見るなり「四億円で買いましょう。いま小切手を書きましょうか」ということで売り渡した。

いまその土地は、一％の面積で四億円はするだろう。

その当時、私はその知人に言ったものだ。「あの土地は将来有望な土地。私に、ひと言話してもらいたかった。ただその際、いますぐ小切手書きましょうか、とはいえなかった。私の当座預金の残高は十万円きりなかったから」といって笑い合ったことがある。

また、昭和の富豪といわれた高萩炭礦《たんこう》の社長菊地寛実氏は「私は中年時代、事業に失敗し、墨染《すみぞめ》の衣《ころも》を着て托鉢《たくはつ》にでるほどおちぶれたが、いまでは昭和の富豪とかいわれるようになった。

しかし、それは、私が儲けようと思って儲けたものではなく、皆さんが儲けさせてくれたものだ。不景気、金詰まりともなると、土地から家宝までかねに変えようとして持ちこんでくる。それを安く買っておく。その値上りで儲けた」と話してくれた。それにしても、いくら安く売りにきても資金がなければ買えない道理。

つまり、その時のくるまで預金を減らさずに預けつづけておくのである。いくらチャンスがきても先立つものがなければ買うことはできない道理である。かねを得る道は、勤労、嘆願、窃盗《せっとう》の三つといっていた人があるが、勤労で得るのはあたりまえのこと。

また、儲けるには、安い時に買って高くなったら売ればよい。これもあたりまえのこと。たまったかねを守るには、うまい話にかねを出さないこと。これも至極当然なこと。しかし、このあたりまえが守れない。多くは大欲が災いしているのである。

いまのべた菊地寛実翁に、私の生涯設計を話し、今年の五十才からは金儲け計画になっている、といったところ、

「井原さん、五十才からでは早かろう。六十から九十までの三十年間儲ければたくさんではないか」という。

「九十にもなって儲けたかねを何に使うのですか」といったら、「何に使うか、と考えて

いるうちは儲からないものだ」といわれた。

なるほど、自分なりに財産らしい財産ができたのは六十才半ば過ぎてからである。チャンスの後を追っては儲からない。向かってくるチャンスを迎えうけることが肝心で、「前髪を摑《つか》め」と教えている。そのためには常に資金の準備が必要なのだ。

預金でかねを遊ばせておくのは勿体《もったい》ないというが、預金にしてかねを休ませておくようでないと大儲けはできないものである。

本書の第四章「身を退くの勇」の項で、越王勾践《えつおうこうせん》から功臣范蠡《はんれい》が逃れて、斉《せい》の国へ渡ったとのべた。この話は、その范蠡の後日談である。

范蠡は斉の国で名を鴟夷子皮《しいしひ》と変え、物資の過不足を考え、安いときは、珠宝を求めるかのように惜しみなく買い入れ、高いときは糞土《ふんど》を捨てるように惜しみなく売り、数千万の富を築いた。

これを知った斉の国王は、宰相に迎えようとしたが「民間にあっては千金を儲け、官については卿相《けいしょう》となるのは栄華の極み。久しく尊名を受けることは身のためではない」として辞退し、儲けたかねの全部を人々に与え、今度は陶《とう》（定陶《ていとう》）へ移って名を朱《しゅ》と変えた。

陶は交通の要所で物資交流の中心地。ここで、取引き先を選び、時機を見ては物資の売買をし、また、数千万の利益を得た。人々からは陶朱公《とうしゅこう》とよばれた。

朱公は十九年間に三度も巨利をえ、うち二度は貧しい人に利益を与え、最後の利益を子孫に任せ、子孫もまた財を大きくしたという。

この陶朱公に、大金持ちになる法をたずねたのが猗頓《いとん》という春秋時代の魯《ろ》の人である。朱公に「五頭のメスの牛を飼え」といわれたのがきっかけで、塩と牧畜で巨万の富を築いたという。大金持ちのことを「陶朱猗頓《とうしゅいとん》の富」と、今でもいわれている故事である。

それにしても、いまから約二千五百年前のかね儲けも現代のそれも儲け方は同じく、安いときに買って高くなったら売るだけのことである。

ただ、この話で注目されるのは、十九年間に三回巨利を得ているという点で、一回平均だと六年余り。この通りの間隔ではなかったろうが、その間にチャンスのくるのを待っていた、ということになる。二、三年で、しびれをきらしている現代人とはだいぶ違っているようである。

三　財力充実への道

関係会社の幹部と雑談していたときである。

誰かが「貧乏よりつらいものはなし。この会社もなんとかならないものか」とボヤいている。もう一人は「働けど働けど楽にならざる、じっと手を見るか。啄木《たくぼく》の気もわかるよ」と同調している。

そこで言った。「この会社は高収益会社で有名であったこともある。それが、だんだんじり貧になって、いまでは、その日暮らし。皆さんは儲かる会社にもしたが、じり貧にもしている。とすると皆さんは裕福よりも貧乏好みかと思っていたが、そうではなかったのかね」

「とんでもないこと。貧乏が好きという人は一人もいませんよ。ただ、どうしたら昔のように儲かる会社に戻すことができるのか見当がつかないで困っているだけだ」

「それは、皆さんが儲ける時代をつくり上げてきたことを再びやるように心がければよいだけではないのかね」

「そういわれれば、そうなんだが、どんなことをしていたかな」

「当時私は、この会社にいなかったが、どういうことをしていたか、おおよその見当はつく」「それはなんだか教えてもらいたい」

「会社が金持ちになる道は三つある。第一は〝目先の利益にとらわれないこと〟である。一つの例をあげてみるが、当社の創業は、世界的な医療機械の発明から出発している。そのため、製造するにも販売するにも初めての体験、まず社員の教育から始めなければならなかった。人材教育を優先したわけだ。ところが売上げも増え利益も増えてくるに従って人材教育など後まわし、速く多く造って売ればよいという目先ソロバン経営に堕落《だらく》している。近年社内研究会など見たことはなかろう。

新入社員が入ってきても、ロクな教育もせずに工場の作業を手伝わせる。月給を払っているのだから一日でも働かさなければ損というような目先の打算からだろう。

遠謀深慮《えんぼうしんりよ》ある者なら、まず社員をみっちり教育することから始めるものだ。

ある著名な機械販売会社の社長は新入社員をまず教育する。ついでセールスに出す。六十円の機械部品一コでも売ってこい。売ってこない者は帰宅を許さぬ、としている。根性鍛練である。

また、この会社には見られないが、堅実な財テクなら許されるとしても、投機で儲けようとしているものもある。遠き慮《おもんぱか》りなく、近く憂いのあることを忘れているのである。

第二は、会社を食いものにしないことである。

当社も創業以来、高利貸しを頼るほど金銭的苦労をつづけてきた。その当時は、交通費、通信費にもこと欠くありさまであったから経費のムダ使い、公私混同は見られなかった。

ところがその後の高収益時代に入り、かねの有難みを忘れてからは、ムダをムダと思わない。逆境時のムダも好調のムダも、ムダに変わりはないが、好調になれた後はムダをムダと思わなくなる。

苦しい創業時期には公私混同はやりたくともできなかったろうが、いまでは、私を誘って堂々とやろうとしている。当然と考えて罪悪感さえなくなっている。

昔、唐の太宗は「国王が人民から税を重く取って財をつくり、贅沢《ぜいたく》をすることは自分の肉を割いて食ってしまうようなもので、食い切ったあとは自分が死ぬ」（肉を割《さ》きて以《もっ》て腹に充《み》つ）と戒めている。

こういう寄生虫がいるようでは会社も肥《こ》えることはない。

第三は、前にものべたが、まず出ずるを制すということだ。

この三点を守るようになれば、この会社も金持ち会社になれる。いっていることは、まことに当り前のことだが、当り前とは言うはやすく、行なうは難い、といえるだろう」と話した。

東京大学名誉教授で林学博士の本多静六という先生は、生涯詰め襟《えり》で通したという。

先生の著書からいくつか引用してみたいと思う。

「人間の一生をみるに、誰でも早いか晩《おそ》いか、一度は必ず貧乏を体験すべきものである。つまり物によって心を苦しまされるのである。子供の時や若い頃に贅沢に育った人は必ず貧乏する。その反対に、早く貧乏を体験した人は必ず後がよくなる。人間は一生のうち、早かれ晩《おそ》かれ一度は貧乏生活を通りこさねばならぬのであるから、どうせ一度は通る貧乏なら、できるだけ早くこれを通りこすようにしたい」

「貯金生活をつづけて行く上に、一番さわりになるものは虚栄心である。いたずらに、家柄を誇ったり、今までの仕来《しきた》りや、習慣にとらわれることなく一切の見栄をさえなくすれば、四分の一天引き生活ぐらいは誰にでもできるのである」

こうして、月給の四分の一と、賞与、出張手当などの臨時収入はまるまる貯金し、これを株式や土地に投資した。そして、それが二倍に値上りすると、半分を売却して投資し資金を回収して、残り分はタダにしておく算用である。

月給の三分の一だけで生活し、よほど困っても貯金を引き出すことはなかった。月給日前になるとゴマ塩だけで過ごしたこともある。そのくらいであるから洋服も詰め襟で、それを十年も着つづけ、裏返してまた五年着たという。それでいながら、次のようにも書いている。

「あるとき、私の家内が少しばかり世話した苦学生がきて、肋膜《ろくまく》で二～三ヵ月ほど転地療養の必要があるというから、自分の日光旅行の費用を出してもよいか、といい出した。実は家内は長年の慢性萎縮腎《いしゅくじん》で、予後不良と断定されていた。まだ日光を見ないで、あの世に行って結構といえないでは気の毒ゆえ、かねて日光行きの五十円を渡しておいたので『お前の好きにするがいい。しかし、それだけでは不足だろうから、僕の服を作る予定の分もやろう』と二人で百円にしてやったが、その後その学生は丈夫になり、立派に卒業して妻子もでき、ついに博士になった、という報告をきく度に、私の家内はついに日光を見ずして亡くなり、また私の服も長く染め直しのままであったが、そのこと柄は私どもの最も楽しい思い出の一つである」と。

こうして蓄積した財産を六十才のときことごとく公共事業に寄付し、あい変わらず詰め襟生活をつづけ、昭和二十七年に故人になっている。

先生はこうも記している。

「人生の最大幸福は、その職業の道楽化にある。富も名誉も美衣美食も、職業道楽の愉快さには遠く及ばない。……かつて私が埼玉県人会で、この職業道楽説をのべた後に渋沢栄一翁が立たれて『若いとき、自分の故郷に、阿賀野九十郎という七十余になる老人がいて、朝から晩まで商売に励んでいた。あるとき孫や曽孫《ひこ》が集まり、おじいさん、そんなに働かないでも、家《うち》は金も田地もたくさんあるのだから、どうか伊香保へでも湯治《とうじ》に行って下さい、とすすめたところ、九十郎のいうには、おれの働くのは長年の癖で、まるで道楽なのだ、いまさらおれに働くなというのは、おれに道楽をやめろというようなもので、親不孝なやつらだ。それに、おまえたちはすぐ金々というが、金なんか、おれの道楽のかすなんだ、といわれたが、青年諸君は、本多君の説に従って、盛んに職業道楽をやられ、ついでにその道楽のかすも沢山ためるように』と説かれた」

四　かねはピンチに備えるもの

私は借金返済のために、これまでに二度も苦労を重ねた。

十八才から三十二才の十四年間祖父、父と三代ゆずりの借金返済で苦心し、六十才から七十才までの十年間、会社の借金返済で四苦八苦を体験した。苦しくもあったが、いい体験もしたし、変わった楽しい思いもした。僅かずつでも返済し借金が減っていくのをみているのは楽しいもので、返済経験のない人にはぜひ一度味わってもらいたいと思うほどである。

いずれも私が借金したものではない。祖父の道楽と会社の放漫経営のあと始末である。

といって、それを責めるつもりは全くない。「おかげさまで、いい勉強をさせていただきました」といいたいくらいである。

よく、経営者のうちには、借金は心を引き締めてくれるもの。返してしまっては心が緩む、という人があるが、私のように借金苦を体験したものは、借金を完済したほうが心が引き締まる。にがい体験が自動ブレーキ化しているからである。

よく、若いうちからかねをためているようではロクな人間になれない、という人がある。私も若い頃にさんざんいわれたものである。私の場合は貯金どころではなく、借金返済に追われていたのであるが、少しのかねも節約しているのをみて、他人は貯金とみてくれていたらしい。

そういう人たちのいいぶんは、貯金などよりも、自己形成に役立つことに使え、ということであったろう。しかし実は、自分を楽しませるための浪費にすぎなかったのではないか。

その証拠に、貯金するかねがあったら自己形成に使え、といっていた人に限ってロクな人間になっていない。

ここでいいたいことは、若いうちからの貯金の目的である。使うためのものではなく臆病避けのため、といいたいのである。

「サラリーマンもサラリーマン根性を捨てれば出世できる」といったのは阪急の小林一三氏である。サラリーマン根性のもとは〝臆病〟である。なぜ臆病になるのか。もっぱら経済的理由からである。

もし経済的に不安がなければ、勇気に行動力も伴う。堂々と主張もすれば、思いきった計画もたてられる。

なにも、一生食えるだけの準備をせよ、ということではない。大木の倒れるのを防ぐために、大木と同じ太さの支柱は必要ない。細い丸太三本あれば足りるのである。その準備もできないということでは、世の人の上には立てない。

私にとって、借金苦の中で売らずに持ち耐えた土地がどれほど度胸を大きくしてくれたか計り知れない。辞表を叩きつけて百姓をやっても食うぐらいは食っていける、という自信からである。備えあれば自信がつくから度胸がでるのである。

また、西郷南洲を気取って「児孫《じそん》のために美田《びでん》を買わず」といって老後の準備もしない者がある。こういう人間に限って、子や孫を頼りにしている。自分の老後のための美田ぐらいは買っておくべきだろう。

現代企業が求めている人材の要件は、創造性、執念、国際的人材などといわれる。これら一つを満たすにしても経済的不安のうちにかなえることは難しかろう。経済的不安をなくして心おきなく励むことでなければなるまい。

私は常に、個人、企業の両方の立場からも、「いかなることがあっても動じないだけの資金的準備は怠るべきではない」「かねというものはピンチに備えるものである」といいつづけてきた。

このことを我々は、昔から蟻《あり》とキリギリスの寓話《ぐうわ》で教えられてきた。しかし、寒さを知らないキリギリスにはそれに備える能さえ神は与えていないのである。

関係した会社で中間管理者を前にこう話したことがある。

「いまの時期を〝天高く馬肥《こ》ゆるの秋〟といっている。秋は、食欲の秋、健康の秋といわれるように気分も爽快《そうかい》、溌剌《はつらつ》を思わせるが、本来の意味は、危険信号、昔の警戒警報にたとえられる文句なのだ。

昔の中国は、しばしば北方の異民族に侵され、その防戦に悩まされていた。秦の始皇帝が万里の長城を築いたのも、それらの侵入を防ぐためだった。

彼らは北方の草原で放牧、狩猟を主な目的としていたが、春・夏を過ぎるころには馬も肥え、冬越しの準備のため、集団となって本土に侵入し、財物をかすめとって風のように去って行く。これを恐れた住民は、秋になると、また、あの匈奴《きょうど》が襲ってくるぞ、防戦の準備はよいか、と戒め合って警戒を厳重にしたのである。

さて、こうした中国の悩みは二千年以上もつづいたが、いまは全く平和になり、昔話になっているに過ぎない。

ところが、現代のわが国の企業には、秋に限らず匈奴の襲来がある。企業収益を脅《おびや》かす企業環境の変化である。戦後からでも、昭和三十年、四十年不況、四十六年のニクソンショック、四十八年の石油ショック、六十一、二年の急激な円高など。その間犠牲を強いられた企業は限りなくある。無防備を匈奴に襲われたからである。

また、乗馬と騎射《きしゃ》を得意とする彼らの疾風の速さは、近年の技術革新の速さにもたとえられよう。これに対応するためには、頭脳蓄積とともに資本蓄積も怠ることはできない。

とくに、ここで戒めたいことは、会社の好調のときに準備を怠るということである。好調に恵まれて得た会社の利益というものは、逆境のために備えよと神が与えてくれたものと考えるべきである」と。

菜根譚に「衰颯《すいさつ》の景象《けいしょう》は、すなわち盛満《せいまん》の中にあり、発生《はっしょう》の機緘《きかん》は、すなわち零落《れいらく》の内にあり。故《ゆえ》に君子は安きにおりては、よろしく一心を操《と》りてもって患《うれい》を慮《おもんぱか》るべく、変《へん》に処《しょ》しては、まさに百忍《ひゃくにん》を堅《かた》くしてもって成るを図るべし」（衰退の兆候は最盛期に現われ、新生の芽は衰退ドン底期に生じる。そこで、順境にあるときは、心をきつく引き締めて逆境に備えるようにし、逆境のときは忍耐強くしてピンチ脱出に全知全能を傾けるべきである）。

健康でいるときは病気を忘れ、裕福になると貧時の苦を忘れる。順調に歩みつづけているときは、つまずくことのあるを忘れる。いずれも心のゆるみからである。心がゆるむから銘記している戒めまで忘れて悔いを残す。

貧すれば鈍し、忘れっぽくなるというが、豊かになってからのほうが忘れることが多くなるのではないか。

貧時の忘れは、たわいもない笑い話ですまされることが多いが、豊かになってからの忘れは、身も企業をも亡ぼすほど大きいものである。

五　代価の高いのを嘆くな

「代価の高いのを嘆かず、時代の変化に対応せよ」とは創造的経営の条件といえる。変化の激しい時代に、代価の高いのを嘆いているようでは他に先んずることはできない。時代の進歩を先取りするために代価の高いのを嘆かず果敢《かかん》に対応した企業と、嘆いて応じなかったものとでは大きな差になっていることは歴史が証明している。

たとえば、第一次石油ショックの際など、抜本的な減量経営をしたものは、打撃も少なく回復も早く、それだけに、次の技術革新などの波に乗って飛躍している。思いきって業種転換を計って成功しているものも少なくない。

反対に対応の遅れたものは回復も遅々として進んでいない。

昭和六十二年当時の円高に際しては、大小企業を問わず競って対応策を打ちだし、円高の進むなかで著しい業績回復を示している。石油ショック時の回復よりも速かった理由の一つは対応の速さにあったといえよう。

関係した会社で昭和五十二年から三年の間に商用で五回中国を訪問している。輸出価額契約が主な用件である。

第一日目、有名飯店で朝食をしたとき、同行の輸出部長と商社マンの三人分の朝食代が五百円足らずであった。それでもわれわれは外人扱いで二、三倍高くなっているという。もっとも彼らの賃金も三十分の一程度であった。

同行の部長に「いま、われわれは、商品を売り込みにきているが十年もたてば、中国から日本へ売り込みにくるだろう。そのとき、東京のどのホテルに宿泊してもらうか、いまから考えておいたらどうか」と冗談を言った。部長は「そんな心配はありません」と強く否定していたが、その保証はない。

帰ってから早速、輸出商品生産担当者にきてもらい指示した。「当面二十五%の生産コストの引き下げを計ってもらいたい。中国製品と競争するためだ」「三十分の一の賃金の国と競争しても勝ち味はない」「先方はたとえ数千円とはいえ月給を払っている。省力化して月給をゼロにすれば太刀《たち》打《う》ちできる。勝ち味がないということは死ぬことだ」と話した。

何日かして責任者がきた。「今日は、猫の首に鈴をつけにきました。なにしろ一億五千万円の機械化計画、社長は内諾しているが、副社長は便箋《びんせん》一枚にもうるさいから。いますぐ承認はもらえないと思いますが」。

それからしばらく説明をきいたあとで言った。「この計画は二十五%コストダウンにそうためのものだろうが、二つ条件をつける。それを呑んだら、いますぐ承認印を押そう。

その一つは、二年計画になっているが、これを一年にすること。来年買う予定になっている機械を今日、これが終ったら注文してくること。

二つに、説明によると、設備後は、二十五人の技術者を減らすことができるというが、試運転のときから減らして、より高度の技術部門に配置転換を計ること、の二条件だ。

なれてから逐次人を減らしていく考えは十年ひと昔時代のものだ。一年ひと昔の今日では〝習うよりなれろ〟ではなく〝習ってからなれさせろ〟でなければならない」と。

この条件を承知したので印を押した。そのまま部屋から出てしまえばよかったのに、立ち上がりながら「せいぜい叩いて買いますから」といっている。安ければ安いほど私が喜ぶと思ってのことだろう。

再び席に戻して話した。「経営者ともあるものが叩いて買うとはどういう考えか。強力な者と一緒に交渉しても機械をタダにしてはくれないだろう。交渉しないでタダにすることを先に考えてはどうか。つまり、値を叩くより、自分の頭を叩くということだ。少々安く買うよりも、いかにして機械を効率化するかを考えよ、ということだ。

いまも話したとおり、二十五人の技術者を最初から減らしただけでも年給与一人四百万円としても一億円、一年半で機械代金は回収されたことになるだろう」と。

そのあと一枚のカタログを出して「この機械は、この計画には入れてありません。なにしろ、この機械は、当社グループ全体で使う、ある部品一年分を一カ月で作るほどの高性能機。買っても十一カ月も遊ばすことになり、とてもソロバンに合いません」。

「それなら近くの農家へ行ってきいてくるがよい。お宅では、何十万円もする耕耘機《こううんき》や田植機を買っているようですが年間に何日使いますかと。おそらく十日前後と答えるに違いない。農家では高い機械を三百五十日も遊ばせている。作業が手遅れにならないようにして増収を計り、余暇を生みだして他で稼いで採算をとっている。十一カ月も遊ばせるほどの機械だから買う値打ちがある。一年分を一年がかりで作る機械など、タダでも断る」

「この機械は二千万円もするので分割払いの回数を増やさなければならない」

「どうして、あなたがたは、何ごとも困難から考えるのか。可能から考えだせば、よい知恵もでてくる。そういう考えでは、おそらく酒を飲むにも顔で飲んでいるのじゃないか」

「われわれは、いつも顔ですよ」

「私も前職時代に、一年間に限り顔で飲み歩いた。かねを払わないのだから、さぞポケットが膨《ふく》らんでいそうなものだが、いつも淋しい限りだった。一年後から今日まで自分も家族もクレジットカード一枚使っていない。そのほうがポケットの膨らみ具合がよい。心の持ちようでいかんだ。分割払いにすると払いきれないが一括払いなら容易に払える」といっておいた。

その前に、こんな話もあった。

「ここまでは機械化されるが、この先は手作業になる」、ということは年々人件費が上がるからコストは上がる、という予防線に違いない。

「それでは漁港近くへ行ってメザシを作っている現場を見てきてはどうか」「精密機械作りとメザシ作りとなにか関係あるんですか」「おおいにある。メザシを作らしている人は、イワシを籠《かご》に入れ、一人一人に、これが材料だという人はなかろう。バラ積みにしてあるはず。作る人は、早くつくらないと鮮度がおちる。手早く作らないと材料がなくなる、という不安がでる。それに多く作っている人は追い越されまいとし、少ない者は負けまいと急ぐことになる。つまり生産性が高まるというわけだ」

「メザシを作った体験があるんですか」「毎朝食べてはいるが作ったことはない。ただ若いころ母の百姓の手伝いをした。休日など二人で田植をすると一日に十アール植えられた。

近所の人が二人手伝いにきてくれれば四人で二十アール植えられればよいはずなのに二十二アールも植えられる。手伝いの人と競争するつもりはないのだがお互いに手早になる」と答えた。

これが競争本能というもので人間だけにある本能といえるだろう。

これから上に立つ者は、コスト削減の一環として、抵抗、不平不満の起らない競争本能をどのようにして呼び起すか、これも欠かせない任務といえるだろう。

六　見える損より見えない損

会社経営にあたって恐ろしいものは、見える損より見えない損、大きい損より小さな損、気づく損より気づかない損といえる。

「易きは易きにして易きにあらず」。たやすいようにみえても、そう簡単なものではないということだが、これを「少なきは少なくして少なきにあらず」に読み替えると、少ないものでも回数が多くなれば大きくなる、ということになる。一瞬とは、まばたきするほどの短い時間だが生死をわかつ一瞬のときもある。

前職時代上司であった人と、草野球をともにしていたが、ことあるごとに「タッチの差」の重要を説いていた。仕事も早かった。ところが、その上司、良くいえば熟考型、悪くいったら優柔不断。相談に行っても、決断を仰ぎに行っても、その場でイエス、ノーを言ったことがない。もったいぶってる、という部下もいたが、多くは脳血栓、血のめぐりが悪いといっていた。

そのこと私は前職時代「頼りない」といわれた。即断即決であったから。その度ごとにきくのは「いつ始めて、いつ終了するのか」というだけである。余分に時間をかけている場合など可能な限り、短縮を命じた。そして、よく尋ねたことは「一分間当りの賃金はいくらについているか」ということだった。時間は見えないものだが、これほど高価につくものはない。見える節約は徹底してやっているが、見えないムダのために大きな損を招いている。人件費が高くなっているからだ。

さらに、見えないものに、人的不良財産がある。別項でものべたが、賃金は上がるが生産性が伴わない。いわば不良財産である。物的不良資産を隠しておれば粉飾の指摘を受けるが人間の不良にはそれがない。価額償却もしないですむ。そのため見逃すことになる。

関係した販売子会社の決算報告をきいていたとき「当社役職員の平均年令は三十四才にもなったので利益が伸び悩んできた。来年は二十才ぐらいの若い新卒を入れて平均年令を引き下げようと思う」と、いかにも名案を考えだしたかのように言っている。よほど、四十才前後のあなた方が早く辞めたほうが平均年令は下がるだろうと思ったが、それでは角がたつ。こう皮肉った。

「あなた方の会社は独立早々ノーベル賞を貰《もら》うことになるかもしれない。来年入る若い人も、あなた方も、これから一才も年をとらないという前提でなければそうした考えは出ないはずだが、不老長寿の秘薬でも発明したのではないか」「そういうことはありません。どうしてですか」「戸籍年令の平均が三十四才になったからではなく、年令が高くなり賃金は上がったが利益がそれに伴わないからだろうと思う。平均年令よりも、一人当りの利益を増やすことから考えるべきだ。言い換えれば、三十四才の平均年令を十七才にすることから考えるべきだ。一人当りの利益を二倍にすれば年令は半分になる」と話した。新人を採用するのはやすいが、生産性を倍にするのは難しい。やすい考えを許しては人は育たない。結局は割の高い人間になってしまうことになる。

また、知らない間に忍びよる恐ろしさに間断なく上がりつづけているコストがある。見えるものは目の敵にして引き下げる。しかし、見えないコスト増が恐ろしい。関係した会社の商品開発計画の原価計算について、なんの商品知識もない私が開発担当長にこう質問した。

「誰が、どういう方法で計算したのか」

「係長が計算、課長が概算し、部長が承認したもので、原材料、工賃、開発費等いっさい含めてある」「そういう計算は〝原価計算〟ではなく〝原始計算〟というのではないか。時価でこれだけの費用がかかったから、原価はこれこれになるという計算は、ソロバンのできる人なら誰にでもできる。人の知恵も汗も入っていない原始的な計算といえるからだ。少なくも肩書きのある人がする計算は、どのようにしたら原価を引き下げることができるかの知恵と汗を加えたもので、文字で書くと、〝原〟ではなく〝減〟価計算とすべきではないのか」「数を多く売れば原価は下がることになっている」「そういうのを希望的観測原価計算という。第一、最初から原価高では売り値も高くなり、数多く売ることはできまい」。

憎まれ者にはなったが、やり直しの結果二十%のコストダウンになっている。

これは因襲を破れなかった過ちといえるだろう。

かつてのべたとおり、忍びよるコスト高を避けるため、コスト高につながるいっさいの支出を断った。書画骨とう、貴金属、ゴルフ会員権、余分な土地などに投資しなかった。コスト高による価額競争力の低下を恐れたからである。

コスト高の恐ろしさを認識させるには、子供だましの計算をしてもらったことがある。関係した会社の主力部門ともいえた生産部の年間実績の報告会に出たときである。

昨年一年間の成果は売上高三十五億円、部員九十人で、二億円の純益ということである。報告の終ったところで、こう話した。「今日の会議は、これで閉会にして一週間後に再開したい。そのときまでに、こういう計算をしてもらいたい。その計算の前提だが、一つは、低成長時代ともなると売上げを伸ばすことは困難と思うので、前年の三十五億円の売上げが今後五ヵ年つづいたとする。また、売り値を上げることは困難なので今後五年間売り値は据《す》え置きとする。これが第一前提。

しかし、物価は上がるので、人件費が五年間十％ずつ上がりつづける。物件費が七％上がるものとする。これが第二の前提。

第三の前提は、九十人の同じ部員が、同じ物を同じ方法で、同じ量を五年間作りつづけたとすると五年後の損益はどうなるか、という計算だ。

この計算の資料は、ここにあるだけで十分だし、ソロバンのできる人間なら誰にもできる簡単なものだ。

しかし、いまここに出席している係長から部長までの肩書きのついた人だけで計算してもらいたい。それに計算するときは、おしぼりを用意したほうがよかろう。答えを見ると油汗が出ることになっているから」。

実績説明をしている間に私は暗算してみた。それで子供だましの計算を管理職にしてもらうことにしたわけだ。

一週間後に再開したとき、席に着くまえに「ただごとでないことを知りました。あの式で計算したところ、五年後には二億円の利益が、六億七千百万円の赤字になることがわかりました。そのついでに、去年発売開始の新商品は三百台販売して四千二百万円の利益を出しましたが、同じ方法で計算しますと五年後には二千七百万円の欠損になります。ただごとではありません」と。

「私は不景気だ、低成長だといわれても恐ろしいことはないが、間断なく上がりつづけるコストが恐ろしい。気づかないからだ。この恐ろしさを知ってもらうために、愚にもつかない計算をしてもらったというわけだ」

経済大国を誇ったアメリカの転落もコスト高に破れたことが大きな理由といえるだろう。

七　覆水《ふくすい》を盆に返せ

行き詰まった会社を再建する妙手は、沈没しかかった船を救う要領でよい。ムダをはぶき、重荷となっているものは人間以外すべて捨てることに尽きる。「入るを計って出ずるを制す」などと呑気に構えてはいられない。「出ずるを制す」に徹することである。

どれだけの人や経費が必要かなど甘い考えは許されない。どれだけの人の給料や経費が払えるか、でなければ辻褄《つじつま》は合わなくなる。

これには一人や二人の鬼の出現が待望される。つまり思いきって鬼のように切り捨てのできる人物である。一時の孤独を恐れず、永遠の孤独を恐れる者がいなければ再建などできるものではない。

さて私も第二の会社で鬼と化して再建に取り組んだわけである。入社早々に再建のための会議が開かれたときのことである。

社長以下幹部そろっての会議の席上、議論百出するがこれといった決め手がない。再開の日を定め、当日の会議は終りということになった。最後に、無言でいた私に「なにか意見があったら」とうながされた。

「私は入社早々で詳しいことはわからないが、今日の会議は、ピンチ脱出という早急に解決しなければならない重要な会議ときいている。それなのに一つの実行策も決まらないようでは会議をしたことにならない。どんなことでも今日から実行することを、ここで決めてはどうか」といった。

「しかし決まらぬものをどう実行しようというのか」「ここで決めて、即実行ということにすればよい。会社再建の第一のカギが皆さんの前にある」「前にあるのは便箋《びんせん》とノートだけだ」「それが再建のカギだ。五十枚、百枚つづりの新しい便箋をメモ代わりに使っているようでは、再建は百年河清《かせい》を俟《ま》つに等しかろう」。

次の会議からは、不用紙のウラをメモ用紙にした。僅かな倹約で九牛の一毛にも足らぬものだが、一事が万事、影響するところは極めて大きくなる。

ある時、多くの管理職を前にしてこう話したことがある。

「入るを計って出ずるを制す」というが、私は「まず出ずるを制して入るを計る」と入出を逆にしている。古今東西、入るだけを計って功を遂げたものはいない。入るを計る者は、安易な考え、希望的観測をもち、計画どおり入らないと溜息《ためいき》と不平不満がでる。出ずるを制する人からは、まず〝知恵〟がでる。忍耐力と細心の注意力が養われ、自信もでる。そのため思いきったことを成すことになる。

当社がジリ貧に陥った理由の一つは、不確実なことに全力投球して、確実なことを投げやりにしていたことだ。収入、儲けなど入るを計ることは不確実なことであり、節約してかねの出るのを抑えることは確実なことである。

これまで「売上げを増やせ、儲け仕事を探せ、そのためには経費を惜しまない」といって尻を叩いてきた。結果、売上げは伸びず経費だけ増えたということになっている。

この会社に入ってから、家の床の間の掛軸《かけじく》は、同じ軸をかけっ放しにしている。それは、鎌倉の円覚寺、朝比奈宗源師が書いてくれたもので「竹密なりといえども流水の過ぐるを妨げず」とある。竹がどんなに密生していても流れてくる水を止めることはできない、という意味だ。私はこの文句の下に「なにを以《もっ》て、これを妨げん、なにを以て、これを補わん」と継ぎたして時おり読んでいるわけだ。

会社の経費というものは、竹が流水を妨げられないように、どうしても抑えきれないものがある。しかし、であるからといって出していたら収支の均衡を失なうことになる。そこで、「どうすれば抑えられるか、出ていったものを補うにはどうすべきか」を工夫せよ。出て行くものは仕方がない、これだけ出たのでこれだけ預金が減った、これだけ借金が増えた、と考えるだけでは経営者とはいえない。これを、どう穴埋めするかが経営者の任務だ。「覆水盆《ふくすいぼん》に返らず」ではなく「盆に返せ」といいたいのだと。

「覆水盆に返らず」は太公望《たいこうぼう》が言ったものである。

太公望は周朝初めの人で呂尚《りょしょう》といった。若いころから学問に励み、働こうともしなかった。馬氏《ばし》と結婚したが、妻は家計の苦しさに耐えかねて実家へ帰ってしまった。呂尚は、それでも貧に耐えて学問をつづけた。年老いて放浪していたのであろう、渭水《いすい》のほとりで魚釣りをしていた。そこへ通りかかったのが周の西伯《せいはく》（後の文王）。話かけてみると、応答も立派で稀《まれ》にみる人物。自分の父、太公《たいこう》は、いつか聖人が現われて周の国を興してくれると望んでいたが、それはこの老人に違いあるまい（釣り師を太公望というのもこの故事から）。そこで、今後、私の師と仰ぎたいからお導き下さいと王宮に案内した。かくして呂尚《りょしょう》は斉の諸侯として封じられることになった。

功成り名遂げた呂尚のもとへ、三行半《みくだりはん》をつきつけて帰っていた馬氏がある日訪ねてきて言った。「前のあなたは貧しかったので去っていきましたが、今はこんなに出世しているのですから、私はやはり、あなたの妻としてお側に仕えさせていただきます」と。

呂尚《りょしょう》はなにもいわず、器に水を汲み、それを庭先へこぼして、それを馬氏にすくわせた。水は土に吸いこまれ、すくったものは土だけであった。そこで言った。「一度こぼれた水はもとの器に返すことはできない。これと同じく一度別れた者とは再び一緒にはなれない」と。

これが、「覆水盆に返らず」の故事だが、会社の経費も一度出したものは再び会社に戻ることはない。

しかし、こう考えたのでは、いつになっても会社を再建できない。こぼした水を再び盆に戻さなければならないのである。そのためには、知恵をださせることだ。

たとえば、期の途中で公共料金の値上りがあると、各部門からいかにも当然といわんばかりに追加予算の請求がでてくる。

ある年度に国鉄（現ＪＲ)、電話料金などが大幅に値上げされ、部門代表三人が経費予算の追加請求にきた。そこで、聞いた。

「公共料金が値上りすると、民間の個人も法人も負担増になるが、政府から補助金がでるか」

「値上りしただけ会社の損が増えるが、それを補うだけの利益が会社のどこからか湧きでてくるか」

いずれも、あるわけがない。「それでは公共料金が上がったからといって追加予算を認める理由はなにもない。不合理なかねは出さぬ」

「それでは、予算がなくなったら、出張も電話をかけることもできなくなるが、それでもいいのか」「なんにもしなくともよい」。

そういう人間に、「うまく予算内でやりくってくれ」といっても無駄である。

「銀行育ちだから知っているだろうが、おかねの別名は、おあし、といっている。おかねには足があるから出るものは出ていく」

「そういう考えだから、この会社は貧乏会社なんだ。おかねに足があるとは好都合、おかねの足の爪先を会社のほうに向けろ。おかねは自然に会社に向かって歩いてくる、と考えるべきだ」と。結局その年度は、各部門長の工夫で、出張も電話代も欠くことなく終えている。

八　節約とは大志を果たす準備である

第二の会社を再建するために、私は憎まれ役をつづけながらケチ経営に徹した。

欠けたら補充する。減ったら満たす。常に充足しておくことは準備である。悪いことに悪いことが重なったので失敗した、倒産したという言い訳が経営者に許されるわけがない。悪いことがあれば、何をおいても良くしておく心がけを欠くことはできない。会社が悪くなっているのであるから、欠けているものを満たす他にない。そのための徹底した節約・倹約であった。

十一年間その会社に関係したが、期首に定めた経費予算の増額を認めたことは、ただの一度もなかった。ある時など、「うちみたいにケチ会社ばかり増えると物の売行きが悪くなる。そうなれば商店泣かせとなり、日本経済全体も売行き不振、ジリ貧となる」などと真顔でいう幹部がいた。

「自分の会社は火の車経営、自分の頭の上の蠅《はえ》も追えないくせに生意気いうな」と思ったが、こう話した。

「近年、日本企業のうち半数は赤字会社だといわれている。もし、これらの会社が合理化に徹して黒字になり、日本の全会社が黒字になったら日本経済はどうなるか。

反対に、いまの黒字会社が浪費を重ねて全部赤字会社に転落したらどうなるか、を考えてみるがよい。全社赤字ということになれば、法人税収入はなくなり、政府支出も減らさざるをえなくなる。民間の配当支出もなく、従業員給与も減って消費は極端に落ち、失業者は増え、不況は深刻化するだろう。

逆に、全部が黒字会社になれば、物は売れ、個人消費はさらに増え、商店も大繁昌ということになる。一時の思いきった節約は大切なことだ」と。

またある時、部門長が「経費の締めつけがきつすぎて、部下からケチ部長などといわれて情けない」と嘆いていた。

「ケチといわれることは名誉なことだ」と私。「ケチだとけなしている人と、いわれている人では、どちらがケチか考えたことがあるかね。今どき、飲まず食わず、義理人情に欠いて恥までかきながらケチっている人はない。ムダなことをやらない、節約ということだ。それを浪費家からみるとケチにみえるだけだ」と。

サラリーマンにしても、月給、ボーナス、退職金、年金など一生の総収入が一億円あったとすると、ケチといっている人は、たったの一億円使って死んでいくだけだ。ケチといわれている人は、節約して貯蓄し、利息を増し、儲けて増やし、事業を始めて増やす。一生の間に使うかねは一億円どころではない。何億、何十億も使うことになる。どちらがケチかわかろうというもの。

小咄《こばなし》に「川に落ちて溺《おぼ》れかかっている男に〝百文出せば手をかして助けてやろう〟といったところ〝百文出すくらいなら〟といってそのまま沈んじゃった」というのがある。必要なことにも出し惜しむのがほんとうの吝嗇《けち》というものだ。

節約している人は、会社を大きく発展させよう、海外進出を果たそうなど、大きな志を抱いている人だ。また、ピンチに備えようとしている人で、経営者の条件を立派に備えた人といえるだろう。名誉この上なしである。

あるとき、社長訓示のあと時間が余ったから、なにか話してくれといわれた。

「ここにおいでの社長を皆さんは、ケチ社長と陰口いっているようだが、私からみたら、このくらいかね使いの荒い社長はいないと思う。一割五分配当が一人前の会社といわれているのに二割の配当を払い、二回ボーナスが常識になっているのに三回にしている。新設備にも半年に十数億ものかねを出している」と。ケチならぬ節約をしなければ、こうした結果は得られないことを知ったに違いない。

ある本に「倹約とは財貨に淡白なものである」とのべていた。倹約していれば、生活にこと欠くことはないし、貯蓄もでき不安もうすらぐ。おかねにガツガツしなくてもすむ。倹約しないものは、何事にも「それにつけてもかねの欲しさよ」と、一見かね払いが良くみえて、かえってかねにきたないものである。言い換えれば節約・倹約は品性を高めるもの、人格を養うものともいえよう。

第二の会社再建がなって、法人税ゼロからここ数年十億円以上払っている。株の配当も無配から二割となり、社員ボーナスも二回を三回にしている。過去にケチった何倍、何十倍か支出増となるだろう。それは政府・株主・社員の収入増となり、消費を増やす結果となっている。節約とは、大志を果たすための準備なのである。

九　余裕資金の運用と準備

関係した会社が若干の余裕資金をもつに至ったころである。

財務担当者を中心に打合せ会を開いたときであった。私は部外者として参加していたに過ぎなかったが、余裕資金の運用を巡って楽しそうに話し合っている。その日暮らしから借金を完済し、創立以来初めて公称資本金を越す余裕資金をもったのであるから乞食が大名、金持ちに出世したようなものである。

借金やりくりの知恵は人並以上だが、運用ともなると、乞食が馬を貰《もら》ったより始末に困る。そのかわり話はおもしろい。バラ色の夢、虹だけを追っているのであるから楽しくもある。

「狭い土地を買うより、大牧場がつくれるほどの北海道の土地を買っておくのも将来有望だ」

「イラン、イラク戦争が始まって金が一オンス八百五十ドルにもハネ上がっている。これからでも遅くない。二倍になる可能性もある」

「○○会社へ行ったら応接室に絵が掲げられていたが、昔、何万円で買ったが、最近一千万円でも買えないという。絵一枚だけで何百万円の含み資産だ」

「僕の友人が、埼玉西部のゴルフ会員権を二百五十万円で買ったが、最近一千万円でゆずってくれ、という手紙がくるという。あいつ、ひと財産つくってしまった」といかにも、私の賛同を求めるかのように言っている。

しばらくして休憩に入った。そこで、「それほど有望なら皆さんで買って会社に寄付してくれないか」と冗談をいった後で付け加えた。

「当社の余裕資金はまだ、資本金ぐらいなもので一ヵ月分の売上高にも満たない。一ヵ月の休業で吹っ飛んでしまう少額でしかない。ということは万一の用意金で、余裕資金といえるものではない。いまの状態では、この十倍ぐらいになってから、それを越した分について運用を考えてもよいものである。つまり、現在の余裕資金の十倍まではピンチに備える準備金ということだ。

そこで、当社にはまだ財務憲章なるものはないが、作る場合には第一条として『近く十倍、百倍に値上りするものであっても、天災地変などのとき損なしに即時換金できるもの、銀行借入れの適格担保になるもの以外は一万円なりとも投資してはならない』と書いておくことだ」

「せっかく儲かるのに勿体ない話だ」

「利を思うときは義を思え。利の裏は損、という教えもある。軽々しく利益だけを考えなさんな。

それに、あってはならないことだが、万一大地震にでも見舞われたらどうなるか。工場がつぶれ、生産販売活動もできなくなるかもしれない。そのとき、そこに働いている人たちに、いま営業活動休止中だから、皆さんの胃袋も再建するまで休んでいてくれ、といえるか。

企業の責任の最たるものは、そこに働く人たちの生活を守ることにあることを忘れるべきではない。

また、そうした天災で大混乱のときに、それらの物を高く買う人もなかろう。もし、銀行担保になるものであれば、緊急融資も即時受けられ、社員の生活も保障できれば、工場再建も早くすることができる。『企業の勝敗を決するものは変化対応の遅速である』とは私の持論だが他に先んずることもできるだろう。目先の利を追って堅実優良会社に成長したものは古今東西一社もないものだ。

ある著名会社の社訓に『恐るべきは日々軽々の損。望むらくは日々軽々の利、恐るべからざるは一時の大損、恐るべきは一時の大利』とある。一時の大利が、見えない悪影響を及ぼすことを知らねばならない。

また、将来北海道の土地は有望といっていたが、一年先も将来、百年先も将来だ。欲がからんでくると遠近の見境さえつかなくなり、目の前の深いドブさえ見えないものだ。

それに、北海道では地域外ということで銀行は担保にもとるまい。急場に間に合わなくなる危険もある。〃遠水《えんすい》は近火《きんか》を救わず〃の教えのとおり、ピンチの準備を旨《むね》としている当社の投資対象には不適当ではないか。

昔、魯《ろ》の国の穆公《ぼくこう》は、常に隣国の斉《せい》におびやかされていたので、晋と荊《けい》の強国と同盟を結んでおこうと考え二人の公子に両国に使いさせようと考えた。これを知った犁鉏《りしょ》が諫めた。『人が溺れようとしているのを助けようと思い、越《えつ》の人は泳ぎが上手だからといって呼びに行っても間に合いますまい。火事を消そうとして海には水が多いからといって汲みに行っても、その間に家は燃えてしまいましょう。晋と荊は強国ですが遠く離れています。斉は隣でとうてい間に合いません』。これではかねに換えられない死んだ財産ということになる」と。

一同がだまり込んでしまったのでこう話をつづけた。

「皆さんは、〃金色夜叉《こんじきやしゃ》〃という、尾崎紅葉の小説を知っているだろう。あの小説の主人公は間　貫一《はざまかんいち》と鴫沢宮《しぎさわみや》の二人だ。この宮さんが富山からダイヤの指輪をもらって貫一を袖《そで》にしてしまったわけだが、このダイヤは三百円だったとか。私の祖父が道楽のために旧制浦和高校近くの土地五反歩(千五百坪)を百二十五円で売却している。三百円の値打ちがわかる。

〃ダイヤモンドに目がくらみ〃という歌があるから一カラットか二カラットぐらいはあったろう。

さて、そのダイヤをいままで持っていたとすれば、三百円に対してどれだけの値上り率か。時価一千万円にしても三百円の三万三千倍、二千万円で六万六千倍になる。

もし、宮さんが、ダイヤでなく明治の十円金貨で錦の御旗のついたものであったら、紙幣と等価交換できたから三十枚の金貨。これは、稀少価値で一枚百四十万円もする。三十枚で四千二百万円、三百円に対し十四万倍になる。

もし、宮さんに先見の明があって東京都下の土地を買っておいたらどうなっているだろうか。かりに一坪（三・三平方米）二円で買っていたとすれば三百円で百五十坪、時価一坪百万円にしても一億五千万円で三百円の五十万倍。土地が一番インフレに強かったことになる。

これは小説だから何ともいえるわけだが、もし宮さんに事業欲があって三百円で事業を始めていたらどうなるか。西濃運輸の創業者田口利八社長が昭和二年、中古トラックを千百円で買って創業している。現在は年商一千億円、千百円に対して九千万倍、利益は九十億円で八百万倍になる。追加投資もあるから一概に言えないが、数字だけではこうなる。土地の五十万倍など小さい小さい、ということになるだろう。

会社というものは、会社から生み出されたものはすべて会社に直接役立つことに使えば間違うことはないものだ」と話しておいた。

「逆境を切り拓き、これを次の飛躍の踏み台とすることのできる者は真の経営者である」といった人がある。次の飛躍のために、踏み台を準備することが、その第一歩なのである。

十　財テクの是非

昭和六十三年二月四日に東京商工会議所が、「財テクに対する企業経営者の意識調査」の結果を発表している。

この調査は、前年十二月中旬、資本金三百万円以上の企業、二千八百六十社を対象にアンケートで経営者の意見を求めたもの、と説明している。

その中で、財テク、つまり企業が株式債券などによる資産運用を行なうことの是非について、「財テクは、本来の業務とはいえず望ましくない」という回答が六十四%を占めている。「企業経営の一環として積極的に行なうべきである」との回答は四・九%と低い。これは、前年十月のニューヨーク、東京市場を中心とした株価の記録的暴落の直後でもあり、反省も加わっての回答でもあろうが、それにしても、財テク美徳論者の少ないことには驚かされた。同時に「本来の業務とはいえず望ましくない」といっているように、経営に対する考え方が健全であることを示すもので、〃さすがに〃の感を深くしたものである。

財テクの今後の動向について「沈静化する」が四十九％と多く、「ますます盛んになる」は十一％と少ないところからも、慎重さがうかがえるのである。これを見て「わが意を得たり」というのが実感であった。

財テクと称するものの多くは、利を追うだけで損を考えない。

昭和四十六、七年当時、日本列島改造論を背景に〃一億総不動産業〃などといわれたように、土地の思惑投資が全国で盛んにおこなわれた。その後の石油ショックで思惑外れとなって会社を窮地に陥れたものも少なくない。

昭和六十二年の財テクブームでまず馬脚《ばきゃく》をあらわしたのがタテホ化学。優良な中堅企業であったが、利に眩《くら》んだ恐ろしさを知らずもかな、借金までして株式や債券を買いあさり、結局三百億円近い欠損を出して天下のもの笑いになっている。この会社にしても、最初は資本金と同額程度の儲けを出した。これがいけなかった。さらに儲けようとして、年商の五倍近くの損を出すまでストップできなかったわけである。

競馬の予想屋が、「この商売でかねをためるには、絶対に馬券を買わないことだ」と達観していた。こうも言っていた「競馬場へ来て確実に儲けているのは地面師だ」と。馬券を買う人の中には、少額の当り券は捨ててしまう人や、よく確かめないで当り券を外れたと思って捨ててしまう人がいるそうである。この捨てられている券を拾い集めて、家に帰ってから当り券を探しだす商売で、場所代も元手もいらないから、確実に儲かることになる。

財テクにしても、損得をわきまえて最初は堅実本位の投資から出発するが、これに、飽き足らなくなるのが、この道の常である。儲けの世界に絶対ということはないのであるが、絶対ということもある、と思いこむようになったら危険信号で、ここらで停止すべきだが、ブレーキがきかない。結局は転覆《てんぷく》してから止まることになる。

ところが、実際に経営にあたってみると、一時の大利ほど魅力に感ずるものはない。環境不良の時期など利幅も小さくなり、営業利益も伸び悩んでくると、一時の大利を狙いたくなる。しかし、思いをかなえてくれないのが儲けの社会である。

それよりも、日々軽々の利を重ねることは待ち遠しくもあり、煩《わずら》わしくもあるが、これでこそ、企業の基礎固めは密になって強くなる。一時の大利で基礎を固めることはできないことも知っておきたい。

鉄鋼王カーネギーは、大実業家になる条件のひとつに、投機的事業にたずさわらないことを挙げているのも、これらの事情を含めてのことである。

関係した会社が、巨額の借金を完済し、幾分の余裕資金ができた頃である。財務の担当長から相談を受けた。

「この余裕資金で株式に投資して儲けたい、われわれにも手柄を立てさせてくれませんか。副社長は株に明るいから、よろしくご指導願いたい」というものだった。

「私は株で儲けた体験もあるし、儲ける自信もある。しかし、この会社のかねで儲ける自信はない」「同じかねではないですか」

「いや違うかねだ。この会社のかねは目的のあるかねで、使い道のないかねではない。当社ではまだ、設備の近代化や、技術開発を進めなければならない。そのかねで一年間に二倍に増えたとしても一時的儲けに過ぎない。しかし、設備の近代化などは一年遅れることになり、永久に取り戻せない損を受けることになるだろう。

近代化、技術開発から生まれる利益は確実だが、株式投資の利益は不確実。確実を選ぶほうが賢明な経営といえるのではないか。

それに、儲けて担当長の手柄にしたい、という面もうかがえた。手柄の陰には引責辞職のあることも忘れてはなるまい」と。

功を先にするから暴虎馮河《ぼうこひょうが》の勇になる。

そのとき話したわけだが「財務部課長として手柄を立てようとするなら、タダのかねを作って投資すればよかろう。一年に一千万円経費を節約すれば十年で一億円。使ってしまったと思えばタダのかね。タダのかねなら丸々損してももともとだ」「気の長い話だ」「節約したかねには、かねのありがた味がある。そうしたかねで危ない橋は渡れないものだ」と。

といっても、資産運用として株式や債券を買うことすべてを好ましくない、というわけではない。かね儲け、投機目的の投資は厳に慎むべきだということである。

万一の場合の準備として、債券や株式を取得、会社の資産として保有することは健全な財テクのやり方である。これからの日本経済の発展を思えば、財産価値も高まり、儲けようとしなくても儲かることになる。ただし、長い目でみた採算であって、短期間に危険を冒してまで儲けを急ぐことは全くないのである。

関係した会社でも、先にのべたように、投機的な株の売買を厳禁していたが、同じく貴金属、不動産、書画骨とう、ゴルフの会員権まで禁じていた。しかし、取引金融機関の株を中心に健全な財テクはやっていた。その場合も、経理上所有証券は、流動資産として処理されているが、固定資産として考えるべきだ、と担当長に言っていたものである。

それに、企業が投機的な財テクを常としていることはイメージダウンにつながる、ということも知っておかなければならない。昔から、トバク、競馬競輪などを常習としている者は周囲から信用されなかったと同じく、企業も同じ目で見られるからだ。また、いかに業績が順調であっても、いつ逆境になるか計り知れない。こうした不安がつきまとうからである。それ以上に企業の信用をおとすのは、不労所得に頼ろうとする経営姿勢と、頼らねばならない企業体質である。

一夜漬《づ》けの勉強で試験に挑むようなもので、かりに山が当って及第したとしても、卒業は危ぶまれるのと同じである。

利を追うだけで、損を考えない財テクというものは、単に、かねの損得よりも、本業を疎かにする損、依存心や士気の低下を招くなどの〝見えない損〟のあることを忘れてはならない。たとえ財テクが一時的にうまくいっている時でも、会社のあちこちに〝見えない損〟が発生して、結果的には差し引き大損、ということになりかねない。

「世の知は却って愚なり」「世の愚は却って知なり」というが、企業が一時の大利を狙うことは、いかにも知恵者のようであるが、結果は、愚者と世間のもの笑いになる懸念《けねん》も多いということである。

十一　財を得て財に頼らず

会社経営上、より多く資産をもつことは望ましいことで経営基盤の強化にも欠くことはできない。

また、多くの資産が生み出す果実は収入源となり、トータルコスト引き下げにも役立ち競争力強化の役割を果たす。そのため企業は競って資産の増加に努めるわけで好ましいことといえる。

ただ、ここで戒めたいことは、それに頼ってはならないということである。

その昔、ある繊維会社の社長と話し合ったとき、その鼻息の荒いのに驚いたことがある。

「世間では、首きりだ、倒産だ、と四苦八苦しているが、うちでは何千人かの従業員が一年二年遊んでいても立派に給料は払える」とうそぶいていたが、十年後には身売りしている。土地を切り売りしても経営できる、といっていたが一括で売らねばならなくなっている。

いうまでもなく、資産に頼って、時代の変化に対応しなかったからである。

また、私の銀行時代のことである。

ある中堅会社社長から借入れ申込みがあった。担保余力も乏しい。しかし、個人所有の書画骨とうなど家宝としているものは捨て売りしても一億円はある。ただ、それを売るわけにはいかない、という。しばらく話した後、極力売掛の回収を急いでやりくってみますということで帰った。それからしばらく音沙汰なし。一ヵ月後に現われた社長曰く「私が売掛回収にとび回っている間に家内が、画商をよび集めて、全部売ってしまった。それでピンチをきり抜けた」と話していた。

後日、その夫妻とあるパーティーで会ったとき奥さんがこう話していた。

「主人は古美術マニアで集めているが、会社がつぶれたら、それらをおく場所もなくなるのに売ろうともしない。たぶん未練があって売れないのではないかと思って、私が売りました。

それに、いまから、ああいう物に目を細めているようでは、いつになっても会社の芽は開かないでしょうから。でも、色紙一枚だけは残しておきました。〝色即是空〟と書いてある色紙です」

「奥さんが社長になられてはどうです」といったら「余計なことといわんで下さいよ」と。私の知人がもと勤めていた会社の業績は長年赤字つづき、売上げも伸び悩んでいるが払込資本金の二十倍相当の借金を抱えて気息奄奄《きそくえんえん》。それというのも土地を持っていたからだ。年々土地が値上りするため、担保余力が増える、増えるをいいことにして借金してきたからである。

これらはいずれも物財に頼った悔いといえる。

昔から知っているいくつかの地方都市の目抜き通りは、地主・金持ちが軒を並べていたものであった。由緒ある店構え、看板を掲げて、ご主人は何人もの丁稚《でっち》小僧を顎《あご》で使っていた。

近年では一軒も見当らない。なかには、近代的店舗を建て、昔丁稚であった人が社長に納まっているものさえある。丸々相続税に取られたはずもない。端的にいえば、財産頼りに暮らしている間に時代にとり残されたのである。

あるところに、地主村といわれる地域がある。何ヘクタール、何十ヘクタールという田地持ちが、昔ながらの門構えを誇り、雇われている者などはすべて呼び捨て、犬猫同様に扱われていたものである。

近年では主従逆転。主の中には夜逃げした者もある。それにしても時代の進歩にとり残されたといえよう。

現代のように進歩の激しい時代、競争の厳しい時代に生き残るためには物財を持つ者、持たない者ではスタートで大差がつくことになる。

しかし、それに頼っているようでは物財のない者に追い越されることになる。

この話は二十年ほど前になる。

プロセールスマンでトヨタ自動車のナンバーワンといわれた中村賢作氏と対談したことがある。

「昨年は七百五十六万円稼いだが今年は一千万円に挑戦するつもりだ」といっている。年は三十才を過ぎたばかり。当時としては中堅会社の社長クラスの所得である。

「そうした根性はどうしてでるのか」

「私は茨城の結城高の普通科を出て、ガソリンスタンドのパート、自動車修理見習いとセールス体験はない。主任の肩書きはあるが一匹狼、固定給は月四千円でないに等しい。決まった得意先もない。ないないづくし。なにもなければ、攻撃だけが飯の種。もっている者は守ることから考える」といっている。

乱世を生き抜く力は無から出るとでもいえようか。財を得て財に頼らず、玩味《がんみ》したい言葉である。

十二　財を得て財に溺《おぼ》れず

十八史略は西漢の五世、文帝について、次のように記している。

「漢が興り、政治をとるようになってから、くどくどしい苛酷な法を取り除き、人民とともに、長い戦争の疲れを取った。その上文帝は、慎み深く、倹約であったため、国の基礎は固まった。六世景帝が帝位を継承するまで五、六十年の間は、悪い風俗を改め、人民は純朴で人情に厚く、国家は無事太平に治まり、人々も、なんの不自由はなく、家々も豊かで、都会、田舎の米倉、野外の米倉にも米が溢《あふ》れた。役所の倉庫には財貨がはいりきらず、朝廷に集まった銭は何億貫という巨大な額に達し、永い間、積み重ねておいたので銭さし紐が腐って数えることもできない。

朝廷の米倉も、穀物が上へ上へと積み重ねられ、しまいには、外にはみ出し野積みにしたので、赤いカビが生えて腐り食べられなくなった。

また、一度役についた役人はその子供が成長するまで、その職にとどまっていたので、自分の官職を倉氏、庫氏というように自分の姓とするものが現われるようになった。

人々は行ないを慎んで法にふれるようなことをしなかった。

しかし、無事太平に慣れて法律はゆるみ、人民が富んだので驕《おご》り、わがままをする者も現われるようになり、貧乏人の土地を買い占めた富豪な連中は、村でわがまま勝手なことをし、皇族・諸侯・公卿以下に至るまで驕り、贅沢をして限度がなかった。

およそ、物事が盛んになると、やがて必ず衰えるのは当然の変化であって、免《まぬが》れることのできない運命である」

これからみてもわかるように、倹約をつづけて、満ち足り、これになれて驕り、衰えていく。歴史とは、この繰り返し、ともいえるのである。

近年、わが国の将来を憂える人が多くなってきている。

敗戦、貧困倹約から、経済大国、人々は満ち足り、飽食を嘆くありさま。

前記の言葉をかりれば「京師《けいし》の外貨巨万を累《かさ》ね、貫朽《かんく》ちて校《こう》すべからず。太倉《たいそう》の粟陳々相《ぞくちんちんあい》因《よ》り、充溢《じゅういつ》して外に露積《ろし》し、紅腐《こうふ》して食《くら》うに勝《た》うべからず」ということになる。

満つれば欠くる世のならい、ということからすると、現在のわが国の状態は憂うに足るといえるからである。

企業にしても同じで、最好調とは最悪調への一歩であって、決して喜ぶべきことではないのである。

易経《えききょう》に「安《やす》けれども危うきを忘れず。存《そん》すれども亡びるを忘れず。治まれども乱れるを忘れず」という文句がある。

会社再建に協力した第二の会社を去る日、社員代表に〝安《やす》けれども危うきを忘れず〟と書いた色紙を渡して、こう話した。

「私の入社前にピンチに陥ったのは、〝安きにいて危うきを忘れた〟からである。

当社は、昭和二十六年に創業、十年後の三十六年に上場し、額面五百円の株が一万円に迫る勢いであった。

それから九年後の四十五年に私が入社した時、実質は赤字、株価も暴落し、借金過多で内外の信を失なっていた。それというのも三十年代の高成長で、危うきを忘れたからだ。

〝会社とは潰れるものだ〟ということを強く認識している会社は、つぶそうと思ってもつぶれないものである。危うきを忘れなければ、会社経営にあたり〝困難だ〟〝不可能だ〟という言いわけは許されないことである」と。

誰にしてもつぶれないと思っていた国鉄もつぶれた。うちの会社はつぶれることはない、と考えている者が多い企業は、つぶさなくてもつぶれていくものである。

「安けれども危うきを忘れず」の言葉がこの世に現われてから三千年、その間どれほどの国・企業・人間の興亡があったか。読んで行なわなければ、読まないのに同じ。読まなくとも、亡びた国や企業の原因について人からきいて知ることもあろう。にもかかわらず、自分も同じ轍《てつ》を踏もうとしている。愚か、という以外にない。

「前車の覆轍《ふくてつ》は後車の戒め」ということがある。前の車の転覆《てんぷく》したわだちの跡は、後から行く車にとっては良い戒めになるという無言の教えともいえる。

祖父が死んだのは、私がまだ小学校へ入る前のことであった。この祖父、中年から遊興に走って百ヘクタールともいわれた田畑を売って、なお借金まで残して死んだ人である。その後を継いだ父母の貧困を知りつくしている私は、祖父の覆轍だけは踏むまいと、自分を戒めてきた。今日まで麻雀や競馬などの賭事にいっさい手を出さないのも、このためである。

第二の会社が再建なって、再建のコツを問われることが多い。別に説明するほどのことではない。前車の覆轍を踏まないようにする、従来やってきたことの逆をやればよい、と答えるだけになる。

寺田紡績を興した寺田與茂七氏は、潰れそうになった会社を合併して大きくなった。合併するか、しないかを見定めるために、自分でその会社のすみずみまで見て回り、ムダがある会社と合併したという。前者のわだちの跡が大きいようなら、それを埋めれば立派に立ち直ると考えたからだ。

昔、中国戦国時代、一方の雄、魏《ぎ》の文侯が、下っ端役人の不仁《ふじん》という男にとりもちさせて大臣たちと酒宴を張ったときである。

文侯が「ただ飲んでいるだけでは面白くない。味わわずに飲んだ者には、罪として大杯で一杯飲ませることにしよう」といった。

ところが、一同が賛成したが、最初に禁を破ったのは、言いだした文侯。

そこで、御前にまかり出た不仁が、大杯を文侯に差し出したが、侯は見ただけで、受け取ろうとしない。並み居る家臣も口々に、「いいかげんにしないか。わが君は、すっかり酩酊《めいてい》している。無理強いするな」といっている。

それに対して、不仁は言った。

「前者の覆轍は後車の戒めということがあります。前例を顧みて注意しろ、という意味です。家臣となることも、主君となることも、ともにやさしいことではありません。いま君が法を設け、その法が守られないような先例をつくられては、将来どういうことになるか、よくお考えになられ、どうあっても罰杯をお受けいただきたい」

文侯も、なるほどと考え、大杯を飲み干し、不仁を重く用いた、とある。

現代社会にも、こうした場面をよく見うける。

酒席の冗談ごとぐらいに軽くみるべきではない。むしろ、酒席の冗談ごとでも守ることが肝心で、部下は一事が万事と受けとめるものである。

ところが、前者の覆轍《ふくてつ》を何回となく犯している者がある。性懲《しょうこ》りもなく、と陰口きかれ、もの笑いの種にされている。その度に、ああ、いい勉強をした、といって失敗を繰り返している。成功することが勉強になるということを知らないのである。

これが酒席の失敗ならまだしも、同じ会社が同じ理由で二度も倒産寸前まで追いこまれた例がある。いずれも、倹約で起きて、奢侈《しゃし》で倒れている。同じ轍を踏むにしても何をかいわんやということになろう。

企業が物財を蓄えることは、逆境に備えることで怠るべきではない。しかし、これに溺《おぼ》れ自分の志まで失なうことは厳に慎まねばならない。

だいたい、財に溺れる者は創業者に少なく、二、三代目に多い。

これは、創業者は艱難辛苦《かんなんしんく》のうちに財を築くため、財貨の有難味を知りつくしていて、疎かにすることはないからである。

二、三代目の失敗の多くは、甘い考え方、言い換えれば己に克《か》てない心の弱さからである。創業者は老いて、築いた財産を子にゆずるが、創業精神ともいえる根性までゆずっていないことが多い。ここに二、三代目の弱点がある。後を継ぐ者が、創業者の心を心として努めれば、財をさらに増やして次にゆずることができる。財を得て財に溺れず、に心してもらいたいと思う。

十三　財を任す者

自分の財布を人に任すには慎重であるが、会社の金庫を社員に任す場合は案外無関心な経営者が多い。

それなりに部下を信頼していることで悪いということではないが、ただ、真面目で、間違わなければそれでよい、というものではない。福を招くも災いを招くも、財務責任者の適否によることも少なくない。優れた企業体質を誇るもの、発展力に優れている企業を見ればすぐわかる。優れた財務管理者が金庫の前にいることに気づくだろう。

さらに、その管理者が、計数に明るく、計算が正確で、金銭その他物財の保全も健全というだけではない。〝徳性〟〝知性〟〝公共性〟〝柔軟性〟〝先見性〟などを兼ね備えていることを知るに違いない。

そして、企業の盛衰は、この一心に存す、というほどの責任感を秘めていることも推察するだろう。

つまり、財務責任者は、その地位のいかんを問わず、仁・知・勇を備えた経営者であり、戦略者でなければならない、ということである。

貝は古来財貨を意味するが、貝を得るには才が必要で合わせて財という字になっているという。

しかし、その財も、用いようによっては福ともなれば災いともなり、味方ともなれば仇《あだ》ともなる。かねは魔物と考えさせるか、人の命の次と考えさせるかも財務責任者の腕次第ということになる。

そこで、私なりに考えたわけだが、会社の財務担当者として、どういう人間を選ぶか。大げさにいえば、会社の将来の勝敗をわかつ重要問題である。

そこで、まず、第一の条件としたのは〝徳〟である。立派な人格の持主である。

まず私は、別項で「企業のかねは仁に使え」と書いた。仁は忠と恕《じょ》である。かねを忠に使えとは、いうまでもなく自分の会社、そして国家社会のためである。〝恕〟は、思いやり、相手の立場になるという意味で、企業の相手、つまり、顧客・株主・従業員のために使えということになる。

当然のことと言うかもしれないが、当然でない経営者、中間管理者も少なからずいると思えるからである。

社長から、金庫・社印・社長の個人印鑑まで預けられていたのを幸いに会社のかねを横領したという新聞記事を見るにつけ、悪心を起した人間を怨《うら》むより、悪心を起すようにした者のほうを怨みたくなる。

また、ある会社の支払いは百二十日手形払いにしていたが、現金で払ってもらえる手もある。財務部長に利息を払えばよい。でなければ相応の接待をすればよいという仕掛けである。前職時代「新聞紙部長」という話をきいた。リベートとか袖《そで》の下を新聞紙に包んで持ってくる。なにげなく部長は机の引出しに入れるから、といっていた。それが上場会社であったから驚く。もっとも、その会社は間もなく倒産している。

こうした、ドブ鼠、白蟻を飼っていると、知らぬ間に大黒柱も空洞にされることになる。

これは例外だろうが、会社の幹部がしている経費の公私混同を見逃し、諫言《かんげん》のできない財務責任者もいれば、はなはだしいのは、社内の公私混同を発見できない盲目財務責任者もあれば、判っていても止めさせられない者もある。同じ穴の鼠としか思えない。

次に、財政を健全化するため企業がムダを省き倹約するのは当然であるが、これを進める勇気もないものもいる。倹約が人の徳を高める道であることを知らないからである。

財務責任者の心しなければならない第一は信義を守ることで、いわば約束厳守の精神である。企業財産の最たるものは内外の信用といえる。これを損なうものの多くは、金銭に原因していることを肝に銘じなければならない。

次に〝知性〟についてである。

前に、管理者は戦略者であれとのべた。戦略者とは、相手に勝つための経営資源を見いだして、それを巧みに利用することのできる者である。

これを端的にいえば、財務責任者は、会社の営利、健全、公共性の三目的を達するために、いかにすべきかを考え、実行することといえる。

たとえば、資金不足を解消するために、金融機関に頼みこむだけでは能がない。貸借対照表の資産の部にあるものはすべて資金である。

また、損益計算書の支出の部、場合によっては収入の部からも資金は捻出《ねんしゅつ》できる。それらは、自分の管轄《かんかつ》外などといっている者に財務を任せておくわけにはいかない。

不渡りはどこから出るか。財務の窓口からだ。それを自分の管轄外とは、自ら自分の肩章《けんしょう》を外しているようなものである。

次に、これは公共性とも関連するが、財務担当者は常に、会社の営利、健全、発展に心くばりをしていなければならない。

その場合、正しさを失なってはならないということである。

とかく、早く利益を増やしたい。少しでも支出を減らしたい。責任者として当然なことで、結構なことである。

たとえば、節税に過ぎて税のがれを計ったり、収益の伸びにブレーキをかける。

逆に投機までして利益を高めることを考える。経営上、いずれも正を失《しっ》しているものである。

第二の会社で私は、絶対に投機に走ってはならない、と戒めたことは前項でのべたが、

「ギャンブル」とは何か。「知性の足らざるを自ら暴露するもの」と話した記憶がある。

また「会社はなんのためにあるか」。一つは利益をあげるため、つまり本業から利益をあげるのが正しい、ということになる。従って、本業から利益をあげることに全知全能を傾けることが正しい。余裕資金を投資して得た利息・配当などは自然にでてきた副産物と考えればよい。

また、財務責任者は、蓄え備える、という女性本能を常に発揮せよ、と戒めた。男性は、原始時代から、いつでも食糧が得られる、衣・住も得られるという自信からうぬぼれがある。そのため、将来に備えようという本能が大きく現われてこない。

その点女性は、出産・育児など、食の得られない時もある。そのために、何ものでも蓄えておこうと考える。

財務担当者は、夏きり知らないキリギリスであってはならない、ということである。

ただし、ためる知恵はでるが、出す知恵もなければいけない。

かねを残す秘訣は、入ったかねを絶対出すな、ということにつきるが、これでは命が危うくなる。「必要以外は」とつけ加えれば、生きながら残すことができる道理。このバランスを計る知恵も必要になる。

さて、「かねは時なり」とのべた。かねをためて、有効に運用して利益を得るにも時を見る目が肝要、ということである。

ということになれば、財務責任者には、先見力も要求されるということになる。経費支出、設備投資、借金の時期、余裕資金を運用するにしても、先の見通しもなく行動することは、危険極まる。まず、先々の変化を予測する能力が必要ということである。

よく、財務・経理などは、各部からの入金・出金を正確に処理しているとすればと考えがちである。社内各部門の尻拭《しりぬぐ》い役と考えている者など早く交替してもらわねばならない。近年では銀行がサービスしてくれることになっている。

また、才・知のなかに、柔軟性、弾力性、機動性と表現されることも含めると、経営上の進退がある。進み退くは兵法の常。経営にも進退の時がある。「危」を常に予測しているのが、財務責任者といえる。しかし、この危をあまり意識しすぎると好チャンスを失なう危険がある。時には、危を冒すための支出を惜しんではならないこともあり得る。

要は、進退両面に配慮する人が好ましいということである。

以上、財務責任者の適格性についてあれこれのべた。尽きるところは、人格・才知・進退の勇ある者となる。言い換えれば「己に厳しい、細心大胆なもの」といえるのではないか。

十四　備えあれば憂なし

別項でのべたとおり、私の二十才当時は貧困失意のドン底であった。発心して生涯設計を定めた頃、「人生とは何か」と考えたものである。何とか貧困失意から脱したい、ここから人生を発想することも無理からぬことであった。結局「人生とは準備である」ということに落着いたわけである。

人生わずか五十年、平均寿命が五十才といわれた頃に、五十才までを法律・哲学・経済・経営の勉学に費やしたのも「人生は準備」の現われといえるだろう。

病気・災害・貧困・失敗などの体験者は再びそれをくり返さないように、あらかじめ注意するようになるものである。人間は誰しも危険を避ける本能がある。体験者にはことに強く現われる。

かつて関係した会社で、埼玉の西北に分工場を建てた時のことである。室内貯水池を造るよう指示をした。何のために造るのか、専門の設計士にも判らない。製品の設計図をコピーして保全するのが目的であった。地震・火災の際に東京の本社工場一ヵ所に保存しておくだけでは万一の場合、生産に戸惑うことになる、と説明した。私には関東大震災で住宅が倒れ苦労した体験がある。若い人にはそれがない。

「震災なんかありませんよ」と一笑に付していたが池は造らせた。その池が無用の長物で終ればこれに越した幸いはない。

荘子《そうし》という哲学者は金銭にも淡白で、自由気ままに生きることを楽しんだ。そのため、一食代にもこと欠くことも少なくなかった。これが何度もつづいて、さすがの荘子も餓えに勝てず、代官のところへ借金に出かけた。代官も迷惑と思ったが断りきれず逃げ口上を言った。「承知した。二、三日中に領民から税金が入ってくるから、三百金ぐらいなら用立てよう、それまで待ってもらいたい」。

荘子にしてみれば三百金の大金より、いますぐ一食代がほしいのである。

そこで荘子はこういってやり返した。

「吾輩がお前さんのところへくる途中、往来の車の轍《わだち》の跡の水溜りにいる一尾の鮒《ふな》から呼びとめられた。『こんなところへ迷いこんで水が少なくて息苦しくてたまらない。何杯かの水を運んできて私を助けてくれませんか』と。

そこで吾輩は面倒くさいから、こう答えた。

『二、三日のうちに南の方へ遊説に行くことになっているから、そのついでに西江の水をいくらでも流しこんでやろうじゃないか、それまで、二、三日待っていてくれたまえ』そしたら鮒《ふな》のやつ、ぷんと怒って『私の必要なのは何杯の水で足りるんだ。それなのに二、三日待てというならもう要らないよ。あとで、乾物屋《ひものや》の店先へ私の死骸を見にきたらどうだ』と。いや、お邪魔したね」といって出て行った。これが「轍鮒《てつぷ》の急《きゅう》」のいわれだが、いまでもさし迫った困難欠乏の意味に用いられている。

荘子の時代のように名利の達観が看板になっている人なら、これで通用するだろうが、いま時では乞食扱いされて相手にもされなくなるだろう。

また、個人ならいざ知らず会社などでは成り立たなくなる。少額でも不渡りを出せば何十年の歴史を誇る会社でも一巻の終りになる。それを防ぐ道はたった一つ〝準備〟だけである。

関係した会社が資金ぐりに困難している当時、給料日の到来がなんとも早い。不安がそうさせるのである。

労働組合とボーナス交渉をしている最中に、財務担当部長から「なるべく交渉を長びくように努力してもらいたい」と頼まれた。前職時代から組合交渉は限りなくやったが、こういう依頼ははじめてであった。いうまでもなく、交渉が妥結しても払うかねがないからである。

ボーナス、給料、株主配当などは、それまでに得た利益から払うもの。かねがないという理屈はなり立たないわけだが、入ったかねを行方不明にして、払わなければならないかねに戸惑うのである。

昔、ある主婦は主人が給料を持ち帰ると古封筒に、これは米代、これは電気代という具合に入れ、支払いに支障のないようにしているときいたが、一ヵ月の準備をまずしておくのである。

いまも昔も同じだが、裕福でなくとも、裕福になっても人の心は変わらないらしく、病気・災害・老後のために貯蓄をつづけている。

女房の顔を見ていると飽きるが、福沢諭吉の顔は見飽きることはない、といった人があるが考えようによると、準備には限度がないともいえそうである。

ある大金持ちにきいたことがある。「莫大な財産があるというのに、まだ儲けようとしているが、儲けてどうなさるつもりか」「損することもあるからだ。わしの財産はあるといっても限りがある。しかし、これから、いくら損するかわからない」と答えてくれた。

さて、私の準備癖ともいえるほどのものは若いころの貧困時代に芽生えているようであるが、なんとか生活できるようになった今日でもなおらない、不治のものらしい。

五十才までを自己形成、五十才以上を蓄財とし、六十才からを晴耕雨読としたとのべたが、この晴耕雨読準備もちょうど五十才からである。

晴耕相手として椿《つばき》を選んだ。土が適している。花・葉も美しい。将来住宅が増え、近所の人にも楽しんでもらえる。椿は整枝など植木専門家の手を借りないですむ。落葉がなく近所迷惑にならない。高く育たない。老後手入れがしやすい、などなど先々まで考えて選んだわけである。

雨読の準備として、梱包のといてない本が何百冊か買いだめてある。

第一の私の人生は銀行、第二の人生はメーカー、第三が講演執筆、第四が晴耕雨読。

第五の人生と家内にきかれたので、「死んだときは冥土《めいど》というからには土があるだろう、あの世とやらで百姓をやるから野菜の種を棺桶《かんおけ》へ入れてくれ」といってある。

こうなると準備病も「病膏肓《やまいこうこう》に入《い》る」とでもいうのであろう。

著者　井原隆一《いはらりゅういち》氏について

十四歳で埼玉銀行（現りそな銀行）に入行。十八歳で夜間中学を卒業するも、父親の死後莫大な借金を背負い、銀行から帰ると家業を手伝い寝る間も惜しんで借金完済。その間、並外れた向学心から独学で法律・経済・経営・宗教・哲学・歴史を修めた苦学力行の人。最年少で課長抜擢、証券課長時代にはスターリン暴落を予測し、直前に保有株式証券をすべて整理、経理部長時代には日本で初めてコンピュータオンライン化するなど、その先見性が広く注目され、筆頭専務にまで上りつめた。

六十歳のとき、大赤字と労働争議で危地に陥った会社の助っ人となり、一挙に四十社に分社するなど独自の再建策を打ち出し、短期間に大幅黒字・無借金の優良会社に蘇えらせる。その後も数々の企業再建に尽力。名経営者としての評判が高い。

一九一〇年、埼玉県生まれ。主な著書に「人の用い方」「社長の財学」「財務を制するものは企業を制す」「危地突破の経営」「危機管理の社長学」「帝王の経営学ＣＤ」…他、多数。二〇〇九年逝去。

社長の帝王学（新装版）

定価：本体　九、八〇〇円（税別）

一九八九年　三月　六日　初　版発行
一九九七年　三月　八日　二　十　版発行
二〇一九年　三月　十六日　新装版初版発行
二〇二三年　八月　十日　新装版五版発行

著　者　井原隆一
発行者　牟田太陽
発行所　日本経営合理化協会出版局
東京都千代田区内神田一―三―三
〒一〇一―〇〇四七
電話　〇三―三二九三―〇〇四一(代)

装　丁　美柑和俊
印　刷　精興社
製　本　牧製本印刷

ISBN978―4―89101―408―7　C2034